# 방과후 보육 프로그램

김 혜 경

창지사

국립중앙도서관 출판시도서목록(CIP)

자원봉사론 / 지은이: 김혜경. -- 서울 : 창지사, 2013
p. ; cm

ISBN 978-89-426-0705-1 93370 : ₩16000

방과후 아동 지도[放課後兒童指導]
유아 교육[幼兒教育]

375.1-KDC5
372.21-DDC21 CIP2013009363

# 프롤로그

십여 년 전 서울특별시보육정보센터장으로 일하면서 박선영 선생님과 함께 『방과후 교실 보육 프로그램』이라는 책을 펴낸 적이 있다. 당시 방과후 교실 보육 프로그램 IP(information provider)로 활동했던 박선영 선생님의 현장 자료에 약간의 작업을 더한 후 연령별 공동연구진의 검토, 몇 사람의 전문가 검수과정을 거쳐 고스란히 책의 내용으로 담았다. 표준보육과정이나 누리과정이 개발되기 전이었기 때문에 수업 자료나 지침에 목말라하는 교사들을 위해 센터의 홈페이지에 활동 자료를 올려 주던 때였다. 시대의 흐름에 방과후 보육은 더 이상 내 관심사가 아니었고 한동안 잊고 지내던 책이었다.

몇 년 전부터 이 분야의 책을 써달라는 창지사의 '끈질긴' 요청이 있었지만, 다른 주제에 대한 글쓰기에 빠져 외면하고 버티다가 결국 하게 되었다. 방과후 교실을 시범적으로 운영하는 기관장 등을 적합한 저자로 소개하기도 하면서 피해 보았지만 여전히 이 사람을 찾아 주는 출판사에 대한 보은이랄까, 이 측면도 간과할 수 없었다.

다시 공부를 시작했고 방과후 보육이 절실한 사람들에 대한 정보들을 접하면서 이 책을 써야겠다 마음먹었다. 최신의 자료를 담아 잘 만들고 싶은 마음으로 박선영 선생님께 공저를 내자고 꼬드겼으나 실패했다. 박 선생님은 이미 현장을 떠났고 여러 여건이 허락하지 않아 홀로 하는 작업이 되었다. 이 책 역시 현장 자료의 많은 분량에 박선영 선생님의 경험과 연륜을 담고 있다. 방과후 보육을 모범적으로 실행하고 있는 면일 어린이집의 오경숙 원장님과 이귀선 선생님의 도움도 받았다. 또 주변의 젊은 부부들을 만나면서 요구사항을 들어보고 기관의 보육과정도 분석해 보면서 목차를 구성하였다.

27년 만이라는 매서운 한파 속, 겨울잠을 글쓰기로 대신했다. 연구소의 일도 줄여 놓고 송년회나 신년하례식에는 얼굴을 잠깐씩만 내밀었다. 추운 날씨를 집필의

열정으로 녹여 가며 겨울방학을 보냈다. 항상 변화무쌍한 교육현장의 상황들과, 대통령이 바뀌는 시점에 더해진 변경사항들로 인해, 또 다른 책 세 권의 개정작업을 동시에 해야 했던 시간이었다. 각기 다른 네 가지 주제의 관련 자료들을 켜켜이 늘어 놓고 마치 출판사의 한 켠 같은 공간에서 모두 완성했다. 정기적으로 쓰고 있는 칼럼들과 함께 이 책들을 써내기 위해 자유분방한 성품을 가둬가며 분투한 끝에 겨우 탈고하였다.

부족한 책이지만 방과후 보육을 위해 애쓰시는 분들께 도움이 되면 좋겠다.

저자 김혜경

# 차 례



## | PART 01 | 방과후 보육의 이해

### CHAPTER 01 방과후 보육의 개념



### CHAPTER 02 설치와 운영에 관한 정책



### CHAPTER 03 방과후 프로그램의 유형과 현황

## CHAPTER 04 환경 구성



## CHAPTER 05 프로그램의 편성



# | PART 02 | 프로그램의 실제

# PART 01

# 방과후 보육의 이해

CHAPTER 01

# 방과후 보육의 개념

## 1. 방과후 보육의 정의

우리 사회의 곳곳에서 '방과후'와 관련된 많은 단어와 정보를 접할 수 있다. 사전적 의미의 방과후는 '학교에서 그날의 정해진 과업이나 과제를 끝낸 뒤'라는 정의를 가지고 있다. 방과후 보육은 방과후 아동지도, 아동보호, 보육서비스, 보육복지 등 다양한 개념과 혼용되어 왔다. 이 책에서의 방과후 보육은 일반적으로, 초등학교에 다니는 아동들이 학교에서 수업을 마친 후 부모와 만날 때까지, 혹은 방과 전후나 공휴일, 방학 기간을 포함한 시간에 아동과 가족을 위해 의도적으로 제공하는 서비스라고 정의한다. 즉, 학교에서의 정규 교육과 함께 각 가정의 아동을 보호하고 교육하는 일을 확장하여 학교와 가정과 아동을 연결시키는 서비스로 본다.

'학교에서 그날의 정해진 과업이나 과제를 끝낸 뒤'라는 기본 개념에 맞춰 학교의 경우 교육부의 정의를 눈여겨볼 필요가 있다. 방과후 학교란 미래 사회의 주도적 역할을 담당할 창의적이고 심신이 건강한 인재 육성을 위하여 현행 교육활동의 운영관리, 지도강사, 교육대상, 교육비, 교육장소, 운영시간, 프로그램을 확대·개방하여 학교의 정규 교육과정 이외의 시간에 다양한 형태의 교육 프로그램을 운영하는 교육체계로 정의한다(2006). 학교에서 보는 방과후의 개념은 기존 특기적성 교육, 방과후 교실, 수준별 보충학습 등으로 사용된 각각의 명칭과 프로그램을 통합한 교육체제이다. 방과후 학교의 도입은 획일화된 정규교과 위주의 교육과정에서 벗어나 21세기를 이끌어 갈 인재양성과 학생들 개개인의 소질과 적성 계발 및 사교육비 경감, 교육복지증진은 물론, 사회양극화 심화에 따른 교육양극화 해소 등을 목적으로 하고 있다(위키백과 정의, 2013). 또한 학교의 방과후 교실에서는 학교의 정규 수업을 마친 뒤 모여서 숙제나 보충 공부, 특기 적성 수업을 하는 교육과정을 의미한다(다음사전, 2013).

선진국의 방과후 보육은 공통의 시사점을 갖는데, 아동들의 요구와 흥미를 프로그램에 반영하면서 정규 교육과정과의 연계를 강조한다(김병훈, 2010).

미국의 경우 방과 전후(Before & After School)에 가정 서비스, 레크리에이션, 독서, 음악, 미술활동 프로그램을 제공함으로써 맞벌이 부모의 자녀를 보호하고 아동발달을 지원한다. 이러한 프로그램의 효과로 안전하고 건강한 환경을 제공하고 부모의 참여를 증진시켰다. 미국의 방과후 보육의 배경과 시사점을 보면, 핵가족 및 맞벌이 부부가 증가하여 국가적 차원의 지원이 필요하게 되었고 여러 기관에서 다양한 프로그램이 개발되었다. 우등생, 보통 학생, 학습 부진아, 비행 청소년 등 다양한 대상을 위한 프로그램이 있으며 특기적성 교육뿐만이 아니라 3R's(Reading, Writing, Arithmatic)와 사고력 교육을 포함한다.

영국의 경우 우리나라의 특기적성 활동과 유사한 특별활동(Curriculum Enrichment), 보충심화 학습(Curriculum Extension), 숙제 중심 활동(Homework)이 제공되며, 풍부하고 다양한 교육과정으로 아동의 잠재력을 제고하고 개별화 학습 지도를 통해 학력을 증진시키는 데 목적이 있다. 영국은 범죄가 증가하는 사회에서 정규 수업 후에도 아동을 보호하고 교육해야 할 필요성, 문화가 결핍된 아동에게 교육 기회 보상, 국가 수준 교육과정에 앞서거나 미달된 아동들에게 성취감을 맛보게 할 정책을 배경으로 진행되었다. 수업 전후뿐만이 아니라 정규수업과 밀접하게 점심시간 등에도 탄력적으로 운영하며 무상으로 실시한다.

일본에서는 방과후 보육을 특별한 보호가 아니라 모든 취학 아동의 사회생활의 일부로 본다. 아동의 요구에 따라 지역 여건을 고려하여 전문가와 연계하는 방식으로 융통성 있게 운영한다. 특기적성 교육을 학교와 가정을 연계할 수 있는 프로그램으로 다각적인 방법을 모색한다.

우리나라의 방과후 보육에 관한 연구의 결과를 보면 방과후 보육 프로그램에 참여한 아동이 참여하지 않는 아동에 비해 문제 행동이 적었고 취업모의 육아비용 절감, 소질과 적성 계발, 특기 신장, 진로 교육 등에서 긍정적인 효과를 보이고 있다(조은교, 심문보, 2011에서 재인용). 우리나라에서 볼 수 있는 방과후 관련 단어들은 방과후 교실, 방과후 프로그램, 방과후 공부방 등이다. 운영되고 있는 장소 역시 다양하여 어린이집, 유치원, 초등학교, 지역아동센터, 교회, 프랜차이즈 형태, 기타 개인이 운영하는 형태 등이 있다.

교육부와 보건복지부, 청소년방과후아카데미 홈페이지를 중심으로 우리나라 방과후 형태별 현황을 보면 방과후 학교, 방과후 어린이집, 지역아동센터, 청소년방과후아카데미 등의 형태로 운영되고 있다. 형태별 현황을 구체적으로 보면 다음과 같다(2012년 기준).

| | 방과후 학교 | 어린이집 | 지역아동센터 | 청소년 방과후아카데미 |
|---|---|---|---|---|
| 대상아동 | 초·중·고 학생 | 초등학생 | 18세 미만 저소득층 아동 우선 | 초등4~중2 |
| 주무 부처 | 교육부 | 보건복지부 | 보건복지부 | 여성부 |
| 방과후 교사 유형 | 학교의 교사/강사/ 보육 교사 | 보육 교사 | 생활복지사 | 청소년지도사 |
| 운영주체 | 학교장 직영/ 위탁 운영 | 어린이집 | 각종 법인 및 개인 | 청소년 수련시설 |

| | 방과후 학교 | 어린이집 | 지역아동센터 | 청소년 방과후아카데미 |
|---|---|---|---|---|
| 규모 (2010년 기준) | 약 12,000개 (특기적성 교육 포함) | 약 550개 | 약 3,500개 | 약 170개 |
| 근거법 | 교육법 | 영유아보육법 | 아동복지법 | 청소년활동진흥법 |

보건복지부(2010)가 조사한 바에 의하면 부모가 선호하는 초등 자녀의 방과후 보육장소는 학교 내 방과후 보육시설 31.8%, 학교 내 특기적성 프로그램 26.6%, 일반학원 18.2%, 공공기관 11.5%, 학원보육 5.4%, 사설기관 3.5%, 어린이집 2.6%, 유치원 0.3%, 기타 0.1%로 나타났다(2010. 5.24. 서울신문 보도).

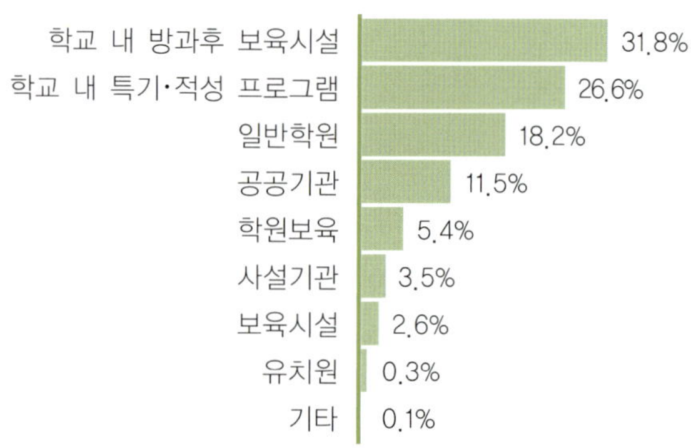


이와 같이 주무 부처의 사업과 현황을 볼 때 방과후 보육은 정규과정 이외에 이루어지는 모든 형태의 프로그램 활동과 지원, 즉 각종 사교육과 비형식적인 교육을 모두 포함한다. 이 책에서는 방과후에 부모나 성인의 보호를 받을 수 없는 아동을 보육하는 프로그램을 다룬다. 방과후에 아동을 보호하고 교육하여 전인적 성장발달을 도모하는 기관 중 학교, 공공기관, 허가 받은 기관의 보육을 중심으로 지원되는 서비스에 한정하여 살펴보고자 한다.

우리나라의 방과후 보육을 이해하기 위한 사례로 M어린이집에서 실시하는 첫 1주일 동안의 생활표를 보면 다음과 같다.

## [방과후 아동지도 생활 계획표]

12 – 01호
(이 름 :                    )

○○ 어린이집 02)000-0000
담임교사 : 윤**, 이**, 이**

<table>
<tr><td>주 제</td><td colspan="2">나와 방과후 친구</td><td colspan="1">기 간</td><td colspan="3">20__. 3. 2 ~ 3. 10</td></tr>
<tr><td>목 표</td><td colspan="6">새로운 학교 생활과 방과후반에서의 생활에 적응하는 가운데 여러 구성원들에 대해 알아가며 즐거운 마음으로 지낼 수 있다.</td></tr>
<tr><td>요일<br>활동시간</td><td>금(2일)</td><td>월(5일)</td><td>화(6일)</td><td>수(7일)</td><td>목(8일)</td><td>금(9일)</td></tr>
<tr><td>~ 1:00</td><td colspan="6">◎ 등원(손 씻고 체온 재기) / 내 가방장, 신발자리 확인하기<br>◎ 점심식사 및 독서(1학년)</td></tr>
<tr><td>1:00 ~</td><td colspan="6">◎ 알림장 검사 및 과제지도</td></tr>
<tr><td>2:00 ~</td><td colspan="6">◎ 자유선택활동 및 개별학습<br>– 언 어 : 나의 꿈 봉투<br>– 미 술 : 내 자리표 만들기<br>– 컴퓨터 : 학교 홈페이지 알아보기(학교연계)<br>– 조작·탐구 : 친구 이름 메모리카드<br>– 역할·쌓기 : 우리들의 휴식 공간 만들기<br>– 휴 식 : 개별적으로 편안하게 쉬기</td></tr>
<tr><td rowspan="2">3:20 ~</td><td>행 사</td><td>언어<br>(주제토론)</td><td>언 어</td><td>게 임</td><td>퀴즈놀이</td><td>협동놀이</td></tr>
<tr><td>입학잔치</td><td>방과후<br>반이란?</td><td>나를<br>소개해요</td><td>친구 이름<br>빙고</td><td>누구<br>일까요</td><td>마음을<br>모아라</td></tr>
<tr><td>4:00 ~</td><td colspan="6">◎ 간식시간 및 독서</td></tr>
<tr><td>4:40 ~</td><td colspan="6">◎ 실외 자유선택활동</td></tr>
<tr><td>6:00 ~</td><td colspan="6">◎ 나의 하루 평가 및 귀가지도</td></tr>
<tr><td>가정으로</td><td colspan="6">◈ 20__학년도가 시작되었습니다. 올 한 해도 어린이들이 건강하고 밝게 잘 자랄 수 있도록 노력하는 ○○ 방과후반이 되겠습니다.<br>3월 5 ~ 6일은 어린이 오리엔테이션 기간입니다.<br>새로운 교실, 새로운 친구들과 선생님을 만나 편안하고 즐겁게 지낼 수 있도록 적응하는 기간으로, 학교 귀가 후 바로 방과후반에 올 수 있도록 지도해 주시면 감사하겠습니다.<br>◈ 3월 2일(금)에는 20__년도 방과후반 입학을 축하하고 새 학기가 시작된 것을 축하하는 반별 잔치를 합니다.</td></tr>
</table>

## 2. 참여 동기

통계청(2010)의 조사결과 여성의 경제 참여율이 49.4%인 만큼 맞벌이 가정이 증가하면서 방과후 보육에 대한 관심이 높아지고 있다. 우리 사회의 심각한 저출산·고령화 현상에서 벗어나기 위한 정부의 노력은 일·가정 양립 지원에 중점을 두고 있다(아이낳기좋은세상운동본부 보고, 2012). 특히 자녀 양육에 대한 정책적 지원을 확대하고 있으며 유치원이나 어린이집 등을 통해 다양한 교육·보육 서비스를 제공하고 있다.

취학 전 자녀에 대한 여러 서비스에 못지않게, 초등학교 입학 후, 부모의 업무시간에 혼자 있어야 하는 자녀들을 돌보기 위한 양육 부담이 증가하고 있다. 많은 취업모가 자녀의 초등학교 입학을 기점으로 퇴직하는 사례를 볼 수 있다. 수입이 줄어드는 것과 동시에 학령기 자녀를 위한 사교육비 증가로 자녀 양육의 부담이 많은 가정에 고충이 되는 결과를 낳는다. 이는 다양한 방과후 프로그램을 통하여 초등학교 저학년 아동의 보육수요를 충족시키고 사교육으로 인한 경제적 부담을 경감시키며 방과후 아동을 안전하게 보호하는 정책을 요구하는 현상이다.

방과후 보육의 중요성이 대두되면서 다양한 형태의 보육이 이루어지고 있다. 자녀를 방과후 학교 프로그램에 참여시키는 동기는 자녀의 발달 도모에 대한 동기, 타인의 권유 및 자녀의 학업 성취에 대한 동기, 교사의 돌봄과 지도에 대한 동기, 일-자녀양육 양립에 대한 동기, 프로그램의 질과 운용시간에 대한 동기, 저렴한 참여 비용에 대한 동기 등으로 다양하다(오아림, 유계숙, 2012). 방과후 보육에 대한 취업모들의 만족도가 대체로 높다. 학생들이 방과후 보육 프로그램에 참여하는 이유는 '부모님이 직장 때문에 집에 안 계셔서', '내가 잘하는 것을 더 잘하기 위해서', '놀고 싶은 친구와 같이 있고 싶어서' 등으로 보인다.

CHAPTER 02

# 설치와 운영에 관한 정책

## 1. 방과후 돌봄 사업의 추진

방과후 보육의 요구가 확대됨에 따라 참여정부 이후 여러 가지 정책과 사업이 진행되고 있으며 그 사례를 보면 다음과 같다.

### 1) 중앙부처의 정책

방과후 보육에 대한 여러 정책이 국가 수준에서 개발되고 보도되고 있다. 아동들에 대한 정책이 교육부, 안전행정부, 보건복지부, 여성가족부의 협의로 이루어지고 있음을 볼 수 있다. 이는 범정부적 돌봄 서비스를 개발하고자 하는 노력은 방과후 보육이 우리 사회에 꼭 필요한 측면이라는 것으로 해석된다. 보도자료를 요약·정리해 보면 다음과 같다.

2012년 교육부, 안전행정부, 보건복지부, 여성가족부는 '효율적인 방과후 돌봄 사업 추진을 위한 업무협약(MOU)'을 체결하고 우선돌봄 아동 지원 등 방과후 돌봄 정책 논의를 위한 부처 간 협의체 구성·운영, 공동 수요조사, 중복·누락 방지를 위한 부처

간 정보 공유 및 연계, 프로그램 연계 모델 개발에 관한 공동 연구용역 등의 추진과제를 담고 있다.

- 교육부 : 부처 간 협의체를 주관하고, 보건복지부 및 여성가족부와 협조하여 일선 학교를 통해 각 부처가 운영 중인 돌봄 서비스 이용 현황 및 수요조사를 매년 실시한다.
- 안전행정부 : 각 부처에서 시행하는 방과후 돌봄 사업이 지역에서 체계적으로 연계되어 시행될 수 있도록 지방자치단체의 자발적 참여를 유도하고, 활성화하기 위한 지원을 한다.
- 보건복지부 : 취약계층 아동 보호를 최우선으로 하며, 지역아동센터의 기능 강화와 드림스타트센터의 전국 확대를 통해 아동복지서비스 연계 체계를 구축함으로써 지역사회 돌봄 안전망을 강화한다.
- 여성가족부 : 취약계층 청소년의 방과후 돌봄 및 활동의 지원을 확대·강화하며 청소년 수련시설 및 프로그램 등과 연계를 위해 노력하고 등·하굣길 안전한 이동을 위한 동행서비스 지원을 확대한다.
- 세부적인 사업내용

| 구분 | 지역아동센터 | 초등돌봄교실 | 방과후아카데미 |
|---|---|---|---|
| 소관 부처 | 보건복지부 | 교육부 | 여성가족부 |
| 지원 대상 | 만 18세 미만 | 초등학교 저학년<br>(고학년 일부) | 초등4학년~중등2학년 |
| 지원 내용 | 보호, 학습지도, 급식,<br>상담, 지역사회 연계 등 | 보호 및<br>일부 급식지원 | 체험 및 특기적성 교육,<br>급식지원 등 |
| 지원 시설 수 | 3,500개소<br>(설치는 4,003개소) | 7,086교실 | 200개소 |
| 지원 예산 | 1,109억 원(국비)<br>1,041억 원(지방비) | 2,638억 원(지방비)<br>* 보통교부금 2,288억 원<br>특별교부금 350억 원 | 154억 원(국비)<br>154억 원(지방비) |
| 지원 형태 | 전액지원 | 수익자부담<br>저소득층 정부지원<br>(소득 등을 기준으로<br>학교 운영위원회에서<br>대상 결정 ) | 지원형 : 전액지원<br>일반형 : 수익자부담 |

| 구분 | 지역아동센터 | 초등돌봄교실 | 방과후아카데미 |
|---|---|---|---|
| 운영 주체 | 개인 및 법인 등 민간, 지자체 | 학교 | 청소년 수련시설 |
| 이용 아동 | 107천 명 | 159천 명 | 8천 명 |
| 근거법 | 아동복지법 제16조, 제31조 | 초·중등교육과정 고시 2009-41호 | 청소년기본법 제48조2 |

* 각 수치와 통계는 2012년 기준

### 2) 지방자치단체의 사업

방과후 보육이 우리 사회의 관심사가 됨에 따라 중앙정부의 정책과 함께 다양한 지방자치단체의 정책 및 시행 사례들이 개발되고 있다. 보도자료를 통해 서울특별시와 전주시를 그 사례로 살펴보았다.

서울특별시교육청 학교혁신과(2012)의 주요 정책은 다음과 같다.

#### ▌사업 목적

- 방과후 학교 사업지원을 통하여 사교육비 경감, 교육격차 해소, 교원업무 경감 등을 위해 수요자 중심의 다양한 프로그램을 제공할 수 있는 여건 조성

#### ▌추진 방침

- 초·중학교 전체(사립초 제외)에 배정
- 학교에서는 방과후 학교 내실화를 위하여 방과후 학교 인건비 지원, 강사료 및 저소득층 수강료 지원, 토요 방과후 학교 운영 지원 등 필요한 곳에 사용
- '방과후 학교 사업 지원' 사업예산 추가 지원을 위한 추경예산 확보 노력
- 지원내용
  - 방과후 학교 인건비 지원
  - 방과후 학교 강사료 보전 및 수강료 지원
  - 토요 방과후 학교 운영 지원

**▌사업 시행 주요 지침**

- 인력 지원 : 방과후 학교에 인력 지원 경비로 사용(예 : 방과후 학교 코디네이터 운영, 일용직 및 시간제 직원 등)
- 강사료 보전
  - 수강인원이 적정인원에 미달한 경우 강사료 보전 기준을 마련하여 지원
- 수강료 지원
  - 저소득층이나 차상위 계층 학생의 수강료 지원
- 토요 방과후 학교 지원 : 토요 방과후 학교 프로그램 운영을 위한 예산 지원(인건비, 강사비, 수강료, 일반운영비 등)

전주시의 경우 이른 아침부터 저녁 늦은 시간까지 일하는 저소득층 및 맞벌이 가정 자녀들을 위해 유치원과 초등학교에서 '엄마품 온종일 돌봄교실'을 운영한다. 부모의 출·퇴근 시간 등을 고려해 이른 아침부터 늦은 저녁 시간까지(아침 6시 30분~저녁 10시) 온종일 아동을 돌봐 주는 프로그램이다. 전주시에서는 여성의 경제활동 참가율이 늘어나고 경기 침체로 저소득층이 늘어나는 추세를 감안하여 맞벌이 및 저소득층 가정 부모들이 육아 걱정 없이 안심하고 생업에 종사할 수 있도록 사업 참여결정을 내린 것으로 알려졌다.

엄마품 온종일 돌봄교실은 전주시와 전주교육지원청, 학교 간 협력을 통해 운영된다. 돌봄교실로 선정된 초등학교에서는 인건비 및 운영비로 5천만 원씩 지원을 받아 초등학교 저학년을 대상으로 가정처럼 편안한 돌봄 프로그램을 제공한다.

## 2. 설치와 운영의 기준

설치와 운영에 관한 지침은 보건복지부가 매년 발행하는 [보육사업안내]에서 찾아볼 수 있다. 2010년도 자료를 보면 어린이집을 중심으로 방과후 교실만을 전담하는 시설과 어린이집 내에 특수보육 지정 신청에 의해 방과후 교실을 설치하

는 경우로 분류되어 있다. 이 기관들은 어린이집 인가와 동일하게 해당 구청장의 설치인가를 받아 운영해야 한다. 저소득 밀집지역에 우선적으로 설치하되 기존의 영유아보육시설(민간시설 포함), 주민자치센터 등 공공기관, 사회복지사업법상의 복지시설, 종교시설, 비영리민간 단체 운영시설 등을 개보수하여 설치가 가능하다.

### 1) 시설 지침

보육실은 아동 1인당 2.64㎡ 이상이고 보육실과 화장실 등 부대시설을 포함한 시설 면적은 아동 1인당 4.29㎡ 이상이어야 한다. 건축물의 용도는 건축법시행령에 따라 교육연구 및 복지시설이어야 한다.

보육실(교실)은 그룹지도가 가능하도록 공동생활 영역, 그룹지도 영역, 학습 영역 등으로 구분하여 이용도를 제고한다. 화장실은 남녀로 구분하여 설치하고 난방설비는 가급적 바닥 난방으로 설치한다.

어린이집에 부설(복지관 내 어린이집 포함)하여 설치 시는 가급적 사용 층을 달리하고, 출입구를 분리된 구조로 설치하여 보육 환경을 보호해야 한다. 종교시설, 학교, 복지관 등에 부설하여 설치 시, 보육실을 제외한 부대시설은 동일건물 내 다른 시설과 겸용이 가능하다. 화장실과 급·배수시설은 보육실과 같은 층에 설치한다.

현재 우리나라의 방과후 교실은 교실 환경에 대한 별도의 세부적인 지침이 없으나, 서울특별시의 '2002년도 보육사업 안내'의 내용 중 방과후 교실 환경에 대한 내용을 발췌해 보면 다음과 같다. 각 교실의 상황에 따라 환경을 구상할 때 참고할 수 있다.

〈교재·교구별 소요 기준〉

- 의자 및 책상(초등학교 저학년용) : 아동당 1개
- 교사용 의자 및 책상 : 반당 1개

- 도서장(도서 100권 이상 비치용) : 반당 1개
- 게시판 : 반당 1개
- TV : 반당 1개
- VTR : 반당 1개
- 비디오비전 : 반당 1개
- 컴퓨터 : 반당 3개
- 사물함 : 아동당 1개
- 구급함 : 반당 1개
- 신발장 : 반당 1개

### 2) 보육료와 보험

방과후 아동의 보육료는 매해 보건복지부의 기준에 따라 수납하며 부모의 소득, 교사 대 아동비율에 따른 반 편성의 정도, 방학 중 종일제 운영 등의 변수에 따라 정부와 지자체의 지원을 받아 운영할 수 있다. 2012년의 기준을 보면 다음과 같다.

**지원 대상(만 12세 이하 초등학교 취학아동)**

- 차상위 이하(법정저소득층 포함) 및 장애아동에 해당되는 취학아동이 방과후에 어린이집을 일일 4시간 이상 이용하는 경우

  ※ 방과후 어린이집 이용시간의 계산은 아동이 '어린이집에 도착한 시간부터 마치는 시간까지' 만을 산정하며 어린이집에서 제공하는 셔틀버스 이용시간은 포함하지 않음

**지원단가**

1) 일반아동

- 만 4세아 정부지원단가의 50%(일일 4시간 미만 이용 시 미지원), (지방교육 재정교부금+지방비)

2) 장애아동

- 교사 대 아동 비율을 1 : 3으로 반을 편성하고, 방과후 및 장애아보육 보수교육과정을 이수한 교사를 별도 배치하여 보육할 경우

  – 장애아 무상보육료 50%(197,000원), (국비+지방비)

  ※ 단, 6개월 이내에 방과후 및 장애아 보수교육과정 이수를 전제로, 방과후 및 장애아보육 보수교육과정을 이수한 교사를 별도 배치한 것으로 봄

> • 교사 대 아동비율(1 : 3)을 준수하지 않거나 방과후 및 장애아보육 보수교육과정을 이수한 교사를 배치하지 않은 경우
> – 시·도지사가 정한 만 4세아 보육료 수납한도액의 50% 지원
>
> 3) 방학기간 종일제 보육을 실시한 경우 지원 단가
> • 만 4세아 정부지원단가의 100%(지방교육재정교부금+지방비)
> ※ 이용 일자에 따라 일할 계산하여 지원(예 : 10일 이용 시, 지원 단가* 10/26 지급)
> • 장애아동은 장애아 무상보육료 100% 지원(국비+지방비)

* 매해 공지되는 표준보육 단가를 참고한다.
** 방과후 교실의 보육아동을 위해 설치자 부담의 화재보험과 보호자 부담의 상해보험에 가입해야 한다.

### 3) 정원 책정

보육실을 포함한 시설면적을 아동 1인당 4.29㎡로 환산하여 나온 시설 정원 범위에서 반 편성을 기준(1개 반 20명)으로 책정한다. 부대시설을 동일건물 내 다른 시설과 겸용하고 있는 경우는 보육실(교실) 면적을 아동 1인당 2.64㎡로 환산하여 정원을 책정한다. 기존 어린이집에 부설하여 설치하는 경우 방과후 아동은 정원의 50%를 초과할 수 없다.

일반적으로 독립 방과후 교실은 교사 1인에, 초등학교 저학년(1~3학년) 아동 20명으로 한 학급을 이룬다. 방과후 활동이라는 특성상, 정규 학교 수업 시간이 길어 방과후 교실에 참여하는 시간이 상대적으로 적은 고학년(4~6학년) 아동들에 대한 수요는 사실상 많지 않다.

독립 시설이 아닐 경우, 예를 들어 어린이집 등에서 방과후반을 증설한 경우는 어린이집 정원 내에서 공간에 비례한 아동을 모집해야 하므로 보육 아동 수는 탄력적이다.

방과후 교실은 맞벌이 부모의 자녀들의 방과후 시간을 안전하게 보호하고, 다양한 교육적 경험을 제공하는 데 그 목적이 있으므로 입소 아동에 몇 가지 우선순위를 적용하게 된다. 지역적인 편차가 다소 있으나 대부분이 맞벌이 부모의 자녀들로 구성된다. 어린이집의 입소 우선순위 대상 기준은 다음과 같다.

- 1순위
  - 국민기초생활보장법에 따른 수급자(법정)
  - 한부모가족지원법 규정에 의한 보호대상자의 자녀
  - 국민기초생활보장법 규정에 의한 차상위계층의 자녀(최저생계비의 120% 이하)
  - 장애인복지법 규정에 의한 장애인 중 보건복지부령이 정하는 장애등급 이상에 해당하는 자의 자녀(장애부모)
  - 아동복지시설에서 생활 중인 영유아
  - 부모가 모두 취업 중인 영유아(맞벌이 가구)
  - '다문화가족지원법'에 따른 다문화가족의 영유아
  - 자녀가 3명 이상 또는 만 5세 이하 영유아 2명 이상 가구의 영유아
  - 산업단지 입주기업체 및 지원기관 근로자의 자녀로서 산업단지에 설치된 어린이집을 이용하는 영유아
- 2순위
  - 기타 한부모·조손 가족, 입양된 영유아

복지관이나 어린이집 등 기타 보육 시설에 있는 방과후 교실은 인근 주변의 다양한 초등학교의 학생들로 구성이 되겠지만, 학교 내 설치된 방과후 교실은 자체 학교 학생들로 구성된다.

수업은 교사 1인이 3개 학년을 함께 이끌어 가는 경우가 많다. 그러나 보조 교사를 채용하여 2개 반으로 교실 공간을 나누어 서로 다른 활동을 진행시키거나 학습 진행에 있어서 능력의 편차가 있는 1, 2학년과 3학년을 나누어 별도의 프로그램이나 난이도를 조정한 활동들을 제시할 수도 있다.

## 3. 교사 자격

방과후 교사는 방과후 관련 기관에서 학교 교육이 끝난 아동들을 위해 교육과

돌봄을 제공하는 성인을 의미한다. 여러 형태의 방과후 기관에서 일하는 교사의 자격 기준이 다양하고 지자체별 기준도 다양하다. 서울특별시의 경우 초등돌봄교실 전담 교사의 자격은 초·중등 교사, 유치원 교사, 보육 교사 2급 이상으로 제한하고 있다. 서울특별시와 달리 지역에 따라서는 보육 교사, 유치원 교사, 초·중등 교사 등 자격을 갖춘 교사를 선호하지만 강사, 사회복지사, 자원봉사자, 부모집단 등을 활용하고 있다.

김서연(2011)의 조사의 의하면 영남지역의 경우 방과후 학교의 강사는 단위 학교에서 인정하는 모든 현직 교원, 희망하는 교사 발령 대기자, 지도교수의 추천을 받은 교원 양성 대학의 재학생, 능력이 검증된 전공과 부합되는 대학생, 교사자격소지자, 올바른 교육관을 가지고 있으며 해당 분야의 일정한 자격 또는 능력을 갖춘 특정한 기술이나 기능의 보육자, 교육청에서 운영하는 인력풀의 강사 등 다양하다.

방과후반 교사의 국가공인 자격증은 별도로 없고 민간 단체에서 수여하는 자격과정이 있다. 학회, 협회, 센터 등 다양한 기관의 교육과정을 이수한 후 방과후반 교사로 활동할 수 있다. 한국방과후아동학회에서 소정의 교육을 통해 부여하는 자격증 과정을 사례로 살펴보면 다음과 같다.

- 방과후 교사 2급 자격취득 심사서류
  - ① 방과후 교사 해당 자격증 신청서
  - ② 학회에서 발급한 방과후 교사 2급 자격 검정시험 합격증
  - ③ 이수과목 확인 증명서(성적증명서 또는 학회 방과후 관련교과목 연수확인서 등)
  - ④ 최종학력 졸업(예정) 증명서 또는 학위증 사본
  - ⑤ 방과후 교사 실습확인서
  - ⑥ 경력증명서 및 재직 증명서(해당자에 한함)
  - ⑦ 학회 정회원(학회에서 확인함)

• 방과후 교사 1급 자격취득 심사서류

① 학회에서 발급한 방과후 교사 2급 자격증명서 사본

② 2년 이상의 방과후 교사 경력 증명서

③ 학회에서 발급한 승급연수 확인서

④ 학회 행사 참석 확인서

⑤ 학회 정회원(학회에서 확인함)

• 수강과목

수강과목의 영역과 과목명은 다음과 같다.

| 영역 | 과목명 |
|---|---|
| 기초(필수) | 방과후아동지도론, 아동발달, 생활지도 및 아동상담, 아동복지론(방과후 실습*) |
| 아동발달이해 | 아동문제 및 지도, 아동행동관찰, 아동 관찰 및 행동 연구, 상담심리학, 발달심리학, 인간행동과 사회환경, 교육심리학, 생활지도, 상담이론, 심리측정과 평가, 정신건강론, 아동건강교육, 아동영양 및 안전교육, 특수아동지도 |
| 교수학습방법론 | 방과후 교육과정, 교육학개론, 보육학개론, 유아교육개론, 교육학의 이해, 방과후 아동지도 프로그램개발 및 평가, 방과후 아동지도 프로그램론, 영유아 교수방법론, 영유아교육프로그램, 프로그램 개발과 평가, 교재 및 교구 개발, 교과교재연구 및 지도법, 보육과정, 유아교육과정, 교육과정 및 평가 놀이지도, 언어지도, 음악지도, 미술지도, 컴퓨터지도, 동작교육, 예절교육, 사회성 지도, 창의성교육, 전통문화교육 |
| 부모/<br>지역사회 연계 | 부모교육론, 지역사회복지론, 사회복지개론, 가족복지론, 사회교육개론, 인간관계론, 자원봉사론 |
| 운영관리 | 방과후 아동지도 기관 운영관리, 보육시설 운영관리, 학교사회복지론, 유아교육기관 운영관리, 사회복지행정론, 사회복지정책론, 보육정책론 |

교육부 방과후 학교팀(2012)에서는 방과후 학교 강사에 대한 내용을 다음과 같이 명시하고 있다.

• 방과후 학교 강사 경력을 호봉으로 인정할 수 있도록 관련 규정 개정

※「공무원보수규정」 및 「교육공무원 호봉 획정 시 경력환산율표의 적용 등

에 관한 예규」 공포 및 시행

- 각급 학교에서 교원자격증을 소지하고 방과후 학교 수업을 담당하는 강사에 적용
  ※ 소지한 교원자격증의 종류와 근무한 학교 급이 일치하지 않는 경우(중등 교원자격증 → 초등학교 근무 등)에는 근무시간에 따라 계산된 환산율의 5할을 인정한다.

서울시 방과후 학교 홈페이지(afterschool.sen.go.kr/)에는 방과후 강사에 관한 내용을 안내하고 있다. 여기에서의 강사는 돌봄을 제공하는 방과후 보육보다는 과목별로 개설되는 방과후 교실의 강사를 의미한다.

〈지도 강사〉

- 프로그램을 담당할 자질과 능력이 있다고 단위학교에서 인정하는 현직교원, 외부강사, 자원봉사자 등 우수한 인적자원을 최대한 확보하여 활용
  - 본청 및 지역교육청 홈페이지에 방과후 학교 우수강사 인력풀 구축운영
- 학교운영위원회의 심의(자문)를 거쳐 학교장과 강사 개인 간의 프로그램 운영계약에 의해 강사로 활용 가능하며, 외국인을 강사로 활용할 경우 출입국관리법 준수
  - 계약사항에 강사료, 담당시간, 해약 관련사항, 수강료 지급기한 등 명시
  - 계약기간은 기(期)별 프로그램운영 기간과 프로그램 및 강사 평가결과를 참고로 학교운영위원회 사전심의를 받아야 함
  - 강사를 프로그램 운영기간 중에 부득이 교체할 때는 사후승인도 가능
- 강사료는 학교자율로 결정하되, 강의시간뿐만 아니라 학생 수에 비례하는 것을 원칙으로 하고, 적정수준의 강사료 지급
  - 가급적 교내 교사와 타교 교사, 외부 강사 간 차별이 없도록 유의
- 강사의 질 제고를 위한 노력 및 강사관리 철저
  - 외부 강사 연수 실시, 학생 및 학부모 대상 강사 및 프로그램 평가 등 학교

별 강사 검증시스템을 구축하여 운영

유치원의 방과후 특성화 강사의 경우 음악, 미술, 체육, 과학의 4개 분야를 가르치며 국가에서 운영하는 30시간의 일반연수 이수증을 취득한 후 활동할 수 있다(교육과학기술부, 2009).

지역 아동센터의 방과후 교사는 시설장과 생활복지사로 그 자격을 부여한다. 각 기준은 다음과 같다.

〈시설장〉

- 사회복지법에 의한 사회복지사 3급 이상의 자격을 가진 자
- 학대보호사업과 관련된 기관에서 3년 이상 근무한 경력이 있는 자
- 7급 이상 공무원으로서 국가 또는 지방자체 단체에서 사회복지 사업에 관한 행정 업무에 5년 이상 종사한 경력이 있는 자
- 의료법에 의한 의사 면허를 가진 자로서 3년 이상 진료경력이 있는 자
- 정신보건법에 의해 정신보건전문요원의 자격을 가진 자로서 사회복지 업무와 관련하여 5년 이상 종사한 경력이 있는 자
- 영유아보육법의 의한 보육 교사 1급 자격을 가진 자로서 아동에 관련된 사회복지 업무에 5년 이상 종사한 경력이 있는 자
- 유치원, 초등학교 또는 중등학교 교사자격증을 가진 자로서 사회복지 사업에 5년 이상 종사한 경력이 있는 자
- 직업 훈련 교사, 간호사, 영양사로서 사회복지 사업에 5년 이상 종사한 경력이 있는 자

〈생활복지사〉

- 사회복지사업법에 의한 사회복지사 3급 이상 자격을 가진 자
- 유치원, 초등학교 또는 중등학교 교사 자격을 가진 자
- 영유아보육법에 의한 보육 교사 1급 자격을 가진 자

CHAPTER 03

# 방과후 프로그램의 유형과 현황

## 1. 초등학교

초등학교의 방과후 학교는 초·중등법에 설치 근거를 두고 있으며 운영주체에 따라 학교장 직영형과 외부 기관 위탁형으로 분류된다. 초등학교 수업에 주 5일제가 도입되면서 방과후 보육은 토요 방과후 학교까지 확대되었다. 초등학교의 방과후 학교는 정규교육과정 이외의 학교 교육활동으로 단위 학교별 학교운영위원회의 심의를 거쳐 정규수업 외의 시간에 교과, 특기적성, 보육 등 다양한 보육 프로그램을 개설한다.

기존의 방과후 교실, 특기적성 교육, 수준별 보충학습을 2006년에 '방과후 학교'로 통합하였다. 방과후 학교의 필요성은 사회 양극화 완화를 위한 획기적인 교육격차 해소방안 필요, 저출산·고령화 등 사회변화에 부응하는 교육 서비스 요구 증대, 사교육비 경감을 위한 방과후 교육활동 개선필요 등을 그 배경으로 하고 있다(김서연, 2011).

통계청(2011)의 자료에 의하면 우리나라 맞벌이 가정은 전체 가정의 43.6% 정도이지만 초등학생 138만 명(저학년 63만 명) 중 방과후 보육 기관(초등 돌봄 교실, 어린이집, 지역아동센터)에 다니는 아동은 21만 명 정도에 불과하다. 자녀의 초등학교 입학과 함께 방과후 돌봄의 문제로 인한 일·가정 양립이 어려워지는 많은 여성들이 직장을 포기하는 사례가 많다. 부모가 퇴근할 때까지 어린이집이나 유치원에서 보호받으며 성장했던 아동이 초등학교 진학 후 학교 수업이 끝난 후 부모와 만날 때까지 보호되지 못하는 시간대에 유해환경이나 비행 가담에 노출될 가능성이 많다. 부모의 안정적인 돌봄을 받지 못한 결과로 정서불안, 학습 부진, 건강상의 문제가 초래될 수 있다.

초등학교에서는 방과후 시간대에 교과 프로그램, 특기적성 프로그램, 초등돌봄프로그램 등의 프로그램을 운영하고 있다. 교과 프로그램은 대부분 희망과 수준에 따라 무학년 수준별 수업 중심 교과 프로그램으로 운영되며 자율적인 학습으로 자기주도적 학습 능력 신장을 목표로 한다. 맞춤형 특기적성 프로그램은 소질개발과 취미, 특기 신장을 위한 교육기회를 제공하여 건전한 인격 형성을 목표로 한다. 초등 돌봄 프로그램은 양질의 돌봄 환경 및 프로그램을 제공하여 보육과 학습 지도를 통해 전인적 성장 및 사교육비 경감을 목표로 한다. 2011년 기준 전국의 11,307개 학교에서 방과후 서비스를 제공하고 있으며 초등학교 돌봄 교실을 6,639개 운영하고 있다(교육부, 엄마품 온종일 돌봄 교실 매뉴얼).

초등 돌봄 프로그램이 제공되는 초등 돌봄 교실은 그동안 방과후 교실, 에듀케어, 초등 보육 프로그램, 방과후 프로그램, 초등 보육 교실, 종일 돌봄 교실, 엄마 보육 교사, 엄마품 온종일 돌봄 교실 등의 다양함을 포함하고 있다. 유치원이나 초·중등학교 교사가 부모를 대신하는 양육과 교육의 기능을 수행하여 아동을 보호하고 사교육비 부담을 덜어 준다.

초등 돌봄 교실은 2009년 하반기부터 학교가 부모역할을 대신하여 정규수업+방과후 활동+가정의 3가지 기능을 야간까지 지원하는 '종일 돌봄 교실'을 도입하여 확산시키고 있다. 2011년부터 학교에서 아침 돌봄과 저녁 돌봄 서비스를 확대하여 오전 6시 30분부터 오후 10시까지 '엄마품 온종일 돌봄 교실'을 운영하고 있다.

초등 돌봄 교실의 가장 일반적인 형태는 오후 돌봄 교실이다. 중식 제공, 숙제 지도, 보충학습 등이 진행된다. 아침 돌봄 교실은 등교 전 돌봄 서비스이며 '엄마품 온종일 돌봄 교실' 실행으로 조식을 제공받는다. 귀가시간이 늦은 부모의 자녀들은 석식을 제공받고 건강과 안전을 유지하는 데 도움을 받고 있다.

교육부(2011)가 실시한 방과후 학교 실태조사 보고서에 따르면 초등 돌봄 교실은 전체 초등학교의 96%에 해당하는 5,652개교에서 7,086개 교실이 운영 중이며 초등 돌봄 교실에 대한 만족도는 전반적으로 매우 높게 나타났다.

돌봄교실 참여 만족도

| 만족도 조사 항목(100점 만점) | 일반 초등 돌봄 교실 | 엄마품 온종일 돌봄 교실 |
|---|---|---|
| 사교육비 경감 효과 | 84.5 | 86.0 |
| 정서적 안정에 도움 | 85.2 | 86.7 |
| 어머니의 사회진출에 도움 | 86.0 | 88.9 |
| 향후 지속적 참여 의지 | 89.6 | 90.8 |

교육부(2010)는 학생과 부모의 만족도가 높은 초등 돌봄 교실을 모든 초등학교로 확대 운영하겠다는 계획을 발표하였고 해마다 증가하고 있다.

서울시(2012)의 경우 주말에도 출근하는 맞벌이 가정이나 저소득층 학부모가 안심하고 자녀를 맡길 수 있는 환경을 조성해 나가기 위해 토요 방과후 학교 확대와 '1교 1돌봄 교실' 구축, 청소년 주말프로그램 지원 등의 프로그램에 많은 예산을 지원하고 있다. 저소득층 맞벌이 가정 학생들을 대상으로 일방적인 학습지도를 지양한다. 동행 봉사자, 전문심리 상담사 등을 활용해 1 : 1 및 그룹별 자기

주도 학습, 상담, 인문학 강좌, 문화체험 활동 등을 강화하는 방식으로 '나홀로 학생'에 대한 돌봄 서비스를 제공한다. 저학년 학생의 자기주도적 학습 습관이 비교적 쉽게 형성되는 점을 감안하여 초등학교 지원 비율을 늘리고 자기주도 학습 문화 확산을 도모한다.

다양한 월간프로그램을 위한 정보는 서울시 청소년 정보 찾기 유스내비(http://www.youthnavi.net)를 참고하면 다양한 내용을 볼 수 있다. 소재지의 청소년수련관에서 마련하고 있는 스포츠 프로그램과 피아노, 드럼, 합창단 등 음악 체험 학습 기회도 이용할 수 있다.

## 2. 유치원

주로 반일제 프로그램으로 오전만 수업을 하던 유치원에서도 연장제, 종일제, 에듀케어, 최근의 엄마품 돌봄 교실 등 방과후 프로그램을 확대해 가고 있다. 교육부에 의하면 2010년 기준 전체 유치원의 97%인 8,145개 원이 종일제를 운용하고 전체 원아의 42%인 226,968명이 종일제를 이용한다고 한다. 과거의 유치원 방과후 프로그램은 정규 교육과정을 일부 연장하거나 안락한 환경에서 편안하게 휴식을 취하는 수준으로 이루어졌지만, 단순히 보호의 기능만이 아닌 여러 가지 교육활동이 운영되기를 희망하는 부모의 요구를 반영하게 되었다.

2012년 유아교육법이 개정되면서 유치원 교육과정이 기본과정과 종일제로 분류되었고 종일제는 '방과후 과정'이라는 새로운 명칭으로 보육 외의 다양한 운영이 이루어진다. 기본과정에서는 국가 수준의 누리과정에 근거하여 유치원 정교사가 교육을 하며 방과후 과정에서는 기본과정과 별도의 프로그램을 진행한다. 부모의 요구를 반영하여 특성화 프로그램이라는 명칭으로 특별활동을 허용하고 질적 관리를 하고 있다.

유치원에서 방과후 특성화 프로그램을 운영할 경우 국가가 개발한 프로그램이나 육아정책연구소가 추천한 프로그램을 사용하도록 유도한다(육아정책연구소, 유치원 방과후 과정 특성화 프로그램 추천제 권역별 운영방안 연구, 2012). 검증되지 않은 사교육 시장이 유아들을 위한 교실에 난립하는 것을 막고 우수한 프로그램을 제공할 수 있도록 하는 데 그 의미가 있을 것이다.

예체능 교육 프로그램은 국가 수준 유치원 방과후 특성화 프로그램을 사례로 살펴본다. 이 프로그램은 2010년과 2011년에 걸쳐 국가지원을 통해 자연스럽게 현장에서 이루어졌으며 지원이 없어진 2012년부터는 대부분 부모의 부담으로 진행되고 있다. 유치원 외의 기관에서 특성화 교육 혹은 특별활동을 선정할 때 참고가 되기 바란다.

유치원 방과후 특성화 프로그램은 음악(아해음악), 미술(창의아트), 체육(튼튼체육) 등의 예체능 교육과 함께 과학(코코과학)으로 개발되었다. 이 네 가지 프로그램은 유아학습과 발달의 최적화, 사교육에 대한 부모 요구를 전제로 교육부, 서울특별시 유아교육진흥원, 경기도 유아체험교육원, 경상남도 유아교육원, 부산광역시 유아교육진흥원이 함께 연구하여 개발되었다(주요출처 : 교육과학기술부, 서울특별시 유아교육진흥원, 아해뮤직, 2010).

### 1) 음악

음악 프로그램은 체계적이고 전문적인 음악교육 제공을 통해 유치원 교육의 내실화 도모와 부모 만족을 목적으로 하고 있다. 구체적인 목적은 유아가 동시에 음악을 포함한 다양한 장르의 음악을 즐기고 익히며 생활화할 수 있는 소양과 능력을 함양하는 것이다. 목표와 내용은 다음과 같다.

〈목표〉

- 동·서양의 음악을 음악요소에 기초하여 조화롭게 습득한다.
- 1인 1악기 연주기능을 습득한다.
- 잠재된 음악소질을 계발하고 즐기며 생활화한다.

〈내용〉

- 신체 악기 연주
- 노래 부르기
- 음악 감상하기
- 말 리듬을 통한 음악요소 탐색
- 악기 연주
- 작곡하기
- 우리장단 이해하기

### 2) 미술

미술교육은 단순한 방법론이 아니라 통합의 개념을 가지고 보급과 활용이 용이하게 제작한다는 전제가 있다. 미술활동의 목적은 지각과 이해를 통한 탐색 능력 향상, 다중 소통을 통한 감상 능력 향상, 창의적 표현 능력 향상이며 목표와 내용은 다음과 같다.

〈목표〉

- 다양한 환경과 문화에 대한 이해와 심미적 요소 수용 교육
- 예술 작품에 대한 감상과 친밀감 형성
- 생활주제적 접근을 통한 일상생활에서의 미적 탐색 능력 형성
- 다양한 자연과 사물에 대한 아름다움 감상 능력 형성

- 예술가와 예술 양식의 이해와 감상
- 나와 다른 유아작품에 대한 이해와 존중
- 다각적인 관점 수용을 통한 다시 보기
- 다양한 매체로 변형된 내용 감상
- 표현을 위해 창의적 발상교육
- 일상생활에의 표현 능력 향상
- 심미적 견해가 반영된 수렴적 사고교육
- 재구성을 통한 창의적인 표현 능력 향상
- 자기화된 예술작품의 산출

〈내용〉

- 조형 탐색과 관찰 표현
- 우연과 상상
- 조형 이해와 디자인
- 오감 개발과 입체 조형

### 3) 체육

체육 프로그램은 기본 운동 능력과 기초 체력을 지속적으로 증진시켜서 종일제 프로그램의 내실화를 통해 부모의 만족도를 높이고자 하였다. 그 목표와 내용은 다음과 같다.

〈목표〉

- 유아의 몸 움직임을 통해 신체와 정신의 건강을 증진시키고 질병을 예방하며 몸과 마음이 건강한 인간으로 자라는 데 도움이 되도록 하는 것이다.

〈내용〉

- 줄넘기

- 태권도
- 춤
- 요가
- 공을 활용한 체육활동

### 4) 과학

과학 프로그램은 유아들의 과학적 경험을 다양화하고 사교육비 절감 효과와 교육적 효과를 그 목적으로 한다. 그 목표와 내용은 다음과 같다.

〈목표〉

- 유아가 새로운 실험이나 과학과정을 통해 주도적으로 문제해결 과정에 참여한다(태도).
- 유아 자신이 관찰한 것과 발견한 것을 객관적으로 표현하고 서로 의사소통한다(태도).
- 관찰, 분류, 예측, 추론하는 과학과정에 참여한다(탐구 능력).
- 유아가 실험 중심 탐구활동에 참여함으로써 다양한 과학 영역에 따른 개념을 이해한다(개념).

〈내용〉

- 물리
- 화학
- 지구과학
- 생명과학
- 환경공학
- 재생 에너지 등

전국의 교육청에서는 유치원에도 방과후 과정을 개설하고, 활동으로 독서, 자유선택놀이, 이야기 나누기, 동화 및 동시, 요리활동, 국악 등 세대 간 지혜 나눔 프로그램, 자연친화 현장학습, 문화체험, 꿈나무 수영교실 등 부모들이 안심하고 맡길 수 있는 프로그램을 마련하고 있다. 방과후 과정이 부모의 양육부담을 완화하고 출산율을 높일 것으로 기대하고 있다.

돌봄 교실 운영 유치원에서는 장시간 유치원에서 생활하는 유아들을 위해 가정과 같이 편안하고 아늑한 시설 및 설비를 구축하고 다양한 교재·교구를 확보하여 운영하고 있으며, 지역사회와 연계한 경찰지구대의 순찰협조 및 CCTV 운영으로 안전한 귀가를 보장하고 있다.

아침 및 저녁 식사 제공으로 실질적인 교육 및 보육 서비스를 지원하기도 한다. 효율적인 돌봄 교실 운영을 위해 교육청과 유치원 간 상호협력을 바탕으로 수요자가 만족하는 돌봄 교실을 운영해 나가기 위해 노력하고 있다.

제주 의귀초등학교 병설 유치원

## 3. 어린이집

어린이집의 방과후 보육은 영유아보육법에 설치 근거를 두고 있다. 초등학교 아동을 대상으로 학교에 가지 않는 시간에 제공된다. 만 6세부터 12세 이하 초등학생을 대상으로 하지만 주로 저학년을 대상으로 한 교육과 돌봄 서비스이다.

어린이집의 방과후 보육은 초등학생의 방과후 보육에 관한 부처 간 중복이 문제되어 2004년 3월 이전에 지정된 어린이집에서만 방과후 보육이 이루어지고 있다. 보건복지부 보육통계를 보면 방과후 보육을 제공하는 어린이집이 2007년 1,007개소, 2008년 838개소, 2009년에는 554개소로 기관 수가 감소하고 있다.

어린이집의 방과후 보육을 담당하는 교사는 보육 교사 자격증을 가지고 방과후 관련교육을 받는다. 보건복지부가 매년 발행하는 [보육사업안내]의 2010년 책자에는 방과후 보육에 관하여 다음과 같이 명시하고 있다.

**방과후 보육 특별직무교육 40시간**

– 방과후 보육을 담당하고자 하는 보육 교사 및 시설장은 방과후 보육 직무교육을 받을 수 있음
– 방과후 보육을 담당하고 있는 일반직무 교육대상자는 방과후 직무교육을 받을 수 있음
– 방과후 담담교사로 근무하고자 하는 자는 사전에 특별직무교육을 받아야 하는 것이 원칙이나 불가피하게 받지 못한 경우에는 채용 후 6개월 이내에 받아야 함

## 4. 지역아동센터

지역아동센터는 아동복지법에 설치 근거를 두고 있으며 비영리 법인 및 개인이 운영주체이다. 아동복지법 제16조에는 지역아동센터가 지역사회 아동의 보호, 교육, 건전한 놀이와 오락의 제공, 보호자와 지역사회의 연계 등 아동의 건전육성을 위하여 종합적인 아동복지서비스를 제공하는 시설이라고 규정하고 있다.

지역아동센터는 지역사회 내 아동 문제에 대한 사전 예방적 기능 및 사후 연계의 기능으로 아동의 안전한 보호 및 급식 지원, 학습 지원을 통한 학교 생활의 유지와 적응 지원, 다양한 문화적 경험의 기회 제공 등의 역할을 하고 있다.

만 18세 미만의 아동과 청소년이 그 대상이며 2008년 기준 3,013개소, 2009년 기준 3,474개소, 2011년 기준 3,802개소, 2012년 기준 4,003개소가 운영되고 있다(한겨레신문 2012년 11월 12일자). 1980년대 중반 이후 도시지역 빈민아동의 보호를 담당해 왔던 공부방들이 2003년 아동복지법의 개정에 따라 지역아동센터라는 명칭으로 변경되어 정부 보조를 받고 있으며 민간 부분의 가장 대표적인 서비스 유형이다. 이용 아동을 대상으로 매년 실시하는 만족도 조사에서 지속적으로 그 효과가 상승하고 있는데, 보호와 학습뿐만이 아니라 문화, 대인관계, 인권 측면에서도 긍정적인 효과를 나타내고 있다(보건복지부, 2010 지역아동센터 이용아동만족도 조사보고서).

보건복지부 아동청소년 백서에 의하면 지역아동센터는 2004년 제도권에서 인정하는 센터가 되었다. 아동청소년의 절대 빈곤율이 7% 이상으로 조사되었고 이러한 저소득층 아동의 교육에서의 소외 문제는 빈곤의 대물림, 미래의 대규모 사회적 비용의 증가가 예상되어 정부의 사회투자 정책이 필요하게 되었다. 정부가 드림스타트(Dream Start)나 위스타트(We-Start) 등의 사회투자 정책과 함께 다양한 방과후 서비스를 운영하거나 지원하고 있다. 정부의 대표적인 지원 서비스는 교육부의 방과후 학교와 보건복지부의 지역아동센터이다.

지역아동센터는 접근성이 좋고 지역사회 연계가 활발하며 가정적인 분위기, 야간보호 제공으로 복지적인 측면에서 좋은 평가를 받고 있다(양계민, 2011). 지역아동센터는 재정, 인력, 물리적 여건이 열악하기 때문에 부족한 자원을 외부와 연계하여 운영하는 곳이 많다.

지역아동센터는 시설장, 보육 교사, 유치원 교사, 초·중등 교사, 사회복지사 등 다양한 인력이 강사진으로 종사할 수 있지만 주로 사회복지사들이 근무하고 있다(서혜전, 이향란, 2010). 사회복지사는 2010년 기준 약 17,000명 이상이 배출되어 있다(사회복지사협회 홈페이지).

지역아동센터는 자체의 윤리강령을 가지고 있는데 다음의 내용을 담고 있다.

- 공공성 확보
  - 지역사회와 함께하기, 시설 운영의 분명한 정체성과 종사자 전문성 확보, 지역 네트워크와의 복지 자원 연계
- 지역아동센터의 투명성 확보
  - 재정과 운영에 대한 공개, 모든 프로그램의 지역사회 내 개방

※ '청소년방과후아카데미'는 초등학교 고학년 이후의 아동과 청소년을 대상으로 하고 있으므로 이 책에서는 자세히 다루지 않는다.

CHAPTER 04

# 환경 구성

기본적인 지침을 참고하여 각 영역을 구성할 때 유의할 사항들을 살펴보자.

학교 수업이 끝나고 다시 방과후 교실에 온다는 사실이 아동에게 부담과 피곤함을 줄 수 있으므로 자유롭고 편안한 분위기로 구성해 주는 것이 필요하다.

방과후 교실 환경은 공동생활 영역, 그룹지도 영역, 학습 영역을 갖춰야 한다. 이러한 영역들은 다시 휴식 공간, 학습 공간, 놀이 공간, 환경 게시물 공간, 수납 공간과 도서장, 취사 공간(독립 방과후 교실에 적용) 및 기타 시설 등으로 나눌 수 있다. 좁은 공간이지만 책상 배치도 주기적으로 변화를 주고 교실 시설물의 위치도 조금씩 이동하고 정리하여, 교실 공간에 변화를 주도록 한다. 최대한 각 영역이 활동에 서로 장애가 되거나 방해를 받지 않도록 세심한 공간 활용이 필요하다.

이러한 공간들은 개별 학습과 선택의 기회를 제공할 수 있어야 한다. 각 활동 영역을 구분하여 각 영역은 고유의 특수성이 드러나면서 동시에 통합적으로 운영될 수 있어야 한다. 매력적인 배치와 이동 통로를 확보하여 교재·교구의 이용을 용이하게 한다. 공간의 크기를 다양하고 역동적으로 구성하고 교사의 지도가 용이하도록 한눈에 들어올 수 있게 배치한다.

소음을 차단할 수 있는 방법을 강구하고 편안함과 신뢰를 느낄 수 있도록 한다. 각 아동 개개인의 소지품을 보관하고 정리할 수 있는 공간과 설비를 제공하여 스스로 주변 정리를 하면서 책임감을 기를 수 있게 한다.

교육적이고 편안한 분위기와 함께 계절과 기후의 특성도 반영한다. 게시판을 꾸미거나 창문, 복도 등의 데코레이션에 사계절의 변화를 느낄 수 있도록 해 준다.

홀딩도어를 이용하여 2개의 교실로 분리한 예

## 1. 휴식 공간

학교 수업을 마친 후 심신이 지치고 피곤한 상태에서 시작하는 방과후 교실은 아동들에게 편안한 휴식처로서의 공간을 충분히 확보해 주어야 한다. 시설 초기 단계에서부터 별도의 2층 다락방을 계획하거나 간이 침실 등의 보조 공간을 만들고 매트리스, 이불, 베개, 인형, 침구류 등을 갖추어 놓고 아늑한 환경을 마련해 주어서 아동들이 쉴 수 있게 한다.

2층 구조를 활용한 휴식 공간의 예

다양한 휴식 공간

저학년 아동들, 특히 1학년 아동들은 학기 초 학교생활에 적응하느라 긴장과 피로감을 자주 느낀다. 낯선 생활에 대한 두려움과 걱정으로 자주 고열이 나고 몸살을 앓기도 한다. 환절기에는 각종 전염병과 질환으로 각 학교마다 아동의 결석이 잦아지고 방과후 교실에서의 생활이 아동들에게는 매우 피곤한 일로 여겨질 수도 있다. 대부분 맞벌이 가정의 자녀들로 낮 시간에 따로 돌봐 줄 사람이 없기 때문에, 아동이 적절한 응급 처방을 받고 잠을 잘 수 있는 휴식의 공간이 반드시 필요하다. 또한 한쪽 편에는 편안한 등받이 의자와 소파 그리고 카펫을 깔아 놓아 집의 거실 같은 느낌을 갖도록 한다.

## 2. 학습 공간

방과후 교사의 중요한 업무 중 하나는 아동의 숙제를 지도하고, 부진한 학습의 기초를 튼튼히 해 주는 일이다.

아동 수에 맞게 책상과 의자, 컴퓨터, 복사기, 학습지와 학습 용구 보관 사물함, 다양하고 충분한 참고 도서, 사전, 연필깎이 등, 그 외 학습에 필요한 문구류 등을 갖추어 놓는다. 책상이나 사물함에는 아동들이 애착을 가질 수 있도록 예쁜 도안의 이름표를 만들어 붙여 주고, 모둠 활동 구성에 따라 좌석의 이동이 자유로울 수 있도록 책상 이름표는 탈·부착이 가능하도록 한다.

이름표에 사용하는 여러 가지 도안

학교에서 인터넷을 활용해 해결하는 과제들을 많이 요구하므로 여러 대의 컴퓨터를 갖추어야 함은 기본이고 인터넷 설치는 필수적이다. 소프트웨어에 있어서도 백과사전을 비롯한 다양한 교육용 CD를 구비하고 영상 자료 등 시청각 자료도 구비해 놓는다.

컴퓨터 학습이 이루어지는 공간의 예

면일어린이집 학습 공간

방과후돌봄선생님카페에 소개된 학습 공간

학습이 먼저 끝난 아동과 나머지 공부를 해야 하는 아동, 휴식을 취하고 싶은 아동이 서로 방해하지 않도록 홀딩도어나 파티션 등을 설치해 공간을 분리함으로써 교실을 효율적으로 활용한다.

파티션을 이용한 휴식 공간

## 3. 놀이 공간

일정한 규칙과 제한이 가해지는 학교에서 수업이 끝나고 나면 아동들은 소리 지르고, 뛰어다니며 맘껏 놀고 싶어 하기 마련이다. 때문에 적절한 양의 실외 나들이 프로그램을 활용하고(바깥놀이, 산책, 실외 게임, 신체 활동 등), 교실 공간 내에서도 또래 친구들끼리 스스럼없이 어울리고 의견을 조정하고, 사회성을 배울 수 있도록 독려한다.

다양한 놀이의 장면

자유선택활동 시간에는 적극적인 교사의 개입이 필요할 때도 있다. 아동들의 놀이를 방해하지 않고 적절한 갈등의 중재를 해 준다. 스스로 놀이 방법을 찾지 못해서 이리저리 겉돌거나 놀이에 집중하지 못하는 경우 교사가 함께 참여해서 분위기를 조성하고 놀이를 이끌어 주면 훨씬 흥미로워하고 참여율도 높아진다. 새로운 교구를 비치해서 아동들의 관심을 이끌어 내고 놀이 방법에 대해 토의하거나 가르쳐 준다.

놀잇감을 비치해 둔 놀이 영역의 예

자유롭고 흥미롭게 놀이를 즐길 수 있도록 적절한 놀잇감을 각 영역에 비치해 준다. 초등학생들을 위한 교구로 장기, 바둑, 도미노, 주사위놀이, 카드, 미니블록, 코코블록, 소꿉놀이세트, 칠교놀이세트, 카프라 쌓기, 고리 던지기 등과 음률 영역 교구로 실로폰, 키보드, 탬버린, 리코더 등을 준비해 둘 수 있다. 방과후 교실을 위한 프랜차이즈 업체나 관련 업계에서 판매하는 교구도 다양하다.

놀잇감을 가지고 노는 영역 외에 컴퓨터 영역, 도서 영역, 미술·그리기 영역 등으로 나누고 공간을 분할하여 배치한다. 컴퓨터 CD 게임은 교육적이고 아동들에게 사고력을 요구하면서도 재미있고 그림이 아름다운 것을 선택한다. 시간과 순서를 정해서 아동들이 컴퓨터 게임에 지나치게 몰두하지 않도록 한다.

## 4. 환경 게시물 공간

계절 혹은 주제에 따른 환경 게시물은 교실 한쪽 벽면을 활용하고, 환경판은 주로 아동들의 특별 활동이나 학습 결과물을 이용해서 구성한다. 방과후 아동들은 똑같은 과제가 주어져도 교사의 기대보다 더욱 창의적이고 다양한 결과물을 보여 주곤 한다. 교실의 모든 공간을 아동들의 작품들로 활용하면 보다 즐거운 교실 환경이 될 수 있다.

환경판에는 매월 동시와 동요 감상 작품, 그 달의 일기, 독서 감상문과 N.I.E.(Newspaper In Education : 신문 활용 교육) 활동물 등을 게시한다. 교실 유리창은 글라스 데코나 염색 한지 등으로 장식해 볼 수 있다. 천정은 축구공이나 우산 등의 다양한 모빌을 만들어 낚싯줄로 고정시킨다. 안내 게시판에는 월 교육 계획안과 가정 통신문, 아동 준비물 점검 사항이나 안전 관리 사항들에 대한 다양한 정보를 제공하고, 방과후 교실 복도를 활용해 아동들의 그림이나 종이 접기 작품, 가족 신문, 현장학습, 프로젝트 활동 등의 결과물을 계절 혹은 학기별로 전시해 놓는다.

교실 유리창을 이용한 게시물 공간의 예

안내 게시판의 예

다음의 사진들은 방과후돌봄선생님카페에 소개된 것으로, 아동들의 작품을 이용한 게시물 공간의 사례이다.

아동들의 작품을 이용한 게시물 공간의 예

## 5. 수납 공간과 도서장

방과후 교실에서 꼭 필요한 공간이 수납 공간이다. 아동들은 저마다 부피가 큰 책가방과 신발주머니, 물통, 그림 도구 등 준비물을 가득 가지고 오기 마련이다. 아동들의 물건을 보관하기 위해, 교실 공간을 최대한 적게 차지하는 동시에 넓은 수납 공간을 이용하려면 아동 개인 사물함의 크기가 커야 하고, 학교 생활에 필요한 학습물 외에 방과후 교실에서 필요한 여타의 개인 물건들을 따로 보관할 수 있도록 별도의 정리장을 마련해 주어야 한다.

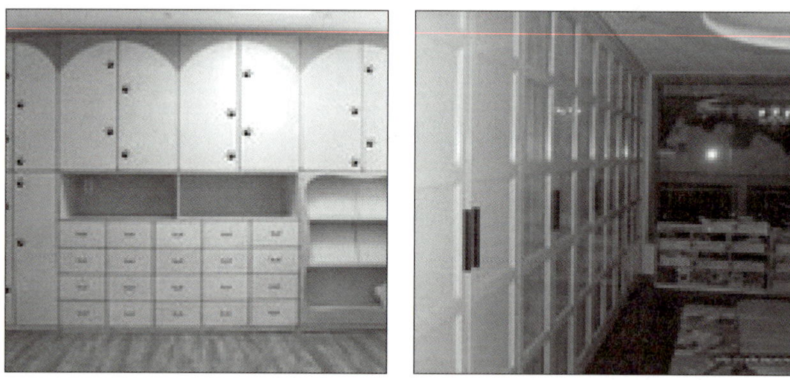

수납공간의 예

초등학생이 되면서 글을 읽고 쓰는 것에 흥미를 갖고 바른 독서 습관을 형성하도록 방과후 교실에서의 책 읽기 훈련은 아주 중요한 과정이다. 아동들의 눈높이에 맞는 도서를 선정하고 낱권으로 된 동화, 창작동화, 그림동화 등을 고루 갖추도록 한다. 전집이나 딱딱한 위인 전기류는 아동들에게 부담이 되고 흥미를 유발하기도 힘들다. 활동 주제에 적합한 도서를 중심으로 아동들이 손쉽게 책을 꺼내 볼 수 있도록 도서장을 마련하고 간단한 분류 기호를 붙여서 아동들 스스로 도서장을 정리할 수 있도록 배려한다. 순번을 정해 '도서관 지킴이'를 뽑고 한 주간 동안 자원봉사를 하는 것도 좋은 경험이 된다.

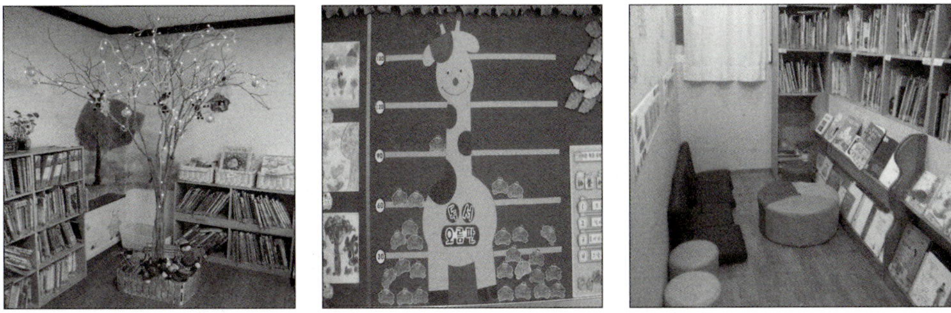

면일어린이집 도서 공간과 지도를 위한 판

## 6. 취사 공간 및 기타

아동들에게 오후 간식과 방학 기간 중 중식을 제공하기 위해서는 취사 공간이 필요하다. 독립 방과후 교실의 경우 급·간식을 준비하는 데 많은 어려움이 있다.

마시는 물과 간단한 조리 식품을 마련할 수 있도록 가스레인지와 싱크대, 취사 도구, 살균 소독기, 전자레인지, 식탁(공간이 협소할 경우 책상 겸용), 냉장고, 가스 차단 장치, 순간 온수기 등이 있는 공간으로 늘 청결과 안전을 유지해야 한다.

취사 공간의 사례

기타 냉·난방 시설을 위한 온풍기와 에어컨, 선풍기, 온돌 바닥 시설 등이 갖추어져 있어야 하며, 신발장과 교사 사무 공간, 물품 수납 공간 등이 필요하다. 붙박이장을 짜서 수납 공간을 확보하면 공간 활용이 용이해진다.

CHAPTER 05

# 프로그램의 편성

## 1. 고려사항

프로그램을 편성하는 것은 1년 동안 아동을 대상으로 제공하는 내용을 전반적으로 계획하고 이를 바탕으로 구체적인 활동과 유의사항을 선정하는 작업이다. 방과후 보육은 심신이 건강한 아동을 육성하고 사교육 수요를 흡수하며 부모의 보육 기능을 동시에 수행한다는 점에서 프로그램을 편성할 때는 다음의 사항을 고려한다.

- 아동의 발달 특성
  해당 학급의 아동의 특성을 파악하고 연령별 난이도를 조절한다. 아동의 발달, 흥미와 요구에 적합한지 고려하여 편성한다.
- 재학 중인 학교와의 연계
  아동이 재학 중인 학교의 주요 행사와 학사일정, 공휴일에 따른 숙제 지도 및 생활 지도를 통해 학교에 잘 적응하도록 지원한다.
- 기관이 소재하고 있는 지역사회와의 연계
  학습 주제와 관련된 활동을 위해 지역사회에서 활용할 수 있는 기관이나 자료를 알아본다. 대부분 맞벌이 가정의 자녀이기 때문에 부모와 자주 함께하지 못하는 견학이나 실외활동을 위한 계획도 고려한다.

- 목표에 맞는 활동

교육계획을 수립할 때 목표와 실행되는 활동, 평가과정에 일관성이 있어야 한다. 설정된 목표를 실현하기 위해 교육적 의미를 가지는 내용을 선정하고 조직하여야 한다. 대부분의 방과후 보육기관에서는 기본생활 습관 형성을 위한 생활 지도, 숙제 지도와 예체능 및 영어 교육을 포함한 학습 지도, 특별활동, 지역사회와의 연계활동 등을 지도하고 있다.

- 실행 가능성

활동을 진행하고 상호작용할 때 현재의 환경에서 가능한 것을 계획한다. 가정환경, 지역사회 특성, 사회적 상황과 문화적 맥락에 적합해야 하며, 아동이 가지고 있는 사회적 지식, 논리수학적 지식, 물리적 지식 등의 지식 차원이 고려되어야 한다.

- 가정과의 협력

아동의 방과후 보육을 맡기는 부모의 요구를 조사하고 가정과 일관성 있는 지도방법으로 교육한다.

- 관련 법규의 검토

방과후 교실과 관련된 법규나 지침, 학교의 변화되는 제도 등을 검토하여 적용하는 교육이 되어야 한다.

## 2. 계획안 작성

### 1) 연간교육계획안

연간교육계획안은 앞의 여러 가지 고려 사항을 토대로 작성한다. 계획과 편성의 과정은 학기가 시작되기 전에 미리 진행하여 관련 활동의 자료들을 준비할 수 있도록 한다. 전년도의 평가 내용을 참고하여 보다 나은 교육계획을 수립한다. 이 책에서 다루고 있는 방과후 교육은 주로 초등학교 저학년을 대상으로 하는 것이다. PART 02 실제 편의 각 월별 주제의 편성이 곧 연간교육계획안이 된다. 연간교육계획안은 월간, 주간, 일일 단위로 구체화되어 실행된다.

### 2) 월간 및 주간계획안

월간계획안에서는 월간 주제의 하위 단위로 주간 주제를 잡아 각 활동의 흐름을 자연스럽게 편성해야 한다. 월간계획에서는 아동의 생일, 공휴일, 견학 등의 계획이 구체적으로 짜여질 수 있으며, 계절이나 절기에 맞는 특별한 활동을 계획할 수 있다. 월간계획의 목적은 주간계획 시 교사가 중요한 사건을 상기할 수 있도록 돕는 것이다. 견학이나 행사 참여 같은 일정을 위해 버스 교섭이나 사전 답사도 미리 이루어져야 한다.

주간계획에는 특정 주의 모든 활동이 구체적으로 계획되어야 한다. 활동의 계획과 함께 미리 업무를 분담하여 책임지고 준비한다. 명확한 업무분장을 위해 담당자를 기록한다.

### 3) 일일계획과 평가

매일 보육의 내용은 주간 단위별 계획안에 따라 계획되고 실행 내용을 기록하며 평가한다. 다음의 일일 보육일지를 통해 방과후 보육현장의 생활을 이해하기 바란다.

## 〈 3월 사례 〉

<table>
<tr><th colspan="5">일 일 보 육 일 지</th></tr>
<tr><td rowspan="2">날 짜</td><td rowspan="2">20_년 3월 2일 금요일 날씨 : 맑음</td><td>교사</td><td>주임교사</td><td>원장</td></tr>
<tr><td>윤**</td><td></td><td></td></tr>
<tr><td rowspan="2">주 제</td><td rowspan="2">방과후반 적응하기</td><td>전체 원아</td><td>출석</td><td>결석</td></tr>
<tr><td>26</td><td>25</td><td>0</td></tr>
<tr><td>목 표</td><td>새 학기 시작을 축하하고 친구들과 즐거운 시간을 갖는다.</td><td colspan="3">박**(입학식 후 집으로 귀가)</td></tr>
<tr><th>시 간</th><th>활 동 명</th><th colspan="3">하 루 평 가</th></tr>
<tr><td>~ 12 : 00</td><td>◎ 등원<br>- 등원 후 교사에게 인사하고 가방과 신발을 정리한다.<br>- 알림장을 보여주고 숙제를 한 후 자유놀이한다.</td><td colspan="3">- 손 씻기, 체온 재기를 함.<br>- 알림장 내용, 학교전달사항을 이야기함.</td></tr>
<tr><td>~ 1 : 00</td><td>◎ 점심 및 독서<br>- 이름을 부르면 차례로 손을 씻는다.<br>- 차례로 줄을 서서 식판을 받아 "잘 먹겠습니다" 인사 후 먹는다.</td><td colspan="3">- 전** 12시 40분 등원하여 점심 먹음.</td></tr>
<tr><td>~ 3 : 00</td><td>◎ 자유선택놀이<br>☞ 개별학습 : 숙제 지도와 학습 지도<br>• 준비물 : 알림장, 필기도구<br>• 활동방법 : 알림장을 확인하고 자신의 과제를 한다.<br>☞ 역할·쌓기 영역 : 우리들의 휴식 공간 만들기<br>• 준비물 : 블록 영역<br>• 활동방법 :<br>- 편안하게 쉴 수 있는 도구들을 생각해 보게 한다.<br>- 도구를 만들어 본다(친구와 함께 구성해 보는 것도 좋다).</td><td colspan="3">- 2~3학년 등원하여 학교이야기를 해 줌. 방과후 교실 일 년 계획표 살펴봄.<br>- 첫날이라 숙제가 없어 책 두 권 읽고 자유놀이를 함.<br>- 자유놀이에 활용될 충분한 교구가 필요함.</td></tr>
<tr><td>~ 3 : 10</td><td>◎ 정리 및 놀이 평가하기 & 인사 나누기<br>- 역할방과 블록방에 미리 종을 울려 정리할 수 있도록 한다.<br>- 정리를 한 후 함께 모인다.<br>- 놀이를 하면서 느낌에 대해 이야기 나눈다. 재미있었던 놀이/ 놀이하면서 속상했던 점</td><td colspan="3">- 서로 인사 나누기를 함.<br>- 2~3학년이 정리정돈을 잘함.</td></tr>
<tr><td>~ 4 : 00</td><td>◎ 입학 잔치<br>- 새 학기 되어 방과후반이 된 것을 서로 축하해 주며 시작하는 기쁨을 함께 나눈다.</td><td colspan="3">- 아동들이 새로운 마음가짐을 할 수 있도록 소원 혹은 다짐 말하기를 함.<br>- 게임을 할 때 1학년과 2학년이 팀이 되어</td></tr>
</table>

| 일 일 보 육 일 지 | | | |
|---|---|---|---|
| | - 준비물 : 케이크, 풍선<br>- 활동 방법<br>① 입학을 축하하는 케이크 점화를 한다.<br>② 친구들과 인사를 한다(악수하기, 안아 주기, 인사폴카를 한다).<br>③ 팀을 나누어 게임을 한다(게임 설명, 게임 규칙을 이야기한다).<br>④ 축하파티를 마치고 느낌에 대해 이야기해 본다. "오늘 입학 잔치는 ○○해서 ○○했다" | 즐거워함.<br>- 폴카 춤을 출 때 처음에는 쑥스러워하는 모습을 보였지만 두세 번 반복되자 박자에 맞춰 즐겁게 하는 모습이 보였음. **는 다른 친구와 하는 것을 거부해 처음에는 교사와 함께함. | |
| ~ 4 : 40 | ◎ 오후 간식 및 독서<br>- 차례로 손을 씻는다.<br>- 간식을 받고 인사 후 먹고 나서 정리하고 책을 본다. | - 간식 : 축하 케이크, 배 | |
| ~ 5 : 40 | ◎ 실외놀이<br>- 실외놀이 전 안전에 대해 이야기 나눈다.<br>- 차례로 실외에 나가 놀이한다(대근육, 자연관찰, 모래놀이).<br>- 놀이 후 정리한다. | - 실외놀이로 피구를 하며 1학년 아동들과 친해지는 시간을 가짐. | |
| ~ 6 : 00 | ◎ 나의 하루 평가 및 귀가 지도<br>- 나의 하루에 대해 생각하며 평가하는 시간을 갖는다.<br>- 선생님께 인사하고 개별적으로 귀가한다. | - 첫날이라 일찍 귀가하는 아동이 많았음.<br>- 귀가 시 보호자 확인이 필요함. | |
| 6 : 00 ~ | ◎ 통합 보육(만 4세 ~ 방과후)<br>- 통합교실에서 놀이하면서 개별 귀가하기 | - 통합보육 담당 : 백두반 신** 교사 | |
| 교사 협의사항 | - 입학 잔치에 할 폴카 연습하기 | 청 결 | 교실 청소 & 교구 닦기 & 분리수거 대청소 |
| 부모 상담 및 아동전달 사항 | - 1학년 학원시간에 대한 문의 및 상담<br>- 민** 김** 전화로 퇴소 통보 | 시간제 | 이용 아동 없음 |

## 〈 6월 사례 〉

<table>
<tr><th colspan="6">일 일 보 육 일 지</th></tr>
<tr><td rowspan="2">날 짜</td><td colspan="2" rowspan="2">20__년 6월 12일 화요일 날씨 : 맑음</td><td>교사</td><td>주임교사</td><td>원장</td></tr>
<tr><td>윤**</td><td></td><td></td></tr>
<tr><td rowspan="2">주 제</td><td colspan="2" rowspan="2">나의 마음</td><td>전체 원아</td><td>출석</td><td>결석</td></tr>
<tr><td>24</td><td>19</td><td>5</td></tr>
<tr><td>목 표</td><td colspan="2">마음에 있는 감정을 그림으로 그려 본다.</td><td colspan="3">결석 원아 : 손**, 장**, 송**, 방**, 홍**</td></tr>
<tr><th>시 간</th><th colspan="2">활 동 명</th><th colspan="3">하 루 평 가</th></tr>
<tr><td>~ 1 : 00</td><td colspan="2">◎ 등원<br>– 등원 후 교사에게 인사하고 가방과 신발을 정리한다.<br>– 알림장을 보여 주고 숙제를 한 후 자유놀이한다.</td><td colspan="3">– 손 씻기, 체온 재기를 함.<br>– 알림장 내용, 학교 전달사항을 이야기함.</td></tr>
<tr><td>~ 3 : 00</td><td colspan="2">◎ 자유선택놀이<br>☞ 개별학습 : 숙제 지도와 학습 지도<br>• 준비물 : 알림장, 필기도구<br>• 활동방법 : 알림장을 확인하고 자신의 과제를 한다.<br>☞ 언어 영역 : 짜증송아지 5행시<br>• 준비물 : 활동지<br>• 활동방법 :<br>– 짜증송아지를 넣어 시를 써 본다.<br>☞ 역할·쌓기 영역 : 친구에게 상냥한 말 해 주기<br>• 준비물 : 역할 영역 교구<br>• 활동방법 :<br>– 친구에게 어떤 말로 이야기해 주면 기분이 좋은지 서로 말해 본다.<br>– 놀이 중 친구가 이야기한 말을 사용해 본다.</td><td colspan="3"><br></td></tr>
<tr><td>~ 3 : 10</td><td colspan="2">◎ 정리 및 놀이 평가하기 & 인사 나누기<br>– 역할방과 블록방에 미리 종을 울려 정리할 수 있도록 한다.<br>– 정리를 한 후 함께 모인다.<br>– 놀이를 하면서 느낌에 대해 이야기 나눈다.<br>재미있었던 놀이/ 놀이하면서 속상했던 점</td><td colspan="3">– 아동들의 그림을 눈높이에 게시해 줌.</td></tr>
<tr><td>~ 4 : 00</td><td>◎ 나의 짜증송아지 그려 보기<br>– 준비물 : 메모지, 필기도구<br>– 활동 방법 :</td><td>◎ 영어특별활동<br>– 1학년 : 3시 ~3시 40분<br>– 간식 먹기</td><td colspan="3">– 나에게 찾아온 짜증송아지 나타내기를 하였는데 화난 모습을 그리고 자신의 감정을 이야기함. 다음 시간에는 짜증송아지 그림을 붙이고 해결 방법에 대해 알아보려고 함.</td></tr>
</table>

<table>
<tr><th colspan="5">일 일 보 육 일 지</th></tr>
<tr><td>~ 4 : 00</td><td>① 짜증송아지가 왔을 때 나의 모습에 대해 이야기해 본다.<br>② 짜증송아지가 왔을 때 나의 모습을 그려 본다.<br>③ 언제 짜증송아지가 왔는지 그림 설명을 적는다.</td><td>- 2학년 : 4시 ~4시 40분</td><td colspan="2" rowspan="2">친구를 짜증나게 했을 때 미안해하며 사과하는 모습도 보임.<br>- 간식 : 감자찜, 사과주스</td></tr>
<tr><td>~ 4 : 40</td><td colspan="2">◎ 오후 간식 및 독서<br>- 차례로 손을 씻는다.<br>- 간식을 받고 인사 후 먹고 나서 정리하고 책을 본다.</td></tr>
<tr><td>~ 5 : 40</td><td colspan="2">◎ 실외놀이<br>- 실외놀이 전 안전에 대해 이야기 나눈다.<br>- 차례로 실외에 나가 놀이한다(대근육, 자연관찰, 모래놀이).<br>- 놀이 후 정리한다.</td><td colspan="2">- 놀이 중에 짜증송아지 이야기를 하며 "저리 가" 하는 모습을 보임.<br>- 친구와 긍정적 상호작용의 지도가 필요함.</td></tr>
<tr><td>~ 6 : 00</td><td colspan="2">◎ 하루 평가 및 귀가 지도<br>- 나의 하루에 대해 생각하며 평가하는 시간을 갖는다.<br>- 선생님께 인사하고 개별적으로 귀가한다.</td><td colspan="2"></td></tr>
<tr><td>6 : 00 ~</td><td colspan="2">◎ 통합 보육(만 4세 ~ 방과후)<br>- 통합교실에서 놀이하면서 개별 귀가하기</td><td colspan="2">- 통합보육 담당 : 방과후반에서 윤** 교사</td></tr>
<tr><td>교사 협의사항</td><td colspan="2">- 미술대회 참석 준비함.</td><td>청 결</td><td>교실 청소 & 분리수거</td></tr>
<tr><td>부모 상담 및 아동전달 사항</td><td colspan="2">- 아동들의 일정에 대한 문자 발송</td><td>시간제</td><td>이용 아동 없음</td></tr>
</table>

## 〈 9월 사례 〉

<table>
<tr><th colspan="6">일 일 보 육 일 지</th></tr>
<tr><td rowspan="2">날 짜</td><td colspan="2" rowspan="2">20__년 9월 24일 화요일 날씨 : 비</td><td>교사</td><td>주임교사</td><td>원장</td></tr>
<tr><td>윤**</td><td></td><td></td></tr>
<tr><td rowspan="2">주 제</td><td colspan="2" rowspan="2">우리나라의 명절</td><td>전체 원아</td><td>출석</td><td>결석</td></tr>
<tr><td>26</td><td>23</td><td>3</td></tr>
<tr><td>목 표</td><td colspan="2">한가위와 관련된 다양한 활동을 통해 우리나라의 명절 문화를 알아본다.</td><td colspan="3">결석 원아 : 손** 이** 주**</td></tr>
<tr><th>시 간</th><th colspan="2">활 동 명</th><th colspan="3">하 루 평 가</th></tr>
<tr><td>~ 1 : 00</td><td colspan="2">◎ 등원<br>– 등원 후 교사에게 인사하고 가방과 신발을 정리한다.<br>– 알림장을 보여주고 숙제를 한 후 자유놀이한다.</td><td colspan="3">– 손 씻기, 체온 재기를 함.</td></tr>
<tr><td>~ 3 : 00</td><td colspan="2">◎ 자유선택놀이<br>☞ 개별학습 : 숙제 지도와 학습 지도<br>• 준비물 : 알림장, 필기도구<br>• 활동방법 : 알림장을 확인하고 자신의 과제를 한다.<br>☞ 언어 영역 : 명절에 얽힌 이야기 찾기<br>• 준비물 : 활동지, 필기도구<br>• 활동방법 :<br>– 명절에 대해 읽은 줄거리를 친구들에게 이야기해 준다.<br>☞ 역할·쌓기 영역 : 인형에게 우리나라 옷 입히기<br>• 준비물 : 한복 입은 인형<br>• 활동방법 :<br>– 인형에 우리나라 한복 입히기를 해 본다.<br>– 고름매기, 덧버선 신기기 등 활동을 해 본다.</td><td colspan="3">– 1학년 숙제지도 시에 글자와 숫자를 쓸 때 바르게 쓸 수 있도록 지속적으로 지도함.<br>– 안**에게 바르게 쓰도록 지도하고 지켜봄. 손가락 힘 주기 싫다고 함.<br>– 손가락을 이용한 놀이기구를 제공해 줄 필요가 있음.</td></tr>
<tr><td>~ 3 : 10</td><td colspan="2">◎ 정리 및 놀이 평가하기 & 인사 나누기<br>– 역할방과 블록방에 미리 종을 울려 정리할 수 있도록 한다.<br>– 정리를 한 후 함께 모인다.<br>– 놀이를 하면서 느낌에 대해 이야기 나눈다.<br>재미있었던 놀이/ 놀이하면서 속상했던 점</td><td colspan="3">– 이**가 친구 따라 태권도 도장에 미리 갔다 옴. 시간 약속을 지키지 않아 도장 측에 이야기함.<br>– 일과 중 여러 차례 인원 파악이 필요함.</td></tr>
<tr><td>~ 4 : 00</td><td>• 준비물 : 활동지, 필기도구<br>• 활동 방법 :<br>– 한가위 그림을 감상해 본다.</td><td>◎ 영어특별활동<br>– 1학년 : 3시 ~3시 40분<br>– 간식 먹기</td><td colspan="3">– 먹물로 한가위 그림 그려 보기를 하였는데 2학년 아동들은 설명을 잘 듣지 않고 그리고 싶은 그림을 그림. 특히 김**는 설명을 이해 못함. "네, 네." 하며 자신이 그리고 싶은 것을 그림.</td></tr>
</table>

<table>
<tr><th colspan="4">일 일 보 육 일 지</th></tr>
<tr><td>~ 4 : 00</td><td>- 붓 잡는 방법에 대해 알아본다<br>- 붓을 잡고 선을 그어 본다.<br>- 그림을 그려 본다.</td><td>- 2학년 : 4시 ~4시 40분</td><td>- 집중하여 경청할 수 있도록 설명자료가 필요함.<br>- 김**가 지속적으로 그림을 완성하지 않음. 그냥 앉아 있음.<br>- 흥미를 가지고 집중할 수 있도록 지도방법 모색이 필요함.</td></tr>
<tr><td>~ 4 : 40</td><td colspan="2">◎ 오후 간식 및 독서<br>- 차례로 손을 씻는다.<br>- 간식을 받고 인사 후 먹고 나서 정리하고 책을 본다.</td><td>- 간식 : 술떡, 식혜</td></tr>
<tr><td>~ 5 : 40</td><td colspan="2">◎ 실외놀이<br>- 실외놀이 전 안전에 대해 이야기 나눈다.<br>- 차례로 실외에 나가 놀이한다(대근육, 자연관찰, 모래놀이).<br>- 놀이 후 정리한다.</td><td rowspan="2">- 손**가 테이프 사용하다 손 다침. 안전에 대해 다시 한 번 이야기하고 주의점을 상기시킴.<br>- 비가 와서 실외놀이하지 못함. 교실에서 놀이함.<br>- 대근육 활동교구가 더 필요함.</td></tr>
<tr><td>~ 6 : 00</td><td colspan="2">◎ 나의 하루 평가 및 귀가 지도<br>- 나의 하루에 대해 생각하며 평가하는 시간을 갖는다.<br>- 선생님께 인사하고 개별적으로 귀가한다.</td></tr>
<tr><td>6 : 00 ~</td><td colspan="2">◎ 통합 보육(만 4세 ~ 방과후)<br>- 통합교실에서 놀이하면서 개별 귀가하기</td><td>- 통합보육 담당 : 방과후반에서 윤** 교사</td></tr>
<tr><td>교사 협의사항</td><td>- 오전 동안 방과후반에서 언어치료 실시</td><td>청 결</td><td>교실 청소 & 분리수거</td></tr>
<tr><td>부모 상담 및 아동전달 사항</td><td>- **이가 토요일 집에서 눈 다침. 엄마가 전화로 알려옴.</td><td>시간제</td><td>이용 아동 없음</td></tr>
</table>

## 〈 12월 사례 〉

<table>
<tr><th colspan="5">일 일 보 육 일 지</th></tr>
<tr><td rowspan="2">날 짜</td><td rowspan="2">2012년 12월 17일 월요일 날씨 : 맑음</td><td>교사</td><td>주임교사</td><td>원장</td></tr>
<tr><td>윤**</td><td></td><td></td></tr>
<tr><td rowspan="2">주 제</td><td rowspan="2">사랑하는 친구</td><td>전체 원아</td><td>출석</td><td>결석</td></tr>
<tr><td>25</td><td>23</td><td>2</td></tr>
<tr><td>목 표</td><td>마니또와 관련된 놀이를 통해 친구에 대해 생각해 본다.</td><td colspan="3">결석 원아 : 김**, 장**</td></tr>
<tr><th>시 간</th><th>활 동 명</th><th colspan="3">하 루 평 가</th></tr>
<tr><td>~ 1 : 00</td><td>◎ 등원<br>- 등원 후 교사에게 인사하고 가방과 신발을 정리한다.<br>- 알림장을 보여 주고 숙제를 한 후 자유놀이한다.</td><td colspan="3">- 손 씻기, 체온 재기를 함.<br>- 알림장 내용, 학교전달사항을 이야기함.</td></tr>
<tr><td>~ 3 : 00</td><td>◎ 자유선택놀이<br>☞ 개별학습 : 숙제 지도와 학습 지도<br>• 준비물 : 알림장, 필기도구<br>• 활동방법 : 알림장을 확인하고 자신의 과제를 한다.<br>☞ 언어 영역 : 마니또야 내가 해 줄게.<br>• 준비물 : 활동지, 필기도구<br>• 활동방법 :<br>- 마니또에게 해 주고 싶은 것을 적어 본다.<br>☞ 미술 영역 : 이런 산타 어때요?<br>• 준비물 : 다양한 재료<br>• 활동방법 :<br>- 여러 가지 그림도구를 사용하여 산타 디자인을 해 본다.</td><td colspan="3">- 12월이 되면서 학교가 단축수업에 들어감. 아동들이 일찍 등원함. 아동들과 자유 시간에 대해 의논함. 학원에 다니는 아동들의 요구에 따라 오후 간식 후 자유놀이시간 한 번 더 갖기로 함.<br>- 1학년 아동 중 아직 한글을 자연스럽게 읽지 못하는 아동들과 한 줄씩 책 읽기를 하는 시간을 가짐.<br>- 서**에게 다른 공부를 줄이고 글쓰기 학습지를 하도록 함.</td></tr>
<tr><td>~ 3 : 10</td><td>◎ 정리 및 놀이 평가하기 & 인사 나누기<br>- 역할방과 블록방에 미리 종을 울려 정리할 수 있도록 한다.<br>- 정리를 한 후 함께 모인다.<br>- 놀이를 하면서 느낌에 대해 이야기 나눈다.<br>재미있었던 놀이/ 놀이하면서 속상했던 점</td><td colspan="3">- 노래를 부르며 정리를 하기로 함. 가사로 하지 않고 '우우'로 노래하기로 함. 즐거워하며 정리함.</td></tr>
<tr><td>~ 4 : 00</td><td>◎ 마니또야 나의 마니또야<br>• 목표 : 마니또가 할 수 있는 일에 대해 이야기해 보고 마니또를 정한다.<br>• 준비물 : 활동지, 필기도구<br>• 활동 방법 :<br>- 마니또의 뜻에 대해 알아본다.</td><td colspan="3">- 방과후 마니또의 뜻을 알려 주고 아동들을 위해 예시를 들어 줌.<br>남자 1학년 아동들이 함께 모여 의논하며 알려 주는 모습이 보여 마니또의 비밀을 지킬 수 있도록 함.</td></tr>
</table>

<table>
<tr><th colspan="4">일 일 보 육 일 지</th></tr>
<tr><td>~ 4 : 00</td><td>- 마니또놀이를 하는 이유에 대해 이야기한다.<br>- 마니또에게 우리 교실에서 할 수 있는 일에 대해서 알아본다.<br>- 마니또에게 하고 싶은 말을 쪽지에 적는다.<br>- 마니또 뽑기를 하고 마니또를 정한다.</td><td colspan="2">- 내가 받은 친구의 친절을 칠판에 적도록 함.</td></tr>
<tr><td>~ 4 : 40</td><td>◎ 오후 간식 및 독서<br>- 차례로 손을 씻는다.<br>- 간식을 받고 인사 후 먹고 나서 정리하고 책을 본다.</td><td colspan="2">- 간식 : 해물파전, 포도주스</td></tr>
<tr><td>~ 5 : 40</td><td>◎ 실외놀이<br>- 실외놀이 전 안전에 대해 이야기 나눈다.<br>- 차례로 실외에 나가 놀이한다(대근육, 자연관찰, 모래놀이).<br>- 놀이 후 정리한다.</td><td colspan="2" rowspan="2">- 연**가 실외놀이 중에 문** 꼬집었음. 재미있어서 했다고 함. 우**는 실외놀이를 하지 않고 교실에서 지냄.<br>- 실외놀이에 대한 동기유발과 유의점 지도가 필요함.</td></tr>
<tr><td>~ 6 : 00</td><td>◎ 나의 하루 평가 및 귀가 지도<br>- 나의 하루에 대해 생각하며 평가하는 시간을 갖는다.<br>- 선생님께 인사하고 개별적으로 귀가한다.</td></tr>
<tr><td>6 : 00 ~</td><td>◎ 통합 보육(만 4세 ~ 방과후)<br>- 통합교실에서 놀이하면서 개별 귀가하기</td><td colspan="2">- 통합보육 담당 : 방과후반 이** 교사</td></tr>
<tr><td>교사 협의사항</td><td>- 실외놀이 시 갈등의 중재방법에 대해 협의</td><td>청 결</td><td>교실 청소 & 분리수거 & 카펫 청결유지</td></tr>
<tr><td>부모 상담 및 아동전달 사항</td><td>- 유** 아버님과 귀가 지도 사항에 관하여 전화로 협의함.</td><td>시간제</td><td>이용 아동 없음</td></tr>
</table>

### 4) 일과의 예

방과후 교실의 운영 실태를 조사해 본 결과 활동의 범주는 생활 지도, 놀이 지도, 학습 지도를 기반으로 영역별로 진행하는 특별 활동 등에 중점을 두어 진행하고 있다. 숙제 이외에 문제집을 풀거나 시험 대비를 위한 학습 지도 등이 활동의 주를 이루고 대체적으로 숙제 지도를 제외하고는 대략 하루에 2~3개의 특별 활동 프로그램을 진행하고 아동 개인별로 방문학습 지도를 받거나 학원 등으로 이동하는 경우가 일반적이었다. 이러한 활동들은 서울 지역의 사례들이며 방과후 교실의 교사에게는 각 교실의 상황에 따라 융통성 있게 일과를 진행할 수 있는 능력이 요구된다.

여성특별위원회의 한 조사(방과후 아동 보육 실태 분석과 종합 대책 수립을 위한 연구, 2000)에 의하면 일반적으로 부모들은 실내·외 균형 있는 전문적인 프로그램 제공, 다양한 경험 제공, 따뜻하고 자상한 지도, 가정과 시설과의 연계 강화, 전문적인 시설, 재미있는 지도, 전문 교사의 배치, 안전한 보호, 운영 시간 확대, 교사의 빈번한 교체 지양 등을 희망하고 있다. 단조롭고 규칙적인 수업 계획으로 진행되기 쉬운 방과후 교육 내용이 편안한 휴식과 안전을 제공하며 재미와 생동감이 넘치는 현장으로 아동들에게 제공될 수 있는 방안을 끊임없이 찾아보아야 한다.

방과후 교실에서의 하루 일과는 대다수의 초등학교에서 급식이 지원(일부 학교는 1학년 제외)되고 있기 때문에 점심을 먹은 후, 학교 수업을 마친 아동들이 방과후 교실로 오면서 시작된다. 방학 중에는 방과후 교실에서 점심을 제공하게 된다. 간식 및 점심의 메뉴는 각 지역 보육정보센터 혹은 급식관리지원센터의 '식단과 영양 정보'를 활용하면 많은 도움을 받을 수 있다. 교사 1인이 많은 아동을 보육하고 관리해야 하며 분주하게 보내는 방과후 교실에서는 관련 정보를 신속하게 얻을 수 있는 민첩성도 요구된다.

방과후 교실의 일과를 일례로 소개하면, 아동들은 자기 사물함에 가방과 신발

주머니, 물건을 정리하고, 숙제가 적혀 있는 알림장을 교사 책상에 갖다 놓은 후, 양치질을 한다.

초등학교들의 하교 시간이 일률적이지 않기 때문에 일찍 온 아동들은 자유롭게 선택 활동을 하면서 친구들과 놀이를 즐긴다. 이 시간을 통해 아동들은 수업 시간의 긴장감을 풀고, 또래와의 놀이를 통해 사회성과 의사 소통 능력을 기르게 된다.

교사는 제출된 알림장을 살펴보고 각 아동의 과제를 점검해 준다. 필요한 재료들을 마련하여 수업 준비를 완료한 후, 놀잇감을 모두 정리하고 이야기 자리로 다 같이 모여 앉는다.

오늘 하루의 일과계획에 대해 아동들과 함께 나누고 학교 수업 시간에 있었던 일화들을 이야기한 후, 숙제 지도를 한다. 학년별 혹은 개별 학습 지도가 이루어진 후, 전체적인 학습 시간을 마무리한다. 각자 자기자리를 정돈한 후, 특별 활동의 시작을 알리는 노래를 부르면서 동그랗게 둘러앉는다. 각 활동 영역에 맞는 특별 활동을 진행한 후, 간식을 먹고 방과후 교실에서의 하루를 마무리하며 일기를 쓴다.

방과후 교실의 프로그램 운영 일과표는 학기 중과 방학 중으로 나뉜다. 학기 중에는 반일 보육으로 진행되고, 여름과 겨울방학 기간은 종일 보육의 형태로 전환되기 때문이다. 보육 시간은 각 지역 여건을 고려해 탄력적으로 운용될 수 있다.

방학 중 일과표는 오전과 오후로 나뉘는데, 오후 시간은 학기 중과 거의 동일하게 교육 프로그램이 진행된다. 오전 시간에는 자원봉사자를 활용한 학업 부진 아동의 받아쓰기, 수학 지도 등의 개별 학습 시간으로 진행할 수 있다. 방학 기간에는 학기 중에 할 수 없었던 견학이나 현장학습 등의 비중을 늘린다. 깊이 있는 독서 시간을 확보하고, 나만의 과제(방학 숙제) 등을 계획해서 4~5주 프로젝트 수업으로 진행시킨다.

## 1) 학기 중 일과의 예

<table>
<tr><th>시 간</th><th colspan="5">방과후 교실 일일 프로그램 활동 내용</th></tr>
<tr><td rowspan="2">13:00~13:50</td><td colspan="5">등원 지도 및 양치하기</td></tr>
<tr><td colspan="5">자유선택활동 : 도미노 쌓기, 책나무 가꾸기(독서), 컴퓨터 타자 연습, 장기·바둑 두기, 카드놀이, 소꿉놀이, 고리 던지기, 공기놀이, 코코블록, 미니블록, 그림 그리기 등</td></tr>
<tr><td>14:00~14:50</td><td colspan="5">숙제 및 받아쓰기/ 학습지 개별 지도</td></tr>
<tr><td rowspan="2">15:00~15:50</td><td>신체·지각</td><td>언어·표현</td><td>과학·탐구<br>요리·견학</td><td>창의성 및<br>사고력 개발</td><td>미술·음률·창작</td></tr>
<tr><td>실외 나들이, 바깥놀이, 게임, 체육 활동 등</td><td>글쓰기, 한자 쓰기, 독서록 쓰기, 영어나라, 동시 외우기</td><td>과학 실험, 과학상자, 인터넷 탐구 활동, 요리조리쿡, 현장학습 등</td><td>독서·독후 활동, N.I.E. 활용 교육, 영상·시청각 교육 등</td><td>종이 접기, 그림 그리기, 만들기, 동요 배우기, 음악 감상, 글라스데코 등</td></tr>
<tr><td>16:00~17:00</td><td colspan="5">오후 간식 및 일기 쓰기</td></tr>
<tr><td>18:00</td><td colspan="5">귀가 지도</td></tr>
</table>

## 2) 방학 중 일과의 예

<table>
<tr><th>시 간</th><th colspan="5">방과후 교실 일일 프로그램 활동 내용</th></tr>
<tr><td>9:00~9:50</td><td colspan="5">등원 지도 및 자유선택활동</td></tr>
<tr><td>10:00~10:30</td><td colspan="5">오전 간식</td></tr>
<tr><td>10:40~11:50</td><td colspan="5">학습지 풀기 및 개별학습(수학, 받아쓰기)</td></tr>
<tr><td>12:00~12:50</td><td colspan="5">점심 식사 및 양치하기</td></tr>
<tr><td>13:00~13:50</td><td colspan="5">자유선택활동 : 도미노 쌓기, 책나무 가꾸기(독서), 컴퓨터 타자 연습, 장기·바둑 두기, 카드놀이, 소꿉놀이, 고리 던지기, 공기놀이, 코코블록, 미니블록, 그림 그리기 등</td></tr>
<tr><td>14:00~14:50</td><td colspan="5">방학 숙제 및 책나무 가꾸기(독서)</td></tr>
<tr><td rowspan="2">15:00~15:50</td><td>신체·지각</td><td>언어·표현</td><td>과학·탐구<br>요리·견학</td><td>창의성 및<br>사고력 개발</td><td>미술·음률·창작</td></tr>
<tr><td>실외 나들이, 바깥놀이, 게임, 체육활동 등</td><td>글쓰기, 한자 쓰기, 독서록 쓰기, 영어나라, 동시 외우기 등</td><td>과학 실험, 과학상자, 인터넷 탐구 활동, 요리조리쿡, 현장학습 등</td><td>독서·독후 활동, N.I.E. 활용 교육, 영상·시청각 교육 등</td><td>종이 접기, 그림 그리기, 만들기, 동요 배우기, 음악 감상, 글라스데코 등</td></tr>
<tr><td>16:00~17:00</td><td colspan="5">오후 간식 및 일기 쓰기</td></tr>
<tr><td>18:00</td><td colspan="5">귀가 지도</td></tr>
</table>

### 5) 활용자료

방과후 프로그램을 위해 다양한 자료들이 제공되고 있다. 강사용 지침서나 E-Book 등을 통해 활동을 지원하고 있고 가정과 연계할 활동 자료와 교재를 제공한다. '방과후돌봄선생님카페' 등의 사이트에서 다양한 자료를 참고할 수 있다.

이 책의 PART 02에는 각 월별 활동을 진행할 때 활용할 수 있는 자료가 구체적으로 소개되어 있다.

# PART 02

# 프로그램의 실제

3월 교육 프로그램
4월 교육 프로그램
5월 교육 프로그램
6월 교육 프로그램
7월 교육 프로그램
8월 교육 프로그램
9월 교육 프로그램
10월 교육 프로그램
11월 교육 프로그램
12월 교육 프로그램
1월 교육 프로그램
2월 교육 프로그램

방과후 보육은 다양한 목적을 갖는다. 기본적으로 미성년자인 아동을 보호하기 위해 안전한 환경을 제공해야 하며 자기 보호 능력을 증진시켜 줘야 한다. 방과후 보육의 초기 과정은 저소득층 아동을 위한 것이었지만 맞벌이 가정의 증가, 저출산·고령화 극복을 위한 노력, 교육에 대한 사회 공동의 책임 의식 등을 기반으로 어떤 상황에도 구애받지 않고 모든 사회계층의 아동이 받을 수 있는 서비스라는 관점을 가져야 한다. 가정통신문 등을 통한 안내나 상담 등을 통해 가정과의 협력이 요구된다.

방과후 보육을 위한 프로그램은 학교 교육과 관련된 학습 지도와 함께 사회성 발달, 정서안정 등의 전인적인 발달을 도모할 수 있어야 한다. 자발적 참여, 개별 특성의 적용 등을 중시하면서 학교 교육과는 또 다른 기관의 프로그램으로 편성·운영되어야 한다. 이러한 기본 원리에 근거하여 이 책에서는 특기적성 교육이나 수준별 학습에 치중한 방과후 교육이 아닌, 교육과 함께 돌봄의 기능을 수행하는 방과후 보육을 중심으로 다룬다.

이 책의 사례는 가장 기본적인 형태의 방과후 보육 프로그램이다. 아동은 재학 중인 학교와 가정의 상황과 형편에 따라 참여하는 시간대가 다를 수 있다. 학교의 방과후 특기적성 수업이나 학원 수업에 참여한 후에 방과후 보육 프로그램에 합류하는 아동도 있다. 구성원들의 특성에 따라 개별적인 접근이 필요하며 교사의 융통성이 요구된다.

PART 02에서 제시하고 있는 프로그램의 실제는, 교실을 공동생활 영역, 그룹 지도 영역, 학습 영역 등으로 구분하여 이용도를 제고하라는 지침, 사교육비 절감에 대한 부모와 학교의 요구, 아동의 발달 특성, 방과전후라는 시간대, 참여동기 등을 고려하여 다양한 활동으로 구성한 프로그램이다.

방학을 제외한 모든 기간에 학교 수업 이후의 시간대에 진행되는 프로그램이기 때문에 심신의 휴식을 배려하고 여러 가지 학습과 놀이를 진행할 수 있도록 편성하였다. 숙제 지도와 인성 교육을 위한 생활 지도, 놀이 지도, 학습 지도가 가능하도록 했고 특별활동 프로그램은 언어·표현, 신체·지각, 과학·탐구, 요리·견학, 미술·음률·창작, 창의력·사고력 등으로 범주화하여 다양한 활동을 통해 전인 교육이 이루어질 수 있도록 하였다.

언어·표현을 위해 주말 지낸 이야기, 주제에 관한 이야기 나누기 등이 포함되어 있으며 양질의 CD를 활용하여 영어 듣기 활동도 병행한다. 신체·지각을 위해 실내·외 다양한 놀이를 제공하여 즐겁게 놀이하도록 하였다. 과학·탐구를 위해 호기심 기록장을 활용하여 다양한 궁금증을 해소하는 놀이와 학습과정이 있고 요리조리쿡 활동을 통해 다양한 요리 수업이 진행된다. 부모와 함께 가 볼 수 있는 여러 장소에 견학을 다녀 옴으로써 가정의 역할을 보완해 준다. 다양한 미술 활동과 음률 및 창작 활동을 통해 예체능 교육을 실시하고 좋은 독서 습관을 위해 '책나무 가꾸기' 활동을 꾸준히 진행한다. 창의성과 사고력 활성화를 위한 N.I.E.(Newspaper in Education : 신문활용교육) 활동을 정기적으로 진행하여 논술의 기초를 다진다. 생활 주제 및 학교 수업과의 연계가 되는 행사 활동을 통해 사회성 발달을 도모한다.

각 주제별로 유의점, 주간계획안, 각 주의 대표 활동 소개 등을 제시함으로써 현장에서 활용이 용이하도록 구성한 실제 사례이다. 각 월별 주제와 소주제는 다음과 같다.

| 월 | 주제 | 소주제 | 비고 |
|---|---|---|---|
| 3월 | 시작 | 신나는 방과후 교실 1, 신나는 방과후 교실 2, 약속과 질서, 예의 바른 친구들 | 1학년 단축수업 |
| 4월 | 봄·생명 | 봄의 변화 1, 봄의 변화 2, 봄의 동·식물, 봄의 곤충 | |
| 5월 | 나와 우리 | 나, 부모님께 감사드리기, 선생님께 감사드리기, 우리 가족, 양성 평등 교육 | |
| 6월 | 자연 | 나라를 위해 애쓰신 분들, 갯벌 탐사 1, 갯벌 탐사 2, 자연의 원리 | |
| 7월 | 환경 | 여름의 변화, 청결과 위생, 환경 보존, 재활용·폐품활용 1 | |

| 월 | 주제 | 소주제 | 비고 |
|---|---|---|---|
| 8월 | 여름 생활과 방학 | 재활용과 폐품활용 2, 여름놀이 1, 여름놀이 2, 여름방학 1, 여름방학 2 | 여름방학 |
| 9월 | 가을 | 가을의 변화, 가을 1, 가을 2, 운동과 규칙 | |
| 10월 | 우리나라와 세계 | 우리나라와 세계 여러 나라의 음식, 우리의 탈, 다른 나라의 탈, 전통놀이, 전통 음률 | 추석 |
| 11월 | 기관 | 교통수단 및 안전, 여러 가지 기관, 여러 가지 매체, 정보 사냥 | |
| 12월 | 따뜻한 겨울 | 어려운 이웃과 함께 1, 어려운 이웃과 함께 2, 나와 다른 내 친구, 기쁜 성탄 | 성탄절/ 겨울방학 |
| 1월 | 겨울 생활과 방학 | 새해맞이, 겨울날씨, 겨울 생활, 겨울놀이 1, 겨울놀이 2 | 신정 |
| 2월 | 우주와 미래 | 우주의 모습 1, 우주의 모습 2, 미래의 내 모습, 새 학년 | 설날/ 봄방학 |

# 3월 교육 프로그램

**주 제** 시작

**목 표** 새로운 환경에 잘 적응하고 공동체 생활 속에서 친밀감과 소속감을 갖는다.

| 영 역 \ 소주제 | | 신나는 방과후 교실 1 | 신나는 방과후 교실 2 | 약속과 질서 | 예의 바른 친구들 |
|---|---|---|---|---|---|
| 특별활동 | 언어·표현 | • 이야기 나누기<br>－새로운 만남<br>－자기소개하기<br>－짝꿍 찾기 | • 이야기 나누기<br>－주말 지낸 이야기<br>• 글짓기<br>－친구 | • 이야기 나누기<br>－주말 지낸 이야기<br>• 영어와 놀자<br>－CD로 영어 배우기 | • 이야기 나누기<br>－주말 지낸 이야기<br>• 영어와 놀자<br>－CD로 영어 배우기 |
| | 신체·지각 | • 짝꿍체조 | • 실외 나들이<br>－바깥놀이터 | • 지시문대로 움직이기 | • 실외 나들이<br>－산책 |
| | 과학·탐구 | • 사물함 정리<br>－분류하기<br>－제자리에 정돈하기<br>－영역 배치하기 | • 호기심 기록장<br>－궁금해요 1 | • 호기심 기록장<br>－궁금해요 2 | • 인터넷 탐험<br>－견학 갈 곳 미리 알아보기 |
| | 요리·견학 | | | | • 견학<br>－운현궁 예절관 |
| | 미술·음률·창작 | • 크레파스 기법 1<br>－친구 얼굴 그리기 | • 크레파스 기법 2<br>－친구를 도와주었던 일 | • 카드 만들기 | • 크레파스 기법 3<br>－운현궁에서의 하루 |
| | 창의성·사고력 | • 게시판 토론<br>－친구와 사이좋게 지내기 | • 초등 낱말 퍼즐 | • 카드 뒤집기(게임) | • 역할놀이<br>－예의 바른 친구들 |
| 놀이 지도 | | 자유선택활동 | 블록 쌓기놀이 | 카드놀이 | 소꿉놀이 |
| 학습 지도 | | 숙제 및 일기 쓰기 | 숙제 및 일기 쓰기 | 숙제 및 일기 쓰기 | 숙제 및 일기 쓰기 |
| 생활 지도 | | 친구와 사이좋게 지내기 | 친구 돕기 | 방과후 교실의 약속과 규칙 지키기 | 예의 바르게 생활하기 |

## 참고 자료

참고 도서 ▸▸ 365일 열린교실을 위한 교실환경활용(우리교육)
방과후 아동지도 프로그램(여성개발원)
방과후 아동보육 프로그램(보건복지부)
초등교과서 낱말퍼즐 1, 2, 3학년(한국어린이교육연구원)
신문은 내 친구 1~6학년(중앙)
미술로 생각을 열자 1~20권(그림나라)

관련 사이트 ▸▸ 경복궁

시청각 자료 ▸▸ 영어공부용 CD

견학 장소 ▸▸ 운현궁 예절관

3월은 새로운 친구들, 언니, 형들과 방과후 생활을 시작하고 적응하는 시기다. 방과후 교실의 모든 활동은 정해진 규칙과 약속(아동들과 함께 공유된)에 의해 진행되는 것을 알게 한다. 대체로 학교 수업이 여유가 있고 과제도 많지 않으므로 아동들이 자연스럽게 어울릴 수 있도록 자유선택활동에 많은 시간을 할애해서 서로를 알고, 방과후 교실에서의 생활에 흥미를 가질 수 있도록 배려한다.

### ▶ 1주

'자기소개하기' 시간에는 짝을 정하고 자리를 배치하는 과정을 제비뽑기를 통해 재미있게 연출한다. 교실에서 물건을 두는 자리와 개인 사물함 관리 그리고 물건을 분류해서 정리하는 습관을 갖도록 영역 배치와 환경 관리에 주의를 기울이도록 한다.
도우미를 정하고 돌아가면서 친구들의 사물함을 정리해 주는 방법도 아동들이 재미있어한다. 특히 도서장 같은 경우는 도서관 지킴이를 정해 한 주씩 돌아가면서 자원 봉사를 하도록 한다.
'CD로 영어 배우기'는 학교 수업에 관련된 주제로 진행한다.
'N.I.E. 활동'을 처음 시작하는 1학년 아동들은 글씨를 찾는 것이나 주제 접근이 어려워 시간 내에 진행하기 어려운 경우가 많으므로 1~2학년 아동을 함께 모둠으로 정해 주고 2학년 아동이 도움을 주도록 한다.

**▶ 2주**

아동들은 많은 이야기를 하고 싶어 하고 궁금해하는 것도 많다. 아동들이 알고 싶고 궁금해하는 것을 공책(호기심 기록장)에 적어 보게 하고, 문제 해결에 대한 방법들을 배워 나갈 수 있도록 여러 가지 자료들을 늘 준비해 준다(다양한 영역의 도서를 비치하고 '인터넷을 통한 정보 찾기', '신문을 활용한 자료 열람', 백과사전, 전문 잡지 등을 안내해 준다). 적극성을 보이는 아동들의 활동을 강화하여 분위기를 이끌어 갈 수 있게 한다.

**▶ 3주**

'카드 만들기'는 2장의 똑같은 그림을 그리되 약간의 변화와 발전이 있을 수 있음도 고려한다. 3~4종류까지 카드를 만들 수 있으므로 카드지를 충분히 준비한다. 카드지의 색상을 2~3가지 준비해서, 카드놀이를 할 때 여러 모둠으로 흩어져 놀 수 있도록 하면 효과적이다.

**▶ 4주**

인터넷으로 관련 사이트를 찾아 견학 갈 곳을 미리 알아보게 하고, 미리 자원봉사자를 모집하여 교사를 포함, 최소 4인 이상의 보조 인력을 확보해야 한다.

# 3월 1주 교육 프로그램

**주 제** 시작

**소주제** 신나는 방과후 교실 1

**목 표** 방과후 교실과 새로 만난 친구들에 잘 적응한다.

| 구분 | 요일 | 영 역 | 활 동 명 | 활동 내용 |
|---|---|---|---|---|
| 특별활동 | 월 | 언어·표현 | • 이야기 나누기<br>－새로운 만남<br>－자기소개하기 | • 새로 만난 친구들과 자기 이름을 소개하고 얼굴을 익힌다. |
| | | | • 짝꿍 찾기 | • 제비뽑기를 하여 서로 짝이 되는 쪽지끼리 맞추어 보고 짝과 자리를 정해서 앉는다. |
| | 화 | 신체·지각 | • 짝꿍 체조 | • 두 사람이 함께 다리를 쭉 펴고 마주보고 앉아 팔을 서로 잡고 몸이 다리에 닿게 잡아당긴다. |
| | 수 | 과학·탐구 | • 사물함 정리<br>－분류하기<br>－제자리에 정돈하기<br>－영역 배치하기 | • 방과후 교실에 비치해 두고 사용할 물건과 개인 사물함 속 물건들을 분류하고 제자리에 정돈하며 영역 배치를 함께 의논한다. |
| | 목 | 미술·창작 | • 크레파스 기법 1<br>－친구 얼굴 그리기 | • 친구 얼굴을 보고 자세히 밑그림을 그린 후, 색칠한다. |
| | 금 | 창의성·사고력 | • 게시판 토론 (브레인 라이팅)<br>－친구와 사이좋게 지내기 | • 친구들과 사이좋게 지내는 방법을 색도화지에 써서 전지에 붙인 후 다 같이 우선순위를 정한다. |
| 놀이 지도 | | 자유선택활동 | | |
| 학습 지도 | | 숙제 및 일기 쓰기 | | |
| 생활 지도 | | 친구들과 사이좋게 지내기 | | |

## ☆ 짝꿍 찾기

활동영역 언어·표현

활동목표 놀이를 통한 자리 배치와 짝 찾기를 통해 친밀감을 형성한다.

준 비 물 제비뽑기 종이, 긴 주머니

활동방법 교실에서 아동의 자리나 짝을 정해 줄 때 재미있는 상황을 연출해 본다.

〈실제〉

① 이면지를 4각형으로 잘라 짝을 찾을 수 있는 단서를 적어서 접는다.

② 긴 주머니를 마련해 쪽지를 담고 한 사람씩 나와서 눈을 감고 제비를 뽑는다.

③ 제비를 뽑은 친구들은 교사의 신호가 있을 때까지 쪽지를 공개하지 않기로 한다(쪽지를 미리 공개하면 어수선한 상황이 연출되므로 긴장감이 떨어진다).

④ 교사의 신호와 함께 짝꿍을 서로 맞추어 보고 짝이 된 친구는 함께 손을 잡고 앞으로 나와 두 줄 기차를 한다.

⑤ 짝꿍끼리 앉을 좌석을 지정해 준다. 교실상황과 아동 특성에 맞게 배치하되, 다양한 자세를 경험하도록 되도록 같은 자리는 피해서 지정해 준다.

유 의 점 짝을 만드는 단서를 다양하게 제시한다.

㉮ 견우와 직녀, 흥부와 놀부, 로미오와 줄리엣, 토끼와 거북이 등(동화 제목)

㉮ 1+2와 3, 10+20과 30 등(더하기)

## ☆ 친구와 사이좋게 지내기

활동영역 창의성·사고력

활동목표 친구와 사이좋게 지낼 수 있는 방법을 찾아본다.

준 비 물 직사각형의 색도화지, 스프레이 풀, 컬러매직

활동방법

① 방과후 교실에서 친구와 사이좋게 지내기 위한 방법에는 무엇이 있는지 이야기 나누고 의견을 발표한다.

② 색도화지를 같은 크기로 여러 장 잘라 한 사람씩 나누어 준다.

③ 여러 가지 의견 중 가장 중요하다고 생각하는 것을 하나씩 적어서 가지고 나온다.

④ 교실 벽면에 큰 전지를 붙여 놓고 스프레이 풀을 뿌려 놓는다.

⑤ 자신들이 적어 온 토론 카드를 전지 위에 자유롭게 갖다 붙인다.

⑥ 스티커를 준비해서 가장 중요하다고 생각하는 항목에 붙여 보도록 한다(1인당 3개 정도).

⑦ 스티커가 가장 많이 붙은 것부터 우선 순위를 정한다.

유 의 점 스프레이 풀을 사용하면 전지 위에 카드가 척척 붙는 재미를 아동들이 느낄 수 있다.

# 3월 2주 교육 프로그램

**주 제** 시작

**소주제** 신나는 방과후 교실 2

**목 표** 함께 지내는 친구들과 사이좋게 지내고 서로 돕는다.

| 구분 | 요일 | 영 역 | 활 동 명 | 활동 내용 |
|---|---|---|---|---|
| 특별활동 | 월 | 언어·표현 | • 이야기 나누기<br>– 주말 지낸 이야기 | • 여러 사람 앞에서 바른 자세로 말하는 방법을 연습한다. |
| | | | • 글짓기<br>– 친구 | • '친구'라는 단어를 듣고 떠오르는 단어들을 이야기해 보면서 그 느낌을 동시로 표현해 본다. |
| | 화 | 신체·지각 | • 실외 나들이<br>– 바깥 놀이터 | • 놀이 기구 탈 때의 안전과 지켜야 할 규칙을 배운다. |
| | 수 | 과학·탐구 | • 호기심 기록장<br>– 궁금해요 1 | • 궁금하거나 알고 싶은 일을 공책에 기록하고 그 해답을 책이나 기타 자료를 이용해 찾아보는 시간을 갖는다. |
| | 목 | 미술·창작 | • 크레파스 기법 2<br>– 친구를 도와주었던 일 | • 친구를 도와주었을 때의 기분과 친구의 반응에 대해 이야기해 보고, 검은색으로 밑그림을 그린 후 색칠해 완성한다. |
| | 금 | 창의성·사고력 | • 초등 낱말 퍼즐 | • 초등 교과에 나오는 단어를 활용해 낱말퍼즐 맞추기 게임판을 만들어 재미있는 놀이 시간을 갖는다. |
| 놀이 지도 | | 블록 쌓기놀이 | | |
| 학습 지도 | | 숙제 및 일기 쓰기 | | |
| 생활 지도 | | 친구와 서로 돕기 | | |

### ☆ 호기심 기록장

활동영역 과학·탐구

활동목표 탐구심을 기르고 문제 해결 능력을 배운다.

준 비 물 호기심 기록장, 연필

활동방법

〈도입〉

◔ 공책을 하나씩 준비시킨다.

◔ 공책에 각자 다양한 제목을 붙여 보도록 한다(호기심 천국, 호기심 기록장, 열려라 창의나라, 알쏭달쏭 등).

〈실제〉

① 아동 스스로 궁금한 것에 대한 한두 가지 질문을 적게 한다.

② 문제 해결을 위해 어떻게 해야 하는지를 생각하게 한다.

㉄ 도서, 잡지, 인터넷 등의 활용

③ 자료를 찾아 호기심을 해결한다.

④ 새롭게 알게 된 사실을 서로 나눈다.

유 의 점 해결되지 못한 문제는 1주일간 공통의 과제로 내 주고 교사와 아동이 함께 연구하면서 답을 찾아낸다.

## ☆ 초등 낱말 퍼즐

활동영역 창의성·사고력

활동목표 낱말의 의미를 일깨우고 어휘 확장을 도모한다.

준 비 물 퍼즐판, 사인펜

활동방법

① 낱말 퍼즐 빈칸을 확대해서 8절 색상지에 붙이고 코팅한다.

② 문제와 해답을 8절지 앞·뒷면에 붙이고 코팅한다.

③ 퍼즐 칸을 1장 더 복사한 종이를 판 위에 덧붙인다(다 푼 후에도 다시 종이를 붙여 재활용할 수 있게 한다).

④ 한 사람씩 나와서 답을 적는다.

⑤ 문제지 뒷면의 해답판을 돌려서 아동들이 만든 답과 비교한다.

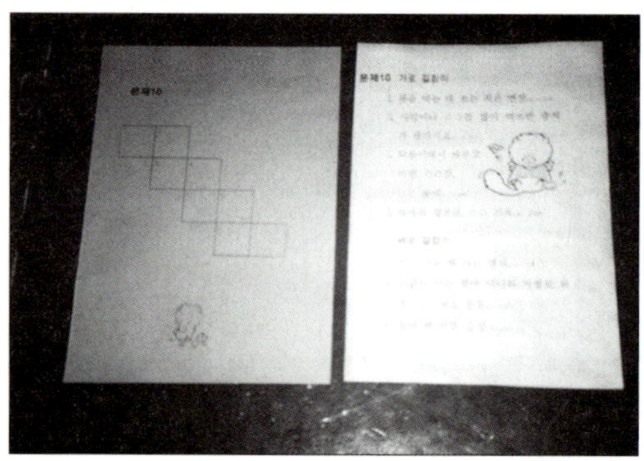

유 의 점 활용하는 낱말카드들을 고리로 연결해 두면 훌륭한 책자가 될 수 있다. 자유선택활동 시간에 아동 스스로 문제를 풀어 보도록 놀이 영역에 비치해 둔다. 어휘력 확장에 좋은 자료가 된다.

# 3월 3주 교육 프로그램

**주　제** 시작

**소주제** 약속과 질서

**목　표** 교실 안의 약속과 질서를 알고, 서로 배려하는 마음을 갖는다.

| 구분 | 요일 | 영 역 | 활 동 명 | 활동 내용 |
|---|---|---|---|---|
| 특별활동 | 월 | 언어·표현 | • 이야기 나누기<br>－주말 지낸 이야기 | • 또렷하고 분명한 목소리로 주말 지낸 이야기를 친구들 앞에서 발표한다. |
| | | | • 영어와 놀자<br>－CD로 영어 배우기 | • 단원 : 학교(school)<br>– 교실(class), 책상(desk), 의자(chair) |
| | 화 | 신체·지각 | • 지시문대로 움직이기 | • 지시문을 보고 혼자 또는 집단으로 신체 표현을 해 보고 행동으로 옮겨 본다. |
| | 수 | 과학·탐구 | • 호기심 기록장<br>－궁금해요 2 | • 궁금하거나 알고 싶은 일에 대해 공책에 의문을 적고 해답을 함께 찾는다. |
| | 목 | 미술·창작 | • 카드 만들기 | • 2장의 같은 그림을 그려 나만의 그림 카드를 만든다. |
| | 금 | 창의성·사고력 | • 카드 뒤집기(게임) | • 뒷면으로 나열해 놓은 카드 중에서 2장의 카드를 뒤집어 같은 그림을 맞추어서 갖는다. |
| 놀이 지도 | | 카드놀이 | | |
| 학습 지도 | | 숙제 및 일기 쓰기 | | |
| 생활 지도 | | 방과후 교실의 약속과 규칙 지키기 | | |

## ☆ 지시문대로 움직이기

활동영역 신체·지각

활동목표 자유로운 신체 표현을 통해 기초 체력을 기른다.

준 비 물 간편한 복장, 지시문

활동방법

〈도입〉

◔ 넓은 공간(초등학교 운동장, 체육실 등)을 선택한다.

◔ 집단으로 활동할 때는 안전사고에 유의해야 한다.

〈실제〉

① A4용지에 큰 글씨로 지시문을 여러 장 만든다.

㉮ 웅크리고 앉기, 두 팔 하늘로 뻗기, 팔 벌려 빙빙 돌기, 오리걸음 걷기, 꽃 만들기, 피라미드 만들기, 팔 벌려 뛰기 5회 등

② 지시문을 한 장씩 보여 주고 신체를 이용해, 혼자서 혹은 여러 명이 표현하게 한다.

③ 다양하고 창의적인 표현을 할 수 있도록 독려한다.

## ☆ 카드 뒤집기

활동영역 창의성·사고력

활동목표 게임을 통해 인지적인 능력을 기르고 즐거운 시간을 갖는다.

준 비 물 하드보드지 2장, A4용지 2장, 색연필, 사인펜, 투명시트지

활동방법

〈도입〉

◔ 카드를 아동이 직접 만들어 본다.

① A4용지를 3번 접어 자른다.

② 같은 그림을 2장씩 그린다.

③ 하드보드지에 그림을 붙이고 투명시트지로 싼다.

〈실제〉

① 카드를 뒷면이 보이게 규칙적으로 나열한다.

② 순서를 정해 차례대로 카드를 2장 뒤집는다.

③ 가지고 있는 카드와 같은 그림의 카드가 나오면 갖는다.

유 의 점

- 카드를 뒤집어서 혼자만 보는 것이 아니라 모두에게 자세히 보여주는 것을 원칙으로 한다.
- 반드시 원래 자리에 놓는다.

# 3월 4주 교육 프로그램

**주 제** 시작

**소주제** 예의 바른 친구들

**목 표** 서로 간에는 지켜야 할 예의가 있음을 알고 실천한다.

| 구분 | 요일 | 영 역 | 활 동 명 | 활동 내용 |
|---|---|---|---|---|
| 특별활동 | 월 | 언어·표현 | • 이야기 나누기<br>－주말 지낸 이야기 | • 시간의 흐름에 따라 지나간 일을 차분하게 이야기한다. |
| | | | • 영어와 놀자<br>－CD로 영어 배우기 | • 단원 : 친구(friend)<br>– 여자아이(girl), 남자아이(boy), 반 친구(classmate) |
| | 화 | 신체·지각 | • 실외 나들이 | • 뒷산 산책 |
| | | 과학·탐구 | • 인터넷 탐험<br>－견학 갈 곳을 미리 알아보기 | • 사이트에 들어가 견학 갈 곳의 이모저모를 미리 알아본다. |
| | 수 | 견학 | • 운현궁 예절관 | • 현장학습 |
| | 목 | 미술·창작 | • 크레파스 기법 3<br>－운현궁에서의 하루 | • 운현궁 예절관에서 있었던 일 중에서 인상 깊었던 장면을 연필로 밑그림을 그리고 색칠한다. |
| | 금 | 창의성·사고력 | • 역할놀이<br>－예의 바른 친구들 | • 예절학교에서 배운 내용을 재현해서 몇 개 모둠으로 나누어 역할극으로 꾸며 보고 예절 바른 몸가짐과 인사법을 익힌다. |
| 놀이 지도 | | 소꿉놀이 | | |
| 학습 지도 | | 숙제 및 일기 쓰기 | | |
| 생활 지도 | | 예의 바른 친구 되기 | | |

## ☆ 운현궁 예절관

활동영역 견학

활동목표 예의 바른 몸가짐을 배운다.

준 비 물 한복

활동방법

〈도입〉

◔ 견학 갈 장소를 인터넷으로 미리 알아본다.

① 아동들에게 운현궁이 어떤 곳인지 사전 지식을 갖게 한다.

② 운현궁 예절관에서 지켜야 할 점들에 대해 서로 이야기 나눈다.

③ 위치나 가는 방법, 운현궁 내의 예절관 외에 어떤 시설들이 있는지 자세히 살펴보게 한다.

〈진행〉

① 수업이 일찍 끝나는 수요일에 견학 일정을 잡는다.

② 점심 지도를 끝마치고 간단한 준비물을 챙긴다.

③ 대중교통을 이용할 때 주의할 점에 대해 확인한다.

④ 예절관에서 주의할 사항들에 대해 확인한다.

⑤ 연락처와 이름을 기재한 이름표를 단다.

⑥ 궁 내에서 간단히 간식을 먹으며 견학 소감을 나눈다.

유 의 점

- 견학 일정이 있는 날은 모든 활동을 접어 둔다.
- 지역사회에서 예절교육을 실시하는 기관을 찾아 미리 예약하고 준비한다.

## ☆ 예의 바른 친구들

활동영역 창의성·사고력

활동목표 서로 간에 지켜야 할 예절이 있음을 알고 실천한다.

준 비 물 없음

활동방법

① 2~3개 모둠으로 나눈다.

② 모둠별로 상황을 설정한다.

㉮ 방과후 선생님을 만났을 때, 집에 갈 때, 부모님이 외출에서 돌아오실 때, 전화를 받을 때, 학교에서 돌아왔을 때 등

③ 모둠 안에서 서로 역할을 나누어 본다.

㉮ 예의 바른 어린이, 무례한 어린이, 상대 역

④ 아동들이 직접 선생님과 부모님 등 상대 역할을 맡아 놀이를 해 본다.

⑤ 예의 바른 어린이와 무례한 어린이의 태도를 보고 느낀 점을 서로 이야기해 본다.

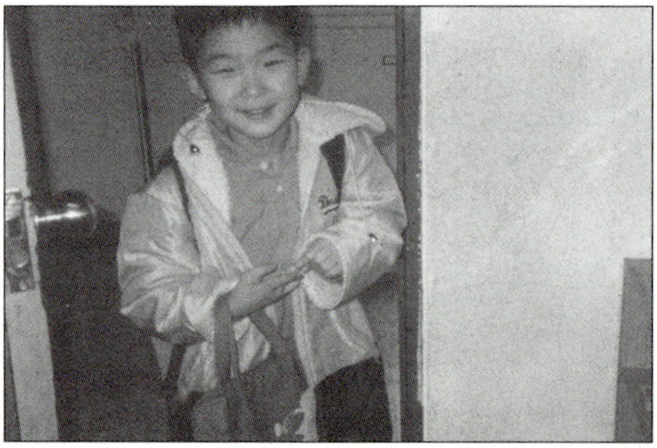

유 의 점 예절관 참여 수업을 다시 재현해서 바른 몸가짐과 인사법을 연습하고 방과후 교실에서 지켜야 할 예절에 대해 함께 약속을 정한다.

# 4월 교육 프로그램

**주 제** 봄·생명

**목 표** 봄의 변화를 느끼고 생명의 경이로움을 경험한다.

| 영 역 \ 소주제 | | 봄의 변화 1 | 봄의 변화 2 | 봄의 동·식물 | 봄의 곤충(개미) |
|---|---|---|---|---|---|
| 특별활동 | 언어·표현 | • 이야기 나누기<br>– 주말 지낸 이야기<br>– 봄의 변화 말하기<br>– 표현하기 | • 이야기 나누기<br>– 주말 지낸 이야기 | • 이야기 나누기<br>– 주말 지낸 이야기<br>• 영어와 놀자<br>– CD로 영어 배우기 | • 이야기 나누기<br>– 주말 지낸 이야기<br>• 곤충 표현하기 |
| | 신체·지각 | • 혼자가 아니에요 | • 훌라후프 돌리기 | • 실외 나들이<br>– 식물 관찰 | • 실외 나들이<br>– 바깥놀이<br>– 개미 관찰 |
| | 과학·탐구 | • 바람은 왜 불까? | • 인터넷 탐험<br>– 견학 갈 곳 미리 알아보기 | • 인터넷 탐험<br>– 봄에 깨어나는 동물<br>• 종이 접기(개구리) | • 인터넷 탐험<br>– 개미의 생태<br>• 영상 감상<br>– 개미 |
| | 요리·견학 | | • 견학<br>– 이화여자대학교 자연사박물관 | | |
| | 미술·음률·창작 | | • 음악 감상<br>– 비발비 사계 중 '봄' | • 세밀화 그리기 1<br>– 봄에 깨어나는 동물<br>• 세밀화 그리기 2<br>– 봄에 볼 수 있는 식물 | • 만들기<br>– 줄 타는 개미 |
| | 창의성·사고력 | • 봄 환경판 만들기 | • 방울토마토 기르기 1<br>– 모종 심기 | | • 마인드 맵 |
| 놀이 지도 | | 자유선택활동 | 훌라후프 연습 | 줄넘기 연습 | 줄넘기 연습 |
| 학습 지도 | | 숙제 및 일기 쓰기 | 숙제 및 일기 쓰기 | 숙제 및 일기 쓰기 | 숙제 및 일기 쓰기 |
| 생활 지도 | | 공손한 말 사용하기 | 안전하게 놀기 | 수돗물 아껴 쓰기 | 복도에서 조용히 걷기 |

## 참고 자료

참고 도서 ▸▸ 세밀화로 그린 식물도감(보리)
세밀화로 그린 동물도감(보리)
방과후 아동지도 프로그램(여성개발원)
신문은 내친구 1~6학년(중앙)
귀여운 종이접기 1~5(종이나라)

관련 사이트 ▸▸ 초등학교과학실험

시청각 자료 ▸▸ 영어공부용 CD
비발디 사계(CD)
자연시리즈–개미(영상자료)

견학 장소 ▸▸ 이화여자대학교 자연사 박물관

4월은 날씨가 따뜻해지면서 아동들의 활동량도 늘어난다. 답답한 교실에만 있지 말고 바깥 놀이터나 산책로, 학교 운동장 등 실외 활동에 중점을 둔다. 날씨가 풀리면서 1학년 아동들이 쉽게 피곤해하고 아프기도 하므로 푹 쉴 수 있는 공간을 마련해 두도록 한다.

**1주**

봄의 느낌에 대해 함께 이야기하고 표현하는 시간을 가진 후 자유롭게 뛰어놀도록 한다. 자기 표현력을 기를 수 있도록 모든 아동들에게 이야기할 기회를 주고, 심한 장난을 제외한 어떤 생각도 허용하고 받아들이는 태도를 갖도록 아동들을 지도한다.
'바람은 왜 불까' 실험 관찰 활동을 하기 위해 바람이 어떻게 해서 부는지 자연스럽게 질문하고, 실험에 참여할 때의 주의 사항에 대해 충분한 이야기를 나눈다. 손쉬운 실험이므로 넉넉히 준비하여 모든 아동이 직접 참여하고 관찰할 수 있도록 한다.
아동의 작품을 활용해서 '봄 환경판'을 꾸밀 때는 교사의 철저한 계획이 선행되어야 한다. 불필요한 수고를 줄이면서 예쁘고 멋진 작품이 될 수 있는 소재를 선택한다. 다양한 소재와 아이디어를 내도록 연구해야 한다. 초등학교 아동들은 자신의 작품을 다른 친구들과 비교하면서 자신의 작품이 매력적이지 않을 경우 부끄러움을 갖게 되고 자신감을 잃기 쉽다는 점을 고려한다.

▶ 2주

'주말 지낸 이야기'를 한 후, 그림으로 표현하거나 생각을 글로 표현하는 시간을 항상 갖도록 한다.

'자연사 박물관' 견학 시 충분한 사전 지식을 갖고 아동들이 견학에 참여하도록 한다. 견학이 끝난 후, 이화여자대학교 교정의 하얀 목련꽃을 감상하며 소풍을 즐길 수 있도록 일기예보를 확인한 후 예약한다. 또한 박물관의 층이 분리되어 있으므로 아동들의 출입 관리에 대한 주의가 필요하다.

'음악 감상'은 모든 아동들의 활동이 동시에 끝나는 조용한 시간을 선택하고 여러 번 들어서 음악을 감상할 수 있도록 한다.

'방울토마토 기르기' 활동에서 방울토마토 모종은 아동들이 직접 사올 수 있도록 하고 각자가 심은 모종 화분 앞에 이름표를 붙여서 관리하게 한다. 아동들이 매일 열매의 수를 세어 보며 관찰할 정도로 아동들의 관심과 애정이 상당한 활동이다.

▶ 3주

'CD로 영어 배우기' 수업은 봄과 계절에 대한 주제로 접근한다.

'종이 접기' 시간은 일방적인 교사의 주도 하에 수업 진행을 하지 않도록 주의하고 여러 권의 종이 접기 책을 비치하여(아동들이 가지고 있는 책을 가져와도 좋다) 스스로 단계를 알아 가면서 접도록 지도한다. 잘 모르겠거나 힘든 부분은 친구, 형, 누나들이 알려 주고 교사가 나머지 부분을 거들도록 해서 교사의 지시를 최대한 줄이도록 한다.

'세밀화 그리기'는 사물에 대한 관찰력과 표현력을 길러 주는 좋은 방법이 될 수 있다. 잘하는 아동은 보고 직접 그리도록 하고, 어려워하는 아동들은 투명지를 대고 상세히 따라 그리는 방법도 제시해 준다.

**4주**

봄의 곤충으로 개미를 선정하였지만, 아동들이 흥미를 갖는 것으로 정할 수 있다(거미, 벌, 나비 등). 그 주제에 맞는 영역 구성을 하면 된다.

# 4월 1주 교육 프로그램

**주 제** 봄·생명

**소주제** 봄의 변화 1

**목 표** 봄 날씨의 변화를 알고 느낀다.

| 구분 | 요일 | 영 역 | 활 동 명 | 활동 내용 |
|---|---|---|---|---|
| 특별활동 | 월 | 언어·표현 | • 이야기 나누기<br>－주말 지낸 이야기<br>－봄의 변화 | • 봄의 변화(날씨, 바람, 옷차림 등)를 이야기해 보고 몸으로 표현하는 시간을 갖는다. |
| | 화 | 신체·지각 | • 혼자가 아니에요 | • 여러 사람이 함께 각자의 신체를 움직여 지시문에 따른 사물의 모습을 공동으로 표현한다. |
| | 수 | 과학·탐구 | • 바람은 왜 불까?(실험) | • 얼음과 따뜻한 물이 만났을 때 생기는 하얀 연기구름을 통해 공기의 흐름을 이해한다. |
| | 목 | 미술·창작 | • 봄 환경판 만들기 | • 알루미늄 병뚜껑을 활용해 예쁜 꽃밭을 만들고 아동들이 함께 직접 구성하는 환경판을 만든다. |
| | 금 | 창의성·사고력 | • 꽃밭 울타리 만들기 | • 모종 심기가 이루어진 화단의 울타리를 어떤 식으로 할지 협의하고 경계를 만든다. |
| 놀이 지도 | | 자유선택활동 | | |
| 학습 지도 | | 숙제 및 일기 쓰기 | | |
| 생활 지도 | | 공손한 말 사용하기 | | |

### ☆ 혼자가 아니에요

활동영역 신체·지각

활동목표 신체 활동을 통해 협응력과 사회성을 기른다.

준 비 물 간편한 복장, 음악CD

활동방법

〈도입〉

◔ 교실 공간을 최대한 넓게 하거나 체육실 혹은 운동장을 사용한다.

◔ 여럿이 함께 모둠 활동을 할 때 주의할 점에 대해 이야기 나눈다.

◔ 안전사고에 유의해야 함을 상기시킨다.

〈실제〉

① 4~5개의 모둠으로 나눈다.

② 각 모둠끼리 모두 함께 손을 잡고 둥글게 원을 그리며 마주 선다.

③ 교사의 지시에 따라 단체 행동을 한다(절대 손을 풀면 안 됨).

㉮ 각 모둠끼리 손을 잡은 상태에서 모두 제자리에 눕기,
누운 상태에서 함께 일어나기,
원을 최대한 넓게 만들기,
원을 최대한 좁게 만들기,
원 상태에서 뱅글뱅글 돌기

유 의 점

• 손목을 심하게 비틀거나 너무 꽉 잡아 서로가 불편해하지 않도록 주의한다.

• 일렬 상태로 파도타기를 할 수도 있다(적절한 음악을 준비하도록 한다).

## ☆ 봄 환경판 만들기

활동영역 미술·창작

활동목표 다양한 소재를 활용한 봄 환경 구성을 공동 작품으로 만들어 본다.

준 비 물 글루건, 병뚜껑, 뽕뽕이(스펀지공), 가위, 골판지, 색종이, 수수깡

활동방법

〈도입〉

◔ 무엇을 만들지, 무슨 재료를 이용할지 이야기를 나눈다.

◔ 재료는 가능한 한 다양하게 준비한다. 쓰고 남은 알루미늄 병뚜껑으로 꽃을 만들어서 봄 환경판에 꽃밭도 꾸며 본다.

〈실제〉

① 알루미늄 병뚜껑 등 다양한 재료들을 모은다(음료수를 먹고 나서 몇 개씩 모아 올 수도 있고 약국에서 여러 색깔의 병뚜껑을 아동들이 직접 얻어 와도 좋다).

② 약품이나 음료수 냄새가 나므로 희석한 약한 락스 물에 뚜껑을 하루 정도 담가 놓는다.

③ 물기를 잘 말려서 가위로 뚜껑 주위에 세로로 가위집을 낸 다음, 하나씩 평평하게 펴 주면 꽃 모양이 된다(병뚜껑 색깔이 다양하므로 이것으로도 충분히 예쁜 꽃이 될 수 있다).

④ 자른 면과 끝 부분이 날카로울 수 있으므로 꽃잎 부분을 둥글게 오려 낸다.

⑤ 꽃뚜껑 중앙에 스펀지공(뽕뽕이)을 글루건으로 붙여 예쁜 꽃을 완성한다.

⑥ 환경판 크기에 맞는 종이를 마련해서 만든 꽃을 붙이고 수수깡을 잘라 꽃대를 만들고 나뭇잎을 붙이면 멋진 꽃밭을 연출할 수 있다.

⑦ 나비나 새 등을 종이 접기를 한 아동들의 작품을 함께 붙인다.

유 의 점 알루미늄 병뚜껑을 다룰 때 안전에 유의하도록 한다.

# 4월 2주 교육 프로그램

**주 제** 봄·생명

**소주제** 봄의 변화 2

**목 표** 봄의 변화와 느낌을 표현한다.

| 구분 | 요일 | 영 역 | 활 동 명 | 활동 내용 |
|---|---|---|---|---|
| 특별활동 | 월 | 언어·표현 | • 이야기 나누기<br>– 주말 지낸 이야기 | • 시간의 흐름에 따른 이야기 전개하기를 연습하고 그 내용을 그림으로 표현한다. |
| | | 과학·탐구 | • 인터넷 탐험<br>– 견학 갈 곳 미리 알아보기 | • 자연사박물관 사이트에 들어가서 견학할 장소에 대한 사전 지식을 갖는다. |
| | 화 | 신체·지각 | • 훌라후프 돌리기 | • 훌라후프 돌리기를 통한 유연한 허리 운동으로 건강한 심신을 가꾼다. |
| | 수 | 견학 | • 자연사박물관 | • 현장학습 |
| | 목 | 음률·창작 | • 음악 감상<br>– 비발비 사계 중 '봄' | • 음악을 감상하고 그 느낌과 곡조의 변화를 그림으로 나타내는 시간을 갖는다. |
| | 금 | 창의성·사고력 | • 방울토마토 기르기 1<br>– 모종 심기 | • 방울토마토 모종 사기, 흙 나르기, 이름표 만들기, 관찰 일기 쓰기 등 방울토마토의 기초적인 재배 방법을 배운다. |
| 놀이 지도 | | 훌라후프 연습 | | |
| 학습 지도 | | 숙제 및 일기 쓰기 | | |
| 생활 지도 | | 안전하게 놀기 | | |

### ☆ 음악 감상 - 비발디 사계 중 '봄'

활동영역 음률

활동목표 음악을 통해 봄의 느낌을 생생하게 느낀다.

준 비 물 스케치북, 크레파스, 비발디의 사계 CD

활동방법

〈도입〉

◔ 봄의 느낌을 여러 가지 소리로 표현해 보게 한다.

◔ "음악가는 봄을 어떤 소리로 표현했는지 알아볼까?" 질문을 던지며 곡에 대한 간략한 소개를 한다.

〈실제〉

① 음악을 들으며 떠오르는 생각을 손이나 몸동작을 이용해 나타내 본다(새소리, 바람소리, 물 흐르는 소리 등).

② 다양한 곡조의 변화와 느낌을 그때 그때마다 간단한 선이나 그림으로 표현해 본다.

유 의 점 음악 감상에 서로 방해가 되지 않도록 조용히 한다. 음악을 들으면서 그림을 그린다.

## ☆ 방울토마토 기르기 1 - 모종 심기

활동영역 창의성·사고력

활동목표 채소 기르기를 통해 식물의 성장과 변화 과정을 안다.

준 비 물 모종삽, 사각 화분, 방울토마토 모종, 물뿌리개, 거름, 비닐봉지

활동방법

〈도입〉

◔ 방울토마토 기르기에 대해 간략한 소개를 한다(인터넷 자료나 책자를 보고 소개하고 간단한 그림으로 과정을 나타내 아동들이 쉽게 이해할 수 있게 한다).

◔ 씨앗 심기로 기를 수도 있고 모종을 사서 기를 수도 있다. 모종 심기가 실패 확률이 낮고 결과물을 빨리 볼 수 있어 훨씬 효과적이다.

◔ 방울토마토를 기르는 데 필요한 것들에 대해 이야기 나눈다.
(사각 화분, 모종삽, 물뿌리개, 이름표, 흙, 비료, 기타 등)

◔ 다 같이 함께해야 할 일들에 대해 역할 분담을 한다.
(방울토마토 모종 사오기, 흙 퍼오기, 물 주는 시간, 물 주는 당번, 떡잎 따 주기)

〈실제〉

① 사각 화분을 마련한다. 한 화분에 2~3개 정도의 모종을 심는 것이 적당하므로 아동의 수를 고려해서 산다(아동이 30명일 경우 10~12개의 사각 화분이 필요하다).

② 2~3명씩 같은 화분을 관리하도록 짝을 지어 준다.

③ 실외놀이 활동 시 모종삽을 이용해 한 봉지씩 흙을 퍼와서 자신의 사각 화분을 채운다. 이때 흙이 기름지지 못하고 영양이 부족할 수 있으므로, 준비해 둔 비료를 흙과 잘 섞어 준다.

④ 화원에서 방울토마토 모종을 사서 원래 담겨져 있는 그대로, 흙을 털어 내지 말고 사각 화분에 흙구덩이를 판 후 심는다. 이때 뿌리가 노출되지 않도록 적당한 깊이로 묻어 준다.

⑤ 각 모종마다 화분 앞면에 자신의 이름표를 붙인다. 코팅을 해서 붙이면 물에 젖지 않고 오래 간다.

⑥ 물이 흙에 충분히 스며들도록 물뿌리개로 물을 준다. 식물에 직접 뿌리지 말고 흙에 물이 넘칠 정도로 물을 준다.

⑦ 중간에 희석한 비료나 고형 알갱이로 뿌리는 영양 비료를 한두 번 정도 준다. 이때 뿌리나 잎에 직접 닿지 않도록 주의한다.

유 의 점 방울토마토 모종은 4월 초순이면 살 수 있다. 4월 말이나 5월 초순쯤에는 모종이 많이 자란 상태로 값도 훨씬 저렴해진다. 5월 말이 되면 구하기가 쉽지 않고 작업하기에 날씨가 더울 수도 있다.

# 4월 3주 교육 프로그램

**주 제** 봄·생명

**소주제** 봄의 동·식물

**목 표** 동·식물의 변화를 관찰하고 안다.

| 구분 | 요일 | 영 역 | 활 동 명 | 활동 내용 |
|---|---|---|---|---|
| 특별활동 | 월 | 언어·표현 | • 이야기 나누기<br>– 주말 지낸 이야기 | • 주말 동안 있었던 일을 그림으로 표현해 본다. |
| | | | • 영어와 놀자<br>– CD로 영어 배우기 | • 단원 : 봄(spring)<br>– 따뜻한(warm), 꽃(flower), 태양(sun), 개구리(frog) |
| | 화 | 신체·지각 | • 실외 나들이<br>– 식물 관찰 | • 주변에 피어 있는 다양한 식물들의 생김새를 살펴보고 관찰 일기를 쓴다. |
| | 수 | 과학·탐구 | • 인터넷 탐험<br>– 봄에 깨어나는 동물 | • 검색 – 봄에 깨어나는 동물에는 무엇이 있나 살펴본다. |
| | | | • 종이 접기<br>– 개구리 | • 색종이로 개구리를 접어 멀리뛰기 시합을 함께 벌인다. |
| | 목 | 미술·창작 | • 세밀화 그리기 1<br>– 봄에 깨어나는 동물 | • 트레이싱페이퍼(투명지)로 동물의 모습을 세밀하게 그려 봄으로써 특징을 자세히 알아본다. |
| | 금 | 미술·창작 | • 세밀화 그리기 2<br>– 봄에 볼 수 있는 식물 | • 트레이싱페이퍼(투명지)로 식물의 모습을 세밀하게 그려 봄으로써 특징을 자세히 알아본다. |
| 놀이 지도 | | 줄넘기 연습 | | |
| 학습 지도 | | 숙제 및 일기 쓰기 | | |
| 생활 지도 | | 수돗물 아껴 쓰기 | | |

## ☆ 영어와 놀자

활동영역 언어·표현

활동목표 영어를 자연스럽게 습득하고 익힌다.

준 비 물 컴퓨터, 봄에 대한 내용을 담고 있는 CD-Rom

활동방법

〈도입〉

◔ 아동들이 영어와 친숙해지도록 CD-Rom을 활용한다.

〈실제〉

① CD의 내용에 따라 알맞은 분량을 정해 준다.

② 모든 아동들이 직접 조작하도록 배려하고 교사는 옆에서 도와준다.

③ CD 학습이 끝난 아동은 단원에 해당하는 단어를 그림으로 표현하고 말할 수 있도록 단어표를 만들어서 다시 복습하는 시간을 갖도록 한다.

유 의 점 CD상에 나와 있는 내용을 확장하여 활용한다.

㉮ CD상의 발음을 2번 이상 따라 하도록 약속을 정한다.

## ☆ 봄에 깨어나는 동물

활동영역 과학·탐구

활동목표 봄의 변화와 봄에 깨어나는 동물에 대해 안다.

준 비 물 과학 도서, 색종이, 긴 줄

활동방법

〈도입〉

- 봄에 깨어나는 동물에 대해 알아보는 시간을 갖는다.
- 전 시간에 이야기를 나누고 봄에 깨어나는 동물 중 한 가지를 알아 오게 하고(호기심 기록장 기록), 프로그램 중에 인터넷으로 함께 알아보는 시간을 갖는다.
- 각자 조사한 것을 발표한다.
- 그 중에서 대표적인 동물인 개구리를 주제로 활동을 한다.

〈실제〉

① 준비한 색종이로 각자 개구리를 접어 본다.

② 긴 줄을 양쪽에서 잡고 높이에 맞추어 개구리 멀리뛰기, 높이뛰기 시합을 해 본다.

# 4월 4주 교육 프로그램

**주 제** 봄·생명

**소주제** 봄의 곤충(개미)

**목 표** 곤충(개미)의 생태를 안다.

| 구분 | 요일 | 영 역 | 활 동 명 | 활동 내용 |
|---|---|---|---|---|
| 특별활동 | 월 | 언어·표현 | • 이야기 나누기<br>−주말 지낸 이야기<br>−봄에 볼 수 있는 곤충 | • 봄에 볼 수 있는 곤충들에 대해 알아보고 각자 그림으로 표현해 본다. |
| | 화 | 신체·지각 | • 실외 나들이<br>−바깥놀이<br>−개미 관찰 | • 바깥놀이를 하면서 개미의 움직임과 사는 곳 등을 자세히 관찰한다. |
| | 수 | 과학·탐구 | • 인터넷 탐험<br>−개미의 생태<br>• 영상 시청<br>−과학시리즈 '개미' | • 시청각 자료를 통해 개미의 생태를 자세히 알아보고 감상을 적는다(아동의 관심에 따라 거미, 나비 등으로 주제를 바꿀 수 있다). |
| | 목 | 미술·창작 | • 만들기<br>−줄타는 개미 | • 개미의 모습과 특징을 살려서 자유롭게 그림을 그리고 빨대와 실을 이용해서 움직이는 개미를 만든다. |
| | 금 | 창의성·사고력 | • 마인드 맵<br>−봄 | • '봄' 하면 떠오르는 생각을 단어로 표현해 보고 단어를 조합해서 여러 개의 문장으로 표현해 본다. |
| 놀이 지도 | | 줄넘기 연습 | | |
| 학습 지도 | | 숙제 및 일기 쓰기 | | |
| 생활 지도 | | 복도에서 조용히 걷기 | | |

## ☆ 줄타는 개미

활동영역 미술·창작

활동목표 움직이는 개미 놀잇감을 만들어 본다.

준 비 물 실, 개미 도안, 색연필, 투명테이프, 빨대, 압정

활동방법

〈도입〉

◔ 이제까지 살펴본 개미의 모습에 대해 이야기해 본다.

◔ 줄타는 개미를 만들어 보기로 한다.

〈실제〉

① 각자 A4용지 반 크기의 두꺼운 도화지에 개미를 예쁘게 그린다.

② 색칠을 한 후, 개미 모양대로 오려 내고, 뒷면에 자른 빨대를 八자 모양으로 붙인다(앞에서 볼 때 개미 뒤에 붙은 빨대가 보이지 않게 붙인다).

③ 굵은 면실이나 털실을 1m 준비해서 실의 각 끝이 위에서 아래로 빨대를 통과하게 해서 실이 빠지지 않게 매듭을 짓는다.

④ 개미 위쪽으로 실을 당겨 고정시키고 아래쪽의 양쪽 실을 잡아당긴다. 두 사람이 짝이 되어 한 사람은 위쪽을 잡아 주고 한 사람은 줄을 양쪽으로 잡아당기면 더욱 효과적이다.

⑤ 누구의 개미가 먼저 줄을 타고 올라가나 시합한다.

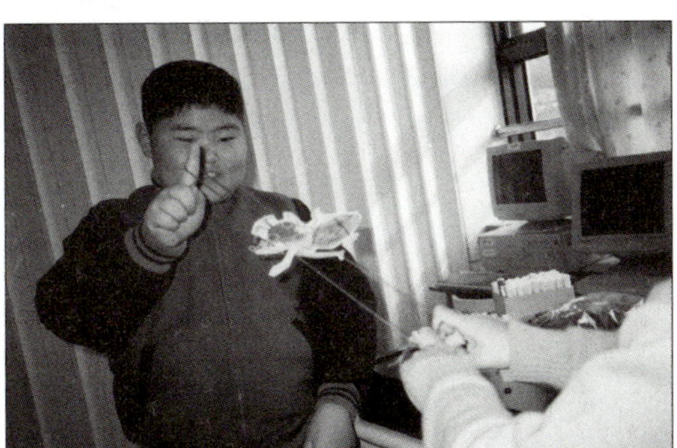

## ☆ 마인드맵 – 봄

활동영역 창의성·사고력

활동목표 봄을 주제로 생각 그물을 만들고 재미있는 문장을 구성해 본다.

준 비 물 전지, 사인펜, 컬러펜

활동방법

〈도입〉

◔ '봄' 하면 떠오르는 단어들을 이야기해 본다.

◔ "여러 가지 의견들을 '생각지도'(마인드맵)로 만들어 보는 것은 어떨까?" 하고 묻는다.

◔ 각 단어를 보고 연상되는 단어들을 즉각적으로 적어 가며, 다 그려진 생각지도로 재미있는 문장을 각자 만들어 보기로 약속한다.

〈실제〉

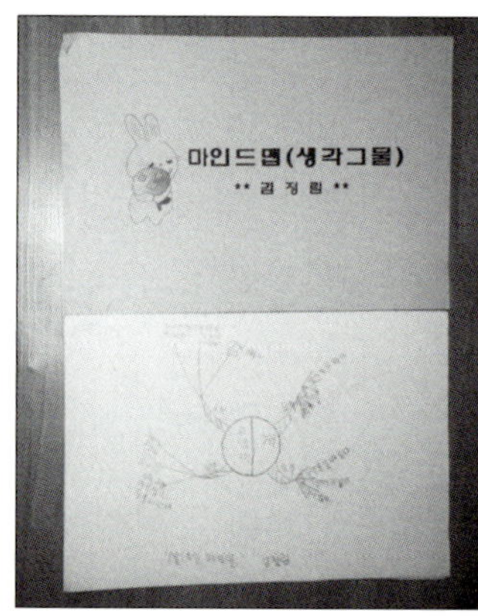


① 큰 전지(2절지)를 준비한다.

② 넓은 공간(벽)에 붙이고 한가운데 '봄'이라는 단어를 기록한다.

③ 사방으로 4~5개의 가지를 그리고, 한 사람씩 나와서 연상되는 단어를 적는다.

④ 4~5개의 가지에 해당하는 단어에 다시 각각 2개씩의 가지를 더 그려 준다(8~10개의 가지가 생김).

⑤ 여러 아동들이 나와서 이 가지에 각각 연상되는 단어를 하나씩 돌아가며 적는다.

⑥ 다 그려진 생각지도를 보고 상관 관계가 가장 적은 두 단어를 골라 즉흥적으로 짧은 글짓기를 해 본다.

유 의 점

• 하위 개념으로 가지를 뻗어 갈 때 다른 색깔로 가지를 그려 준다.

• 가지와 같은 색깔로 글씨를 써 주는 것도 좋다.

# 5월 교육 프로그램

**주 제** 나와 우리

**목 표** 나를 둘러싼 인간 관계를 통해 정체감과 사회성을 배운다.

| 영 역 \ 소주제 | | 나 | 부모님께 감사드리기 | 선생님께 감사드리기 | 우리 가족 | 양성 평등 교육 |
|---|---|---|---|---|---|---|
| 특별 활동 | 언어·표현 | • 이야기 나누기<br>–나를 소개하기<br>–지문은 다 달라요<br>• 지문으로 그리기 | • 이야기 나누기<br>–부모님의 소중함에 대해<br>–감사 편지 쓰기<br>• 영어와 놀자<br>–CD로 영어 배우기 | • 이야기 나누기<br>–주말 지낸 이야기<br>• 글짓기<br>–내가 선생님이라면 | • 이야기 나누기<br>–가족 소개하기<br>–가족 신문 만들기에 대해 | • 이야기 나누기<br>–양성 평등 교육 '여자와 남자'<br>• 영상 시청<br>–'아동 성폭력 및 학대 예방 프로그램' |
| | 신체·지각 | • 꼬마야 꼬마야 | • 악어 동굴 기어가기 | • 훌라후프 돌리기 | • 실외 나들이<br>–산책 | • 바느질하기 1<br>–점선대로 홈질하기<br>• 바느질하기 2<br>–지갑 만들기 |
| | 과학·탐구 | | • 병 속에 달걀 집어넣기 | • 방울토마토 기르기 2<br>–모종 관리 | • 소리의 전달과 진동<br>–실전화기 실험 | |
| | 요리·견학 | • 공원<br>–자전거타기 | | • 요리조리쿡<br>–김밥 만들기 | | |
| | 미술·음률·창작 | • 자화상 그리기 | • 어버이날 깜짝 선물 만들기 | • 노래 배우기<br>–스승의 은혜<br>• 음악 감상<br>–차이코프스키 '백조의 호수' | • 사진틀 만들기<br>–마카로니 가족 사진틀 | • 직업의 세계<br>–막대 인형 만들기 |
| | 창의성·사고력 | • N.I.E. 활동<br>–미래의 내 모습<br>• 어린이날 다과 | • 도전 골든벨<br>(최후의 승자가 골든벨을 울리 | | • 가족 신문 콘테스트 | • 역할놀이<br>–엄마가 출장 가면 |

| 영 역 \ 소주제 | 나 | 부모님께 감사드리기 | 선생님께 감사드리기 | 우리 가족 | 양성 평등 교육 |
|---|---|---|---|---|---|
| | 잔치 | 는 퀴즈 게임)<br>-불효자(동화) | | | |
| 놀이 지도 | 자유선택활동 | 도미노 쌓기 | 흙 빼앗기 | 체스 두기 | 역할놀이 |
| 학습 지도 | 숙제 및 일기 쓰기 | 숙제 및 일기 쓰기 | 숙제 및 일기 쓰기 | 숙제 및 일기 쓰기 | 숙제 및 일기 쓰기 |
| 생활 지도 | 교실에서는 작은 소리로 말하기 | 하루 한 가지씩 부모님 도와드리기 | 교실 바닥에 쓰레기 버리지 않기 | 가족에게 사랑의 표현하기 | 몸을 청결하게 하기 |

## 참고 자료

참고 도서 ▸▸ 불효자-한국전래동화시리즈(웅진)
석가모니(웅진위인전)
손도장으로 그리는 세상(고슴도치)
골판지로 만들기(종이나라)
어린이 실험백과(신서)
뚜껑이의 버스로 떠나는 서울문화여행(성하)

시청각 자료 ▸▸ 차이코프스키 '백조의 호수'(CD)

견학 장소 ▸▸ 공원

5월은 가정의 달을 주제로 나와 가족 그리고 이웃에 관심을 갖게 하고, 어버이날, 어린이날, 스승의 날의 의미를 되새기는 시간을 갖도록 프로그램을 진행한다.

**▶ 1주**

나의 정체성에 대해 배운다. 지문과 도장의 쓰임 그리고 그 고유성을 알게 하고 '지문으로 재미있는 그림 그리기'를 진행한다. 지문을 찍어, 독특한 모양을 따라 선을 그려 보고 사인펜 등으로 창의적인 그림을 그려 보게 한다. 참고로 제시한 도서 자료(손도장으로 그리기)를 이용하면 많은 아이디어를 얻을 수 있다.
자화상을 그릴 때는 각자 가지고 온 손거울을 보고 얼굴 전체가 보일 수 있도록 거리를 조정하고 여러 각도에서 그린 다양한 작품이 나올 수 있음을 알려 준다.
줄넘기 줄을 길게 이어서 '꼬마야 꼬마야'를 할 때는 먼저 교사가 시범을 보여 준다. 모든 동작을 정확히 표현하도록 지도한다. 줄을 돌려 주는 사람의 역할이 중요하므로 교사가 먼저 노래를 불러 주고 줄을 돌려 주면서, 노래에 맞추어 일정한 속도로 유지해야 함을 알려 준다. 되도록 고학년이나 잘하는 아동에게 줄을 돌리도록 권유한다. 처음에 겁을 먹고 활동에 참여하기를 두려워하던 아동들도 시간이 흐름에 따라 즐겁게 임하게 된다.
어린이날을 맞이하여 간단한 다과 잔치를 준비하고 넓은 공원과 같은 곳에서 자전거를 타거나 뛰어노는 시간을 함께 갖도록 한다.

**▶ 2주**

'CD로 영어 배우기' 수업은 나와 나의 신체에 대한 주제로 접근하고, 아동들이 할 수 있는 어버이날의 이벤트를 마련할 수 있도록 프로그램을 기획한다.
초등학교 아동들은 용돈을 가지고 부모님의 선물을 마련하느라 고심하는데, 편지 쓰기와 그림 그리기, 간단한 미술 소품을 이용한 선물 상자 등을 준비해서 부모님이 기뻐하실 선물을 만들어 드릴 수 있도록 지도한다. 매일 부모님 안마 10번씩 해드리기, 부모님 발 씻겨드리기 등의 생활과제로 어버이날의 의미에 자연스럽게 접근할 수 있도록 한다.
방울토마토는 몇 주가 지나면 키가 자라서 넘어지고 휘어지게 된다. 이를 방지하기 위해서 노끈을 이용하여 버팀목을 세워 주는 '모종관리' 시간을 갖는다.
동화책을 읽어 주고, 가끔씩 '도전 골든벨'(문제를 알아맞히면 벨을 울려 주는 텔레비전 프로그램을 응용한 활동)을 하면 동화 듣기의 집중력도 높아지고 훨씬 흥미로워한다.
매일 30분씩 한 가지 짧은 동화를 선정해 읽어 주는 시간을 마련하고 다양한 독후 활동을 기획해 보는 것도 효과적이다('동화의 한 장면 그리기', '주인공에게 편지 쓰기' 등).

**▶ 3주**

아동들과 함께 요리를 할 때는 철저한 준비가 필요하다. 안전사고의 위험도 있고 교사의 손길이 바빠져서, 분주함 속에 교사는 긴장감을 갖고 아동들에게는 소란스런 장난이 되기 쉽기 때문이다. 안전하고 즐거운 요리 시간이 되기 위해서는 요리에 대한 아동들의 철저한 이해가 있어야 하므로 사전에 요리 차림표 등을 보고 무엇을 해야 할지 모둠별로 역할을 나눌 수 있도록 훈련해야 한다.
'김밥 만들기'는 아동들이 직접 밥을 펴서 깔고 속 재료를 얹은 후, 김과 발을 함께 잘 말아서 단단하게 감아 볼 수 있게 하고 모양 좋게 썰어 내서 접시에 담아 오후 간식 시간에 함께 나누어 먹도록 한다. 밥을 너무 많이 넣어 김밥이 터지지 않도록 주의를 준다.

### 4주

가족의 달이 되면 '가족 신문'과 '가족 사진틀'을 만들면서 일상에 바쁜 가족들이 함께하는 시간을 갖는다. 새롭게 가족사진도 찍고, 가족의 의미를 되새기는 시간을 마련해 주도록 한다.
소식을 전하는 매체로 전화기를 만들어 가족에게 하고 싶은 이야기를 하는 시간을 갖게 한다.

### 5주

활동을 통해 여자, 남자의 차이와 특성을 이해하고 양성 평등의 삶을 실천할 수 있는 것에 목표를 둔다. 남자의 일, 여자의 일에 대한 사회와 어른들의 시각을 탈피할 수 있도록 교사 먼저 양성 평등을 실행하며 생활 속에서 교육하도록 한다.

# 5월 1주 교육 프로그램

**주 제** 시작

**소주제** 나

**목 표** 방과후 교실과 새로 만난 친구들에 잘 적응한다.

| 구분 | 요일 | 영 역 | 활 동 명 | 활동 내용 |
|---|---|---|---|---|
| 특별활동 | 월 | 언어·표현 | • 이야기 나누기<br>– 나를 소개하기<br>– 지문으로 그리기 | • 자기 자신을 잘 알릴 수 있도록 소개하는 시간을 갖고, 지문의 쓰임과 다양한 모양을 알아보고 지문에 물감과 잉크를 묻혀 재미있는 지문 그림을 그려 본다. |
| | 화 | 신체·지각 | • 꼬마야 꼬마야 | • 두 사람이 긴 줄을 돌리면 한 사람씩 줄 안으로 뛰어 들어와 전래동요 '꼬마야 꼬마야'에 맞추어 줄넘기를 한다. |
| | 수 | 견학 | • 여의도공원<br>– 자전거 타기 | • 현장학습 |
| | 목 | 미술·음률·창작 | • 자화상 그리기 | • 거울에 비친 자신의 모습을 보면서 자화상을 그려 보는 시간을 갖는다. |
| | 금 | 창의성·사고력 | • N.I.E. 활동<br>– 미래의 내 모습<br>• 어린이날 다과 잔치 | • 신문에서 미래의 나의 모습으로 삼고 싶은 사진이나 그림을 찾아 오려 붙이고 자신의 장래 소망을 자세히 적어 보는 활동을 한다. |
| 놀이 지도 | | 자유선택활동 | | |
| 학습 지도 | | 숙제 및 일기 쓰기 | | |
| 생활 지도 | | 교실에서는 작은 소리로 말하기 | | |

### ☆ 지문으로 그리기

활동영역 언어·표현

활동목표 여러 가지 창의적인 지문그림을 표현해 본다.

준 비 물 물감, 잉크, 인주, 사인펜, 스케치북

활동방법

〈도입〉

◔ 각자의 손가락을 펴서 지문의 모양을 살펴보게 한다. 짝꿍의 것과 내 것을 서로 비교해 보면서 지문의 모양이 같은가, 다른가 이야기를 나눈다.

◔ 지문이 사용되는 예와 왜 지문을 찍는지에 대해 이야기한다.

◔ 보다 자세히 알아보기 위해 지문을 찍어 보기로 한다.

〈실제〉

① 스케치북을 준비해 반으로 나누고, 잉크나 인주를 준비해 열 손가락에 묻힌다.

② 스케치북 한 면에 손가락 하나 하나 정성껏 선명하게 찍고 지문 모양을 살펴본다.

③ 나머지 면에 손가락 지문을 이용한 그림을 창의적으로 나타내 본다.

㉮ 꽃 : 엄지손가락 지문을 동그랗게 돌려가며 찍어 꽃잎을 만들고 검지 손가락 지문을 세로로 찍어 줄기를 만든 다음, 사인펜으로 잎을 그려 주면 꽃을 완성할 수 있다.

얼굴표정 : 엄지 손가락 지문을 세워서 찍은 다음, 사인펜으로 여러 가지 표정의 눈과 입 모양을 그려 재미있는 그림을 나타낼 수 있다.

④ 각자의 작품을 소개한 후, 지문 모양의 다양함에 대해 이야기 나눈다.

유 의 점 지문은 물건을 잡을 때 미끄러짐을 방지하는 인체공학적 기능 외에도 지문의 다양성과 개별성으로 인해 옛날에는 오늘날의 도장처럼 '나'를 나타내는 표시로 지문을 사용했음을 이야기해 준다.

### ☆ 꼬마야 꼬마야

활동영역 신체·지각

활동목표 신체활동을 통해 심신을 단련하고 사회성을 기른다.

준 비 물 줄넘기

활동방법

〈도입〉

◔ 두 사람은 알맞은 속도로 줄을 돌리고, 한 사람씩 노래에 맞추어 줄넘기를 하는 활동방법을 알려 준다.

◔ '꼬마야 꼬마야' 노래를 함께 배운다. 줄을 돌리는 친구와 차례를 정한다.

◔ 한 회에 몇 번의 기회를 줄 것인지 규칙을 정하고, 긴 줄넘기 줄을 마련한다(두껍고 긴 고무줄도 괜찮다).

〈실제〉

① 두 사람이 줄을 천천히, 아동의 뜀뛰는 속도에 맞추어 돌린다.

② 차례가 되면 줄을 밟지 않도록 깡충깡충 뛰면서 줄을 넘는다.

③ 노래에 맞추어 계속 뜀뛰기를 하면서 가사대로 행동을 바꾼다.

④ '꼬마야 꼬마야 줄을 넘어라' → 연습하듯이 줄과 같이 호흡을 맞추어 줄을 넘는다.

⑤ '넘어서 넘어서 뒤를 돌아라' → 뒤 돌아 줄을 넘는다.

'돌아서 돌아서 땅을 짚어라' → 몸을 낮추어 두 손으로 땅바닥을 살짝 짚고 일어선다.

'짚어서 짚어서 만세를 불러라' → 두 손을 위로 들고 만세를 부른다.

'불러서 불러서 자~알 가거라' → 줄에 걸리지 않게 밖으로 빠져 나간다.

유 의 점 줄넘기를 잘 넘을 수 있도록 줄을 돌리는 사람이 속도와 높이를 맞춰 준다.

# 5월 2주 교육 프로그램

**주 제** 나와 우리

**소주제** 부모님께 감사드리기

**목 표** 부모님의 사랑을 깨닫고 감사의 마음을 표현한다.

| 구분 | 요일 | 영 역 | 활 동 명 | 활동 내용 |
|---|---|---|---|---|
| 특별활동 | 월 | 언어·표현 | • 이야기 나누기<br>－부모님의 소중함에 대해 감사 편지 쓰기 | • 부모님께 감사한 점들에 대해 이야기 나누고 정성껏 감사 편지를 쓰는 시간을 갖는다. |
| | | | • 영어와 놀자<br>－CD로 영어 배우기 | • 단원 : 신체(body)<br>－ 손(hand), 발(foot), 눈(eye), 코(nose), 입(mouse) |
| | 화 | 미술·창작 | • 어버이날<br>－깜짝 선물 만들기 | • 골판지와 페트병을 이용해서 예쁜 사탕상자를 만들고 그 안에 사탕을 담아 부모님께 선물로 드린다. |
| | 수 | 과학·탐구 | • 어? 달걀이……<br>－병 속에 달걀 집어 넣기(실험) | • 유리병 속에 달걀을 집어넣는 방법을 이야기하고 직접 실험해 본다. |
| | 목 | 신체·지각 | • 악어 동굴 기어가기 | • 7~8명씩 나란히 서서 앞으로 숙여 동굴 모양을 만들고 한 사람씩 지나간다. |
| | 금 | 창의성·사고력 | • 도전 골든벨<br>－불효자(동화) | • 동화를 듣고 내용을 문제로 내어 독서 퀴즈를 풀어본다. |
| 놀이 지도 | | 도미노 쌓기 | | |
| 학습 지도 | | 숙제 및 일기 쓰기 | | |
| 생활 지도 | | 하루 한 가지씩 부모님 도와 드리기 | | |

## ☆ 깜짝 선물 만들기

활동영역 미술·창작

활동목표 예쁜 선물상자를 만들어 부모님께 선물하는 기쁨을 나눈다.

준 비 물 띠골판지, 페트병, 사탕, 글루건, 오공본드, 색종이, 컬러시트지

활동방법

〈도입〉

◔ 어버이날과 관련된 이야기를 나눈다.

◔ "부모님께 드릴 선물을 직접 준비하면 어떨까?" 하고 제안한다.

◔ 전 시간에 아동들과 비밀 약속을 한 다음, 빈 페트병을 준비해 오게 한다.
(1주일 정도 오후 간식에서 나온 빈 병을 모았다가 활용할 수도 있다.)

〈실제〉

① 빈 페트병을 종이컵 정도의 높이만 남기고 위는 자른 상태로 준비한다.

② 띠 골판지 여러 장(다른 색깔로)을 겹쳐서 감아, 잘린 페트병의 입구보다 조금 크게 원을 만든다.

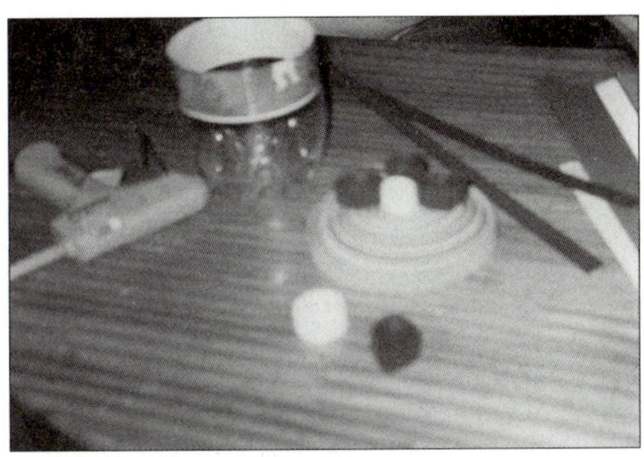

③ 감아 놓은 골판지 원의 안쪽을 살짝 바깥으로 밀어내어 둥근 돔 형태의 뚜껑을 만든다.

④ 뚜껑 위에 꽃을 만들어 붙이기 위해 골판지를 감아 작은 원 5~6개를 만든다.

⑤ 만들어진 작은 원을 하나만 남겨 두고 타원이 되게 양쪽 끝을 눌러 길쭉한 꽃잎을 만든 다음, 글루건으로 데이지 꽃 모양이 되도록 둥글게 돌아가며 붙인다.

⑥ 페트병에 사탕을 담고 뚜껑을 덮으면 선물상자가 완성된다.

⑦ 페트병 밖을 여러 가지 색종이와 시트지로 예쁘게 장식해도 좋다.

## ☆ 병 속에 달걀 집어넣기

활동영역 과학·탐구

활동목표 과학적 사고와 탐구심을 기른다.

준 비 물 유리병, 삶은 달걀, 성냥

활동방법

〈도입〉

◔ 유리병 속으로 달걀을 집어넣는 방법에 대해 이야기 나눈다.

◔ "모양에 변화를 주지 않고 달걀을 집어넣는 방법이 있을까?" 알아보기로 한다.

〈실제〉

① 유리병(입구가 달걀보다 약간 작은 것)과 삶은 달걀, 성냥을 준비한다.

② 성냥불을 켜서 곧장 병 속으로 집어넣는다.

③ 곧바로 달걀을 병 입구에 올려놓는다(달걀이 병 속으로 빨려 들어간다).

④ "병 속의 달걀을 다시 꺼낼 수 있는 방법은 없을까?" 질문한다.

유 의 점 달걀이 병 속으로 떨어지는 이유는 성냥이 병 속의 산소를 태워 병 속에 산소가 없어짐으로써 빈 공간이 생기게 되고, 이 공간 때문에 달걀이 병 속으로 빨려 들어간다는 것을 알려 준다.

### ☆ 악어 동굴 기어가기

활동영역 신체·지각

활동목표 심신을 단련하고 기초체력을 기른다.

준 비 물 간편한 복장

활동방법

① 넓은 공간에 모여 기초체조로 간단히 몸을 푼다.

② 두 줄로 서서 두 모둠으로 나눈다.

③ 양쪽 모둠의 이름을 서로 정하고 자기 모둠에서 동굴이 될 사람과 악어가 될 사람을 반반씩 가른 후, 경기에 임한다.

④ 동굴이 될 사람은 모두 팔을 앞으로 뻗어 몸을 앞으로 숙여서 동굴 모양을 만든다.

⑤ 신호가 떨어지면 양쪽에서 악어역할을 하는 사람들은 한 줄로 앉아 있고 한 사람씩 나와서 동굴을 통과한 후, 달려와서 다음 사람의 손을 마주치고 동굴을 통과하게 한다.

⑥ 먼저 들어온 모둠이 이기게 되고, 경기가 끝나면 역할을 바꾸어서 다시 게임을 진행한다.

# 5월 3주 교육 프로그램

**주 제** 나와 우리

**소주제** 선생님께 감사드리기

**목 표** 선생님의 노고에 감사하고 스승의 날의 의미를 새긴다.

| 구분 | 요일 | 영 역 | 활 동 명 | 활동 내용 |
|---|---|---|---|---|
| 특별활동 | 월 | 언어·표현 | • 이야기 나누기<br>– 주말 지낸 이야기 | • 선생님이 되었을 때 하고 싶은 일들에 대해 이야기 나누고 간단한 글짓기를 해 본다. |
| | | | • 글짓기<br>– 내가 선생님이라면 | |
| | 화 | 신체·지각 | • 훌라후프 돌리기 | • 훌라후프를 누가 가장 오래 떨어뜨리지 않고 하는지 경기를 한다. |
| | | 음률 | • 노래 배우기<br>– 스승의 은혜 | • 스승의 날에 부를 노래를 배운다. |
| | 수 | 과학·탐구 | • 방울토마토 기르기 2<br>– 모종 관리 | • 잘 자란 방울토마토 줄기에 버팀목을 세워 주고, 가지가 곧게 뻗어 가고 열매가 크게 열릴 수 있도록 떡잎을 따 준다. |
| | 목 | 음률·창작 | • 음악 감상<br>– 차이코프스키 '백조의 호수' | • 음악을 들으면서 백조를 색종이로 접어 율동감을 표현한다. |
| | 금 | 요리 | • 요리조리쿡<br>– 김밥 만들기 | • 다양한 속 재료를 이용한 개성 있는 김밥을 직접 만들어서 먹어 본다. |
| 놀이 지도 | 흙 빼앗기 | | | |
| 학습 지도 | 숙제 및 일기 쓰기 | | | |
| 생활 지도 | 교실 바닥에 쓰레기 버리지 않기 | | | |

### ☆ 방울토마토 기르기 2

활동영역 과학·탐구

활동목표 식물의 성장을 보면서 열매 가꾸기의 기쁨을 안다.

준 비 물 방울토마토 모종, 노끈, 버팀대

활동방법

〈실제〉

① 3주 전에 심은 모종이 어느 정도 자라면, 1m 20cm 정도의 버팀대를 각 모종마다 세워 준다.

② 방울토마토 줄기의 키가 자라면서 넘어지지 않도록 버팀대에 노끈으로 2~3곳 정도를 가볍게 묶어 준다. 세게 묶으면 식물의 성장에 방해가 되므로 세게 묶지 않도록 주의한다.

③ 3~4일 정도마다 위치를 옮겨 가며 노끈을 묶어 준다.

④ 한 줄기에 너무 많은 열매가 열리면 열매 크기가 작을 수 있으므로 원 줄기 사이에 나오는 떡잎을 수시로 따 주어서 곁가지가 많이 생기지 않도록 주의한다.

⑤ 가지를 정리해 줄 때 꽃이 피는 가지는 나중에 열매가 열리는 곳이므로 주의한다.

## ☆ 음악 감상 - 차이코스프키 백조의 호수

활동영역 음률·창작

활동목표 음악을 들으며 마음을 순화시킨다.

준 비 물 음악 CD, 색종이

활동방법

〈도입〉

- 백조의 모습과 움직임에 대해 생각해 본다.
- 색종이를 가지고 백조를 접어 본다. 접은 색종이로 물 위에 노닐고 있는 백조의 모습을 연출해 본다.

〈실제〉

① 차이코프스키의 '백조의 호수' 1악장을 조용히 감상한다.

② 다시 한 번 음악을 감상하면서, 곡의 리듬에 따라 색종이 백조를 느낌대로 움직여 본다.

③ 조용한 움직임, 빠르고 격렬한 곡조를 모둠별로 앞에 나와 시연해 본다.

④ 다 같이 둥글게 서서 보다 큰 동작으로 백조의 호수를 표현해 본다.

유 의 점 도입부터 프로그램이 끝날 때까지 음악을 계속해서 들려 준다.

# 5월 4주 교육 프로그램

**주 제** 나와 우리

**소주제** 우리 가족

**목 표** 가족의 소중함을 깨닫고 사랑하는 마음을 갖는다.

| 구분 | 요일 | 영 역 | 활 동 명 | 활동 내용 |
|---|---|---|---|---|
| 특별활동 | 월 | 언어·표현 | • 이야기 나누기<br>- 가족소개하기<br>- 가족 신문 만들기에 대해<br>• 석가탄신일 알기<br>- 위인전 읽어 주기 | • 자기 가족을 소개하는 시간을 갖고 가족신문을 함께 만들 수 있도록 과제를 내 준다.<br>• 석가탄신일을 맞아 석가모니 위인전을 읽어 주고 훌륭한 삶에 대해 이야기를 나눈다. |
| | | | • 영어와 놀자<br>- CD로 영어 배우기 | • 단원 : 가족(family)<br>– 아버지(father), 어머니(mother), 할머니(grandmother), 할아버지(grandfather), 누나/언니(sister), 오빠/형(brother) |
| | 화 | 신체·지각 | • 실외 나들이 | • 산책 |
| | 수 | 과학·탐구 | • 소리의 전달과 진동 | • 요구르트병에 실을 연결해 전화기를 만들고 진동으로 소리가 전달되는 실험을 해 본다. |
| | 목 | 미술·창작 | • 사진틀 만들기<br>- 마카로니 가족사진틀 | • 우드락이나 하드보드지에 마카로니를 붙이고 래커를 뿌려 장식 사진틀을 만든다. |
| | 금 | 창의성·사고력 | • 가족신문 콘테스트 | • 가족끼리 열심히 만든 다양한 모양과 내용의 가족신문을 교실 밖에 붙여 두고 전시회를 갖는다. |
| 놀이 지도 | | 체스 두기 | | |
| 학습 지도 | | 숙제 및 일기 쓰기 | | |
| 생활 지도 | | 가족에게 사랑의 표현하기 | | |

## ☆ 사진틀 만들기

활동영역 미술·창작

활동목표 재미있는 소재로 실용적인 가족사진틀을 만든다.

준 비 물 우드락, 금색 래커, 은색 래커, 마카로니, 오공본드

활동방법

〈도입〉

◔ 전날 가족과 함께 사진첩을 들여다 보며 가족이 함께했던 즐거운 시간들을 회상하는 시간을 갖는다.

◔ 가장 인상적인 가족 사진을 한 장씩 준비해 온다.

〈실제〉

① 하드보드지를 가로 20cm, 세로 15cm의 사각형으로 준비한다. 아동이 자르기 어려우므로 교사가 마련해 준다.

② 가운데 사진 붙일 자리를 연필로 그려 놓는다.

③ 사진 자리를 비워 놓고 가장자리에 우드락본드(오공본드)를 이용하여 마카로니를 촘촘하게 붙인다.

④ 금색 래커를 사진틀 위에 골고루 뿌린다.

⑤ 래커가 마른 후, 사진을 붙이고 한 사람씩 앞에 나와 사진 속의 상황들에 대해 이야기하는 시간을 가진다.

## ☆ 가족신문 콘테스트

활동영역 창의성·사고력

활동목표 가족신문을 만들며 가족 간의 화목을 다진다.

준 비 물 가족신문

활동방법

〈실제〉

① 전 시간에 가족신문 만들기에 대해 이야기 나눈다.

② 가족구성, 가족들에 대한 소개, 재미있었던 일, 가족의 기념일, 건강상식, 솜씨 자랑, 가족에게 바라는 일 등 다양한 형태로 가족신문을 만들 수 있음을 이야기 한다.

③ 내용 구성은 가족이 함께하되 부모님 등 어른들의 작품이 되지 않도록 글씨나 그림 등은 아동 스스로 꾸미고 주도적으로 만들 수 있도록 각 가정에 협조를 요청한다.

④ 다 만들어진 가족신문을 방과후 교실로 가지고 오면 교실 복도 벽면에 붙여서 가족신문 전시회를 갖는다. 내용이 참신하고 가족들의 참여가 높은 신문에 시상하는 시간도 갖는다.

# 5월 5주 교육 프로그램

**주 제** 나와 우리

**소주제** 양성 평등 교육

**목 표** 남자와 여자를 알고 서로를 이해하고 협력한다.

| 구분 | 요일 | 영 역 | 활 동 명 | 활동 내용 |
|---|---|---|---|---|
| 특별활동 | 월 | 언어·표현 | • 이야기 나누기<br>–양성 평등 교육<br>'여자, 남자' | • 남자와 여자의 차이점과 공통점을 함께 알아본다. |
| | | | • 영상시청<br>–'아동 성폭력 및 학대 예방 프로그램' | • 양성 평등을 다루고 있는 아동용 영상을 함께 시청한다. |
| | 화 | 신체·지각 | • 바느질하기 1 | • 바느질 기초 시간으로 한지나 부직포에 초크로 점선을 그려 실땀을 놓아 본다. |
| | 수 | 신체·지각 | • 바느질하기 2 | • 바느질 응용편으로 종이지갑을 만들어 굵은 색실로 가장자리를 감침질해 완성한다. |
| | 목 | 미술·창작 | • 직업의 세계<br>–막대 인형 만들기 | • 다양한 직업의 사람들을 인형으로 그리고 막대를 붙여 재미있는 역할놀이를 해본다. |
| | 금 | 창의성·사고력 | • 역할놀이<br>–엄마가 출장 가면 | • 집에 엄마가 안 계실 때 가족들이 할 수 있는 일들에 대한 상황극을 꾸며 본다. |
| 놀이 지도 | | 역할놀이 | | |
| 학습 지도 | | 숙제 및 일기 쓰기 | | |
| 생활 지도 | | 청결한 몸 가꾸기 | | |

### ☆ 바느질하기 1

활동영역 신체·지각

활동목표 기초적인 바느질 방법을 배운다.

준 비 물 두꺼운 실, 돗바늘, 천, 초크나 분필

활동방법

〈도입〉

◔ 초크나 분필로 점선을 표시한 천을 준비한다.

◔ 바느질할 때 주의할 점에 대해 이야기를 나눈다.

◔ 바늘에 실을 끼우는 법과 매듭짓는 법을 배운다.

〈실제〉

① 돗바늘에 굵은 실을 끼우고, 매듭을 짓는다.

② 천에 표시된 점선을 따라 홈질을 한다.

③ 다 끝나면 매듭을 짓고 마무리한다.

④ 여러 가지 모양으로 그림을 그리고 다양하게 바느질을 해 본다.

## ☆ 역할놀이 – 엄마가 출장 가면

활동영역 창의성·사고력

활동목표 가족의 역할에 대해 이해하고 서로 돕는 마음을 기른다.

준 비 물 없음

활동방법

〈도입〉

◔ 가정에서 엄마가 하는 활동과 아빠가 하는 활동을 이야기해 본다.

◔ 평소 집안일을 가족들이 모두 함께 참여해서 분담하는지 이야기해 본다.

◔ '엄마가 출장을 가신다면' '엄마가 병원에 계시다면' 등 엄마가 안 계신 동안 나와 가족들은 무슨 일을 해야 할지 생각해 본다. 자유롭게 자기 생각을 발표하고 의견을 칠판에 적는다.

〈실제〉

① 3~4개의 모둠을 만든다.

② 엄마, 아빠, 동생, 나, 형, 누나 등의 역할을 정하고 모의 상황을 연기해 본다.

③ 칠판에 적힌 의견을 참고해서 역할을 분담할 수도 있고, 새로운 상황을 설정해서 자유롭게 역할극을 꾸며 볼 수도 있다.

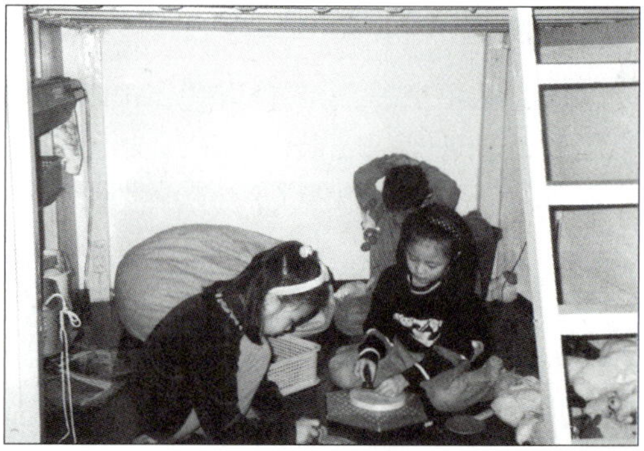

④ 역할극을 한 후, 느낀 점을 서로 이야기한다.

유 의 점

• 모든 일에는 엄마 일과 아빠 일이 정해져 있지 않으며, 서로 도와 함께해야 함을 이야기해 준다.

• 과제로 '집안일 돕기'를 내 주고, 경험을 다음 시간에 이야기한다.

# 6월 교육 프로그램

**주 제** 자연

**목 표** 자연의 신비와 원리를 안다.

| 영역 \ 소주제 | | 나라를 위해 애쓰신 분들 | 갯벌 탐사 1 | 갯벌 탐사 2 | 자연의 원리 (과학실험교육) |
|---|---|---|---|---|---|
| 특별 활동 | 언어·표현 | • 이야기 나누기<br>– 나라를 위해 애쓰신 분들<br>– 현충일에 대해<br>• 위인전 읽기<br>– 독후감 쓰기<br>• 글짓기<br>– 내가 하고 싶은 실험 | • 이야기 나누기<br>– 주말 지낸 이야기<br>– 갯벌 탐사에 대해<br>• 동화책 읽기<br>– 갯벌에 관한 내용<br>• 영상 시청<br>– 갯벌에 대한 영상 | • 이야기 나누기<br>– 주말 지낸 이야기<br>– 갯벌 탐사에 대해<br>• 동화책 읽기<br>– 갯벌에 관한 내용 | • 이야기 나누기<br>– 주말 지낸 이야기<br>– 그림으로 표현하기 |
| | 신체·지각 | | • 게걸음 경주 | | • 비눗방울놀이 |
| | 과학·탐구 | | • 호기심 기록장<br>– 갯벌에 사는 생물들 | • 호기심 기록장<br>– 궁금해요 2 | • 자석에 붙는 물건<br>• 풍선악기(진동)<br>• 종이 움직이기(마찰)<br>• 우유갑 콩나물 기르기 |
| | 요리·견학 | • 견학<br>– 군부대 방문 | | • 갯벌 탐사 준비 모임<br>• 견학<br>– 갯벌 탐사 | • 요리조리쿡<br>– 동그란 샌드위치 |
| | 미술·음률·창작 | • 동요 배우기<br>– 나라를 빛낸 100명의 위인들 | • 상상화 그리기<br>– 갯벌의 모습 | • 그리기<br>– 갯벌에 다녀왔어요 | • 양초와 물감이 만날 때 |
| | 창의성·사고력 | • N.I.E. 활동<br>– 존경하는 우리나라 위인들 | • 암호문 풀기 | • 견학보고서<br>– 갯벌은 살아 있다 | |
| 놀이 지도 | | 자유선택활동 | 책나무 가꾸기 | 바깥놀이 | 블록 쌓기 |

| 소주제 / 영 역 | 나라를 위해 애쓰신 분들 | 갯벌 탐사 1 | 갯벌 탐사 2 | 자연의 원리 (과학실험교육) |
|---|---|---|---|---|
| 학습 지도 | 숙제 및 일기 쓰기 | 숙제 및 일기 쓰기 | 숙제 및 일기 쓰기 | 숙제 및 일기 쓰기 |
| 생활 지도 | 공손하게 인사하기 | 단정하게 옷 입기 | 위험한 놀이 하지 않기 | 물건 아껴 쓰기 |

### 참고 자료

참고 도서 ▸▸ 미술로 생각을 열자 1~20(미술나라)
신문은 내친구 1~6학년(중앙M&B)
갯벌이 좋아요(보림)
갯벌(우리교육)
갯벌(창조문화)
하늬와 함께 떠나는 갯벌여행(창조문화)
갯벌 탐사지침서(창조문화)
한국의 갯벌(대원사)
살아있는 갯벌이야기(창조문화)
어린이 실험백과(신서)
실험과 함께하는 과학놀이(바른사)

관련 사이트 ▸▸ 갯벌사랑, 녹색환경연합회

시청각 자료 ▸▸ 오이도 갯벌에 대한 영상(EBS 영상자료)

견학 장소 ▸▸ 수색 군부대, 강화 동막갯벌

6월은 '자연'을 주제로 2주간의 갯벌탐사 프로젝트 수업을 진행하게 된다. 아동들의 자율적이고도 능동적인 참여를 이끌어 내기 위해서는 치밀한 사전계획과 준비작업이 필요하다. 프로젝트 주제에 대한 여러 가지 자료들을 비치하고 아동들의 생각이 어떻게 발전되어 나가는지 맥락을 잘 이끌어 준다. 전체적인 계획과 진행에 대한 대안들을 늘 준비하고 마련해 두어야 한다. 호기심 기록장을 활용하여 활동자료집을 만든다. 프로그램 진행과정들을 스스로 기록하고 활동결과에 대한 생각과 소감을 정리한다.

※ 2, 3, 4주는 '갯벌 탐사'를 중심으로 활동이 연계되어 진행되는데, 갯벌 주제의 진행이 어려운 경우 인근의 다른 자연을 활용할 수도 있다. 예를 들면, 갯벌 대신 인근의 야산 혹은 약수터, 공원, 고궁을 활용할 수도 있다. 먼저 소주제(갯벌, 야산 등)가 정해지면 이에 관한 자료의 수집, 견학이나 방문을 통한 탐사, 탐사결과의 정리 및 표현, 자신의 경험 발표 등의 순서로 진행할 수 있다.

### 1주

1주에는 현충일이 있으므로 호국 보훈을 주제로 수업을 진행한다. 위인전은 1~2학년 아동들에게 적합한 책을 선별하여 비치해 준다.

'나라를 빛낸 100명의 위인들'은 가사가 길어서(1~5절) 외우기 힘든 부분도 있지만 아동들이 재미있게 부르고 좋아한다. 이 노래는 2~3주에 걸쳐 진행되는 갯벌탐사 주제에서 '갯벌을 살리자'라는 제목으로 개사해서 다시 불러 볼 수 있으므로 곡을 충분히 익히도록 연습한다. 존경하는 위인을 선정할 때 주로 이순신 장군이나 세종대왕 등 우리에게 친숙한 인물에 편중되는 경향이 있으므로 다양한 인물을 접할 수 있도록 지도한다.

### 2주

두 주에 걸친 '갯벌 프로젝트' 수업의 시작으로 아동들이 도서자료와 인터넷 정보를 통해 갯벌에 대한 기초지식을 얻고 탐사지역에 대한 호기심과 기대감을 가질 수 있도록 전체적인 수업환경을 구성한다. 창작 활동 시간에 상상화를 그리고, 개사한 노래를 외워서 불러 보며, 갯벌 생물의 움직임을 신체로 표현해 보는 등의 프로그램을 진행하면서 자연스럽게 주제의 도입 부분에 접근한다.

### 3주

'갯벌 현장답사'가 이루어지고 그동안 진행해 온 프로젝트 수업을 마무리하는 시간으로 진행한다. 생생한 경험을 바탕으로 새롭게 알게 된 사실과 또 갯벌 생태의 신비함 그리고 그 보존적 가치에 대한 현장보고서를 아동 자신의 감성으로 표현하고 정리할 수 있는 시간을 갖는다.

**4주**

자연의 원리와 이치를 과학적 사고로 풀어 보고 '과학 실험'의 비중을 높이는 수업을 진행한다. 실험실의 원리로서가 아닌 놀이와 생활과학으로 접근하기 위해 손쉽고 재미있는 내용으로 기획한다.

# 6월 1주 교육 프로그램

**주 제** 자연

**소주제** 나라를 위해 애쓰신 분들

**목 표** 나라를 사랑하는 마음을 가진다.

| 구분 | 요일 | 영 역 | 활 동 명 | 활동 내용 |
|---|---|---|---|---|
| 특별활동 | 월 | 언어·표현 | • 이야기 나누기<br>- 나라를 위해 애쓰신 분들<br>- 현충일에 대해<br>• 위인전 읽기<br>- 독후감 쓰기 | • 나라를 위해 애쓰시다 순직하신 위인들을 기념하는 현충일에 대해 이야기하고 위인전을 읽고 독서록에 독서감상문을 쓴다. |
| | 화 | 음률 | • 동요 배우기<br>- 한국을 빛낸 100명의 위인들 | • 노랫말 속에 나타나는 역사의 인물들에 대해 알아보고 긴 가사를 외워서 모둠별로 나와 불러 본다. |
| | 수 | 견학 | • 군부대 방문 | • 현장학습 |
| | 목 | 현충일 | | |
| | 금 | 창의성·사고력 | • N.I.E. 활동<br>- 존경하는 우리나라 위인들 | • 그동안 읽었던 역사인물 이야기나 위인전 등을 통해 자신이 가장 존경하는 인물을 선정해서 위인신문을 만들어 본다. 인물퀴즈 사다리 타기 등으로 흥미롭게 수업을 진행한다. |
| 놀이 지도 | | 자유선택활동 | | |
| 학습 지도 | | 숙제 및 일기 쓰기 | | |
| 생활 지도 | | 공손하게 인사하기 | | |

## ☆ 동요 배우기

활동영역 음률

활동목표 역사의 인물들을 노래가사를 통해 익힌다.

준 비 물 악보, 키보드, 동요 음원

활동방법

〈도입〉

◔ 악보를 미리 준비해 준다.

◔ 가사를 읽어 보며 역사적 인물들의 이름을 익힌다.

◔ 악보에 나오는 위인들에 대해 이야기를 나눈다.

◔ 다른 활동 시간에도 동요를 틀어 놓고 곡조를 익힌다.

〈실제〉

① 교사의 반주에 맞추어 한 소절씩 따라 부른다.

② 1절부터 5절까지 다 불러 본다.

③ 한 절씩 나누어 모둠별로 외워 부르기를 한다.

④ 각 인물에 맞는 특징적인 율동을 만들어서 노래 부르기 시합도 해 본다.

⑤ 다 같이 다시 한 번 합창을 하고 마무리한다.

## 한국을 빛낸 100명의 위인

박인호 요
박인호 곡

출처 : 한국여성개발원, 방과후 아동지도 프로그램, 교육과학사, p. 60.

## ☆ 존경하는 우리나라 위인들

활동영역 창의성·사고력

활동목표 위인들의 훌륭한 업적과 본받을 점을 함께 이야기 나눈다.

준 비 물 위인전, 전지, 신문

활동방법

〈도입〉

◔ 관심 있는 우리나라 위인에 관한 위인전을 골라 미리 읽도록 지도한다.

◔ 위인전을 읽고 독후감을 쓰도록 한 후 내용을 친구들과 함께 이야기하도록 한다.

◔ 특별히 자신이 존경하는 우리나라 역사의 위인은 누구인지, 친구들이 좋아하는 우리나라의 위인에는 누가 있는지 함께 알아보는 시간을 갖는다.

◔ 큰 전지를 마련해 중심 그림을 무엇으로 할지 함께 결정한다.

〈실제 1〉

① 큰 전지(2절지)를 마련한다.

② 중심 그림을 연필로 대충 그린다(예 큰 아름드리 나무, 옥수수, 포도송이 모양 등).

③ 존경하는 위인의 이름을 신문에서 찾아 오린 후 빈칸에 붙인다.

④ 각 이름 밑에 인물에 대한 간략한 소개와 존경하는 이유를 적는다.

⑤ 완성되면 벽면에 붙여 함께 소개하는 시간을 갖는다.

〈실제 2〉

① 앞에서 만든 위인 나무를 근간으로 사다리 타기 퀴즈를 만든다.

② 큰 전지에 사다리를 여러 개 그린다.

③ (A) 부분에 위인의 개인적인 업적이나 특징을 간단히 적어 놓는다.

④ (B) 부분에 해당 위인의 이름을 적어 놓는다.

⑤ (B) 부분을 하얀 종이로 가린 상태에서 한 사람씩 (A) 설명에 해당하는 위인을 퀴즈로 풀어 보고 답을 찾아 사다리 타기를 한다.

예 (A) 백의종군, 거북선, 장군 (B) 이순신

(A) 솜, 목화씨, 학자, 붓두껍　(B) 문익점

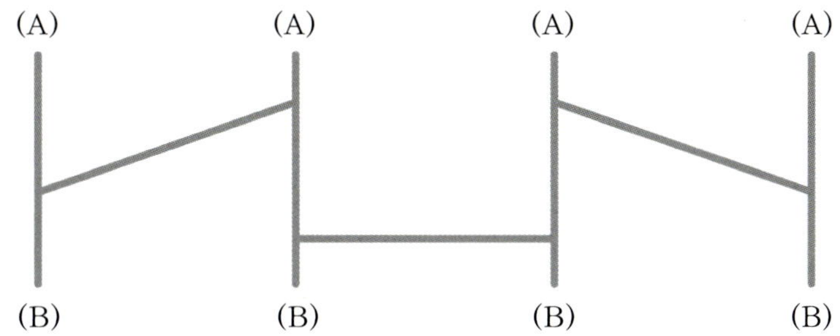

# 6월 2주 교육 프로그램

**주 제** 자연

**소주제** 갯벌 탐사 1

**목 표** 갯벌의 환경과 탐사에 대한 기초지식을 얻는다.

| 구분 | 요일 | 영 역 | 활 동 명 | 활동 내용 |
|---|---|---|---|---|
| 특별활동 | 월 | 언어·표현 | • 이야기 나누기<br>－주말 지낸 이야기 | • 주말 지낸 이야기를 그림으로 표현해 본다. |
| | | | • 영상 시청<br>－오이도 갯벌에 대한 영상<br>• 글짓기<br>－내가 하고 싶은 실험 | • EBS 방영작 ‘하나뿐인 지구’ 시리즈물로 자연의 아름다움과 깨끗함을 감상하고 생명에 대해 경이로움과 존중감을 갖는다. |
| | 화 | 신체·지각 | • 게걸음 경주 | • 갯벌 관련 영상에서 본 게걸음에 대해 탐색한다.<br>• 배는 하늘을 보고 두 팔은 바닥을 짚고 게 모양으로 걸어서 반환점을 돌아온다. |
| | | 미술·창작 | • 양초와 물감이 만날 때 | • 양초를 이용하여 바다를 소재로 밑그림을 그린 후, 물감칠을 해 본다. |
| | 수 | 과학·탐구 | • 자석에 붙는 물건<br>• 풍선악기(진동)<br>• 종이 움직이기(마찰) | • 옷핀, 클립, 지우개, 철가루, 연필 등 여러 소품을 준비해서 자석을 갖다 대 본다.<br>• 풍선과 실, 숟가락을 이용해 악기 진동 소리도 들어 본다.<br>• 책 사이에 종이를 놓고 마찰을 일으켜 움직여 보는 실험도 해 본다. |
| | 목 | 요리 | • 요리조리쿡<br>－동그란 샌드위치 | • 사각 식빵에 여러 가지 재료를 놓고 랩으로 말아서 동그란 샌드위치를 만들어 먹는다. |
| | 금 | 과학·탐구 | • 우유갑 콩나물 기르기 | • 우유갑에 구멍을 내고 콩나물콩을 넣어 호일을 씌워 빛을 차단하고, 매일 물을 주어 콩나물을 길러 본다. |
| 놀이 지도 | 블록 쌓기 | | | |
| 학습 지도 | 숙제 및 일기 쓰기 | | | |
| 생활 지도 | 물건 아껴 쓰기 | | | |

### ☆ 게걸음 경주

활동영역 신체·지각

활동목표 재미있는 신체활동을 통해 즐거운 시간을 갖는다.

준 비 물 간편한 복장

활동방법

〈도입〉

◔ 교실 공간을 최대한 넓게 하거나 체육실을 사용한다.

◔ 여럿이 함께 활동할 때 주의할 점에 대해 이야기 나눈다.

◔ 안전사고에 유의해야 함을 상기시킨다.

〈실제〉

① 갯벌 관련 영상에서 본 게걸음에 대해 이야기를 나눈다.

② 크게 두 모둠으로 나누고 같은 거리에 반환점을 만든다.

③ 몸을 뒤로 젖히고 팔을 뒤로 뻗어 손바닥이 바닥에 닿게 한다.

④ 배가 위로 향하게 살짝 들고 발과 손바닥을 이용해 게처럼 옆으로 걸어 반환점을 돌아온다.

⑤ 모둠별로 응원단장을 뽑도록 하고, 각각의 모둠은 자기 모둠의 특성을 살린 응원을 구상하여 실시해 보도록 한다(노래, 춤, 등).

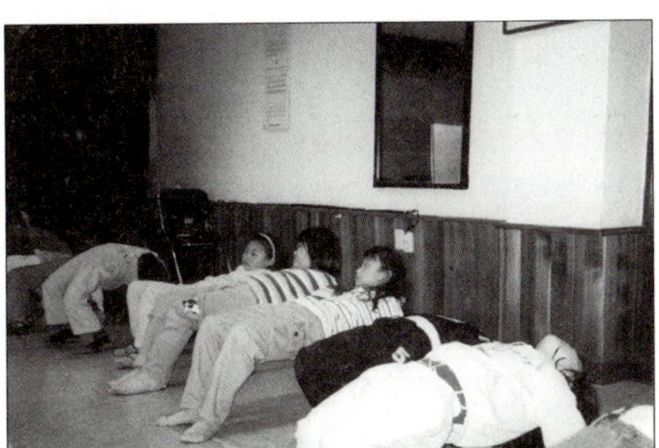

## ☆ 동그란 샌드위치 만들기

활동영역 요리

활동목표 음식 만들기의 즐거움을 안다.

준 비 물 식빵, 햄, 오이, 당근, 머스타드 소스, 치즈, 버터, 랩, 맛살

활동방법

〈도입〉

- 전 시간에 아동들이 만들고 싶어 하는 요리에 대해 이야기 나눈다.
- 각자 만들고 싶은 요리명과 만드는 방법, 주의할 점을 적어 본다.
- 모의 요리 시간을 가져, 색종이, 잡지, 재활용품 등을 활용하여 자신의 요리를 만들어 본다.
- 가장 많이 만들고 싶어 하는 순서대로 그 달의 요리 주제를 정한다. 아동이 다루기 어려운 재료나 힘든 요리는 피한다.
- 샌드위치 만들기를 할 때 주의할 점에 대해 이야기 나눈 후 장보기, 전지에 요리 순서판 만들기, 설거지, 정리 등으로 역할을 나눈다.

〈실제〉

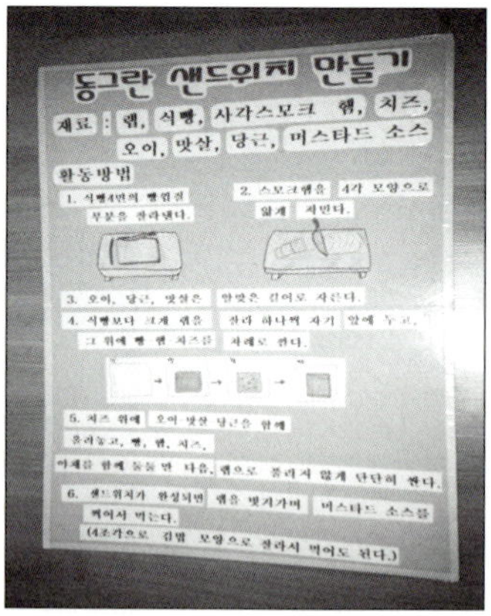


① 랩, 식빵, 사각 스모크 햄, 치즈, 오이, 맛살, 당근, 머스타드 소스를 준비한다.

② 식빵 4면의 빵 껍질 부분을 잘라 낸다. 스모크 햄을 4각 모양으로 얇게 저미고, 오이, 당근, 맛살은 길게 썰어 놓는다.

③ 식빵보다 크게 랩을 잘라 하나씩 앞에 두고, 그 위에 빵–햄–치즈를 차례로 깐다.

④ 치즈 위에 오이–맛살–당근을 함께 올려놓고, 빵, 햄, 치즈, 야채를 함께 둘둘 만 다음, 랩으로 풀리지 않게 단단히 싼다.

⑤ 샌드위치가 완성되면 랩을 벗겨 가며 머스타드 소스를 찍어서 먹는다. 4조각으로 김밥 모양으로 잘라서 먹어도 된다.

# 6월 3주 교육 프로그램

**주 제** 자연

**소주제** 갯벌 탐사 2

**목 표** 갯벌 생태의 신비함과 소중함을 깨닫는다.

| 구분 | 요일 | 영 역 | 활 동 명 | 활동 내용 |
|---|---|---|---|---|
| 특별활동 | 월 | 언어·표현 | • 이야기 나누기<br>– 주말 지낸 이야기<br>– 갯벌 탐사에 대해<br>• 동화책 읽기<br>– 갯벌 탐사지침서<br>– 함께 떠나는 갯벌 여행 | • 갯벌 탐사를 떠나기 전 준비해야 할 사항들을 구체적이고 실제적으로 자세하게 정보를 알아내고 정리해서 적어 본다. |
| | 화 | 견학 | • 갯벌 탐사 준비 모임 | • 모둠 짜기, 주의사항, 준비물 점검 등 현장학습을 떠나기 전 최종점검을 한다. |
| | 수 | 견학 | • 강화도 동막 갯벌 탐사 | • 현장학습 |
| | 목 | 미술·창작 | • 그리기<br>– 갯벌에 다녀왔어요 | • 현장학습을 다녀온 후, 실제 보았던 갯벌의 모습을 더욱 생생하게 표현해서 그려 본다. |
| | 금 | 창의성·사고력 | • 견학보고서 만들기<br>– 갯벌은 살아 있다 | • 새롭게 알게 된 사실과 느낌을 정리하고 갯벌 프로젝트 수업을 마무리한다. |
| 놀이 지도 | | 바깥놀이 | | |
| 학습 지도 | | 숙제 및 일기 쓰기 | | |
| 생활 지도 | | 위험한 놀이 하지 않기 | | |

## ☆ 갯벌 탐사에 대하여

활동영역 언어·표현

활동목표 갯벌에 대한 사전 지식을 갖는다.

준 비 물 필기도구, 갯벌 탐사 활동판

활동방법

〈실제〉

① 갯벌에서 무엇을 보고, 무엇을 조사할 것인지 아동 스스로 정해 보고, 도서자료를 통해 알게 된 점 등을 활동판에 기록한다.

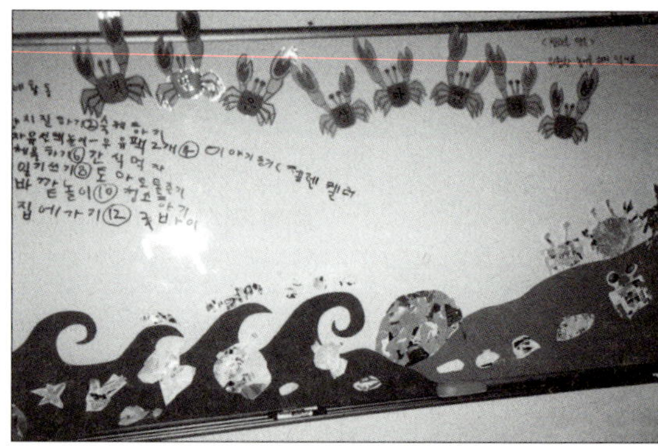

② 갯벌 생물들을 조사하고 그림을 그려서 표현한다.

③ 두 주간의 프로젝트 수업이므로 매일 새롭게 접근하고, 알게 된 사실들을 개인 활동판을 만들어서 기록한다.

④ 미술 활동과 창작 활동 시간에 갯벌에 관련된 환경을 구성해서 아동들이 직접 환경판을 꾸미도록 이야기한다.

⑤ 인터넷 사이트나 도서를 통해 갯벌 탐사의 여러 가지 유의사항이나 지침들을 요약·정리하고 우리만의 탐사지침서를 만들어 볼 것도 제안한다.

⑥ 전체적인 일정은 교사가 대략적으로 알려 준다. 내용 구성은 아동들이 직접하는 것임을 일깨워 주고 능동적인 수업이 되어야 함을 함께 약속한다.

유 의 점 체험학습의 일환으로 하루 일정을 잡았기 때문에 각 가정과 학교에 미리 알린다. 필요한 경우 사전에 협조공문을 각급 학교에 발송하는 것도 잊지 않는다. 초등학교의 평일 재량 휴업일을 활용하면 교통편도 훨씬 수월할 수 있다.

## ☆ 갯벌 탐사 준비 모임

활동영역 견학

활동목표 현장답사를 떠나기 전 사전 모임을 통해 준비 사항을 점검한다.

준 비 물 페트병, 노끈

활동방법

〈실제〉

① 모둠별 모임을 갖고 갯벌 주제에 맞는 개성 있는 모둠 이름을 정한다.

② 모둠별로 갯벌 탐사 도구를 만든다(페트병을 절반 크기로 비스듬하게 자른 후, 병뚜껑 부분은 삽으로 사용하고 나머지 반은 수집통을 만든다. 절단면의 안전에 유의한다. 통 부분은 송곳으로 구멍을 뚫어 긴 끈을 달아 목에 맬 수 있게 한다).

③ 출발시간과 도시락, 음료수, 멀미약, 갈아입을 여벌 옷 등 간단한 준비물에 대해 미리 오리엔테이션을 갖는다.

④ 갯벌에서 주의할 사항들에 대해 다시 이야기한다.

갯벌 탐사에 대한 이야기 나누기 시간에 함께 토론했던 내용을 근간으로 서로 지켜야 할 점들에 대해 확인하는 시간을 갖는다(맨발로 들어갈 것, 갯벌 생태를 해치지 않도록 조심스럽게 행동하기, 잡은 생물은 다시 돌려보내 줄 것 등 이미 읽은 갯벌 자료들을 참고로 아동들이 마련한 갯벌지침서를 정리하고, 복사하여 나누어 준다).

## ☆ 견학보고서 만들기

활동영역 창의성·사고력

목　　표 갯벌 프로젝트 수업의 내용을 마무리하고 견학을 통해 새롭게 알게 된 사실들을 정리해 보는 시간을 갖는다.

준 비 물 호기심 기록장, 전지, 비닐

활동방법

〈도입〉

◔ 2주간의 갯벌 프로젝트를 마무리하는 시간을 갖는다. 준비과정과 갯벌을 보기 전의 생각, 보고 난 후의 느낌, 가장 기억에 남는 일, 혹은 인상적이었던 모습들에 대해 이야기 나누고 함께 견학보고서를 작성한다.

◔ 호기심 기록장에 붙여 갯벌 탐사에 대한 주제를 정리한다.

〈실제〉

① 견학보고서의 내용을 가지고 견학신문을 만들어 본다.

② 전지를 준비해 신문의 제목('갯벌은 살아 있다' '생명의 땅' 등)을 붙인다.

③ 신문의 내용(찾아가는 방법, 준비물, 갯벌의 생물, 갯벌의 자연환경, 우리나라의 갯벌 분포, 주의할 점, 갯벌 보존을 위한 우리의 노력 등)에 무엇을 넣을 것인지 의논을 한다.

④ 역할(신문을 예쁘게 도안할 사람, 글씨 쓸 사람, 갯벌 그림을 그려 줄 사람, 사진 붙일 사람 등)을 분담한다.

⑤ 신문이 다 만들어지면 교실 한 면에 붙여 모두 읽어 볼 수 있게 한다.

유 의 점 현장탐사 때 찍은 사진을 준비해 와서 붙일 수 있게 한다. 신문은 비닐로 싸서 보관이 용이하게 한다. 전날 아동들이 그린 그림도 활용하도록 한다.

# 6월 4주 교육 프로그램

**주 제** 자연

**소주제** 자연의 원리(과학실험교육)

**목 표** 자연의 이치와 과학적 원리를 이해한다.

| 구분 | 요일 | 영 역 | 활 동 명 | 활동 내용 |
|---|---|---|---|---|
| 특별활동 | 월 | 언어·표현 | • 이야기 나누기<br>– 주말 지낸 이야기<br>– 갯벌 탐사에 대해<br>• 동화책 읽기<br>– 갯벌<br>– 갯벌이 좋아요 | • 갯벌 탐사에 대한 기초적인 지식을 얻고 갯벌 생태에 대한 흥미 있는 이야기를 동화 읽기를 통해 접해 보는 시간을 갖는다. |
| | 화 | 과학·탐구 | • 비눗방울 놀이 | • 세제에 색소를 풀어 비눗방울을 만들어 불어 본다. |
| | 수 | 신체·지각 | • 호기심 기록장<br>– 갯벌에 사는 생물들 | • 갯지렁이, 조개, 게 등 갯벌 생물에 대해 인터넷과 여러 자료 등을 통해 알아보는 시간을 갖는다. |
| | 목 | 미술·창작 | • 상상화 그리기<br>– 갯벌의 모습 | • 갯벌의 모습이 어떠할지 상상해서 스케치북에 그린다. |
| | 금 | 창의성·사고력 | • 암호문 풀기 | • 탐사 갈 지역에 대해 바로 알려 주지 않고, 호기심과 관심을 불러일으키기 위해 여러 가지 기호와 암호를 사용해서 단서를 주고 그것을 다 함께 풀어 보도록 한다. |
| 놀이 지도 | | 책나무 가꾸기 | | |
| 학습 지도 | | 숙제 및 일기 쓰기 | | |
| 생활 지도 | | 단정하게 옷 입기 | | |

### ☆ 풍선악기

활동영역 과학·탐구

활동목표 소리의 진동과 전달 그리고 울림의 원리를 안다.

준 비 물 쇠숟가락, 쇠젓가락, 실, 풍선

활동방법

〈실제〉

① 풍선을 크게 불고, 1m 정도의 실을 매단다.

② 실 끝에 무거운 쇠숟가락을 매단다.

③ 둘씩 짝을 지어, 한 사람은 풍선을 잡아 귀에 대고, 다른 한 사람은 쇠젓가락으로 쇠숟가락을 '땅' 쳐 준다.

④ 실을 통해 전달되는 소리의 울림과 진동을 느껴 본다.

⑤ 짝끼리 역할을 바꾸어서 해 본다.

유 의 점

- 안전을 위해 아동들에게는 풍선 부는 것을 금지하고 펌프를 사용하도록 한다.
- 활동 과정 중에 풍선이 터지는 경우가 있으므로 주의를 하도록 한다.

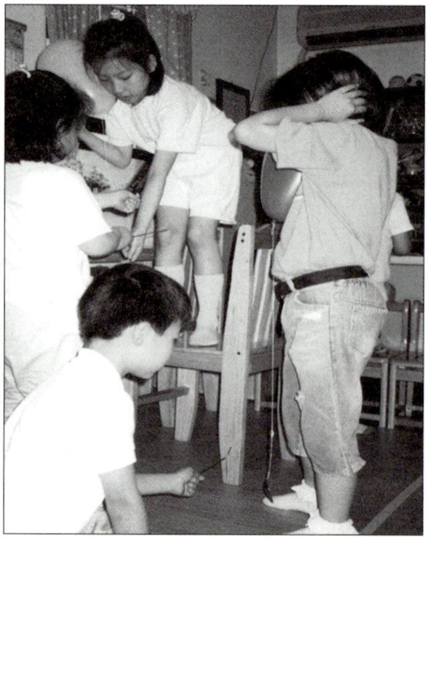

# 7월 교육 프로그램

**주 제** 환경

**목 표** 우리를 둘러싼 환경의 소중함과 그 보존 가치를 안다.

| 영 역 \ 소주제 | | 여름의 변화 | 청결과 위생 | 환경 보존 | 재활용·폐품활용 1 |
|---|---|---|---|---|---|
| 특별활동 | 언어·표현 | • 이야기 나누기<br>–날씨변화와 여름의 모습<br>• 삼행시 짓기<br>–여름과일 | • 이야기 나누기<br>–용의검사<br>–여름철 건강<br>–질병을 옮기는 곤충 | • 이야기 나누기<br>–환경과 나<br>–환경오염에 대해<br>• 영상 시청<br>–하나뿐인 지구 1<br>–하나뿐인 지구 2 | • 이야기 나누기<br>–재활용(폐품활용)에 대해<br>• 영상 시청<br>–재활용 아이디어 총집합<br>• 편지 쓰기<br>–○○에게 |
| | 신체·지각 | • 윗몸 일으키기 | • 진드기 게임 | • 뒷산 산책<br>• 모래놀이 | • 모래놀이<br>–우유갑 분수로 그림 그리기 |
| | 과학·탐구 | | | • 영상 시청<br>–하나뿐인 지구 3 | |
| | 요리·견학 | • 요리조리쿡<br>–오렌지 셔벗 | • 견학<br>–실내놀이터 | | • 견학<br>–녹색가게* 방문 |
| | 미술·음률·창작 | • 한지공예<br>–염색손수건 | • 빨래해 보기 | • 환경그림 그리기<br>–지구를 살리자 | • 만들기<br>–우유갑 소파<br>–재생비누 |
| | 창의성·사고력 | • N.I.E. 활동<br>–오늘 날씨 어때? | • 아픈 곳은 없는지 찾아보기 | • N.I.E. 활동<br>–환경신문 만들기 | |
| 놀이 지도 | | 자유선택활동 | 바깥놀이 | 그림자 밟기 | 눈 가리고 잡기 |
| 학습 지도 | | 숙제 및 일기 쓰기 | 숙제 및 일기 쓰기 | 숙제 및 일기 쓰기 | 숙제 및 일기 쓰기 |
| 생활 지도 | | 깨끗이 자주 씻기 | 찬 음식 많이 먹지 않기 | 환경지킴이 되기 | 물건 아껴 쓰고 재활용하기 |

* 재활용품을 판매하는 곳(예 : 리사이클링 시티)

## 참고 자료

참고 도서 ▸▸ 신문은 내친구 1－6학년(중앙M&B)
철이체육교실(연간계획안)
으뜸과 버금(서울YMCA건전비디오연구모임 소책자)
어린이실험백과(신서)
실험과 함께하는 과학놀이(바른사)
예방주사 무섭지 않아(한림)

시청각 자료 ▸▸ EBS교육방송 '하나뿐인 지구' 시리즈(영상 자료)

견학 장소 ▸▸ 실내놀이터, 녹색가게

7월은 여름 날씨의 변화를 몸으로 느끼고 다양한 영역활동을 통해 여름날을 즐기는 시간들로 수업을 구성한다. 땀을 많이 흘리는 계절이므로 아동의 위생과 청결에 신경 쓰고 아동들이 지치고 힘들어할 수도 있기 때문에 충분한 휴식을 제공해야 한다.
재미있는 활동을 진행하되 지루하거나 부담스럽지 않은 범위 내에서 활동 속의 개념을 분명하게 이해시키고 아동이 주도적으로 진행해 나갈 수 있도록 이끌어 주는 것이 필요하다.

**1주**

봄에 이어서 여름철의 특징을 인식하고 '의복의 변화', '나의 생활과 우리 집의 생활', '학교 생활', '먹는 음식의 변화', '날씨의 변화' 특히 여름철에 발생하는 '태풍의 특징과 피해', '더위' 등에 대하여 이야기한다. 이러한 변화에 따라서 여름철에 주의하여야 할 사항들을 정리해 본다.
'염색손수건'을 만들 때는 다양한 무늬와 색채가 나올 수 있도록 지도한다.
'셔벗 만들기' 등 아동들의 요리 시간은 매우 재미있고 생동감 있는 수업이 될 수 있다. 아동들의 창의력 개발에 도움이 되므로 재미있고도 안전하게 수업에 적용할 수 있는 소재를 선택하도록 한다.

**▶ 2주**

아동들의 생활에서 무엇보다도 중요한 것은 건강과 안전, 위생에 관한 부분이다. 여름철이 시작되었고 더위로 아동들이 찬 음식을 많이 먹게 되므로 배탈이 나기 쉽다. 음식물이 상하기 쉬운 계절이므로 음식물의 보관에도 많은 주의가 요구된다.

늘 자신의 몸을 깨끗이 하는 습관을 들이도록 하고, 여름철 건강관리를 위하여 '우리들이 해야 할 일'을 다 함께 이야기 나누고, 적어 보고, 실천하도록 한다.

'빨래해 보기' 수업은 실제로 집에서 빨래를 해 보고 마른 빨래도 개켜 보도록 하여 그 느낌을 방과후 교실에서 발표해 보고 이를 계기로 조금씩 부모님들의 집안일을 돕는 습관을 갖도록 지도한다.

**▶ 3주**

환경수업에서는 '우리의 현재 환경에서 무엇이 문제인가', '앞으로 무엇이 더 문제가 될 것인가', '환경의 파괴는 우리 그리고 나에게 어떤 영향을 미치고 있는가', '우리는 다 함께 무엇을 반성하고, 준비하고 조심하여야 하는가' 그리고 '환경을 살려 내기 위한 작업들은 누가 해야 하는가' 등에 대한 이야기 나누기를 하고 다짐을 하고 실천에 옮겨 보는 일이 중요하다.

자신이, 가족이, 방과후 아동교실에서 실제적으로 어떤 일들을 해야 하는지 작은 일이라도 실천계획을 세우고 실천점검 그래프에 표시를 해 가면서 실행해 본다. 일정 기간이 지나면 활동 결과를 점검하여 환경 지키기에 관련된 활동을 1년 동안 계속적으로 실시하면 더욱 효과적이다. 이번 주제는 부모들도 동참하도록 하여 가정과 방과후 교실 모두에서 환경 지키기 활동을 전개해 나가도록 한다.

여름방학이 시작되므로 '아동들이 개별적으로 방학을 어떻게 보낼 것인가' 생각해 보고 계획적으로 생활할 수 있도록 지도한다.

**▶ 4주**

'건강'과 '재활용'과 '환경' 주제는 서로 관련성이 있는 주제이다. 재활용을 생활화하였을 때 우리에게, 우리나라에 어떤 도움이 되는지 이야기를 나누고, 재활용 프로그램을 진행하면서 이런 과정들을 통해 아껴 쓰기, 나눠 쓰기, 바꿔 쓰기, 다시 쓰기(아나바다 운동)를 습관화할 수 있는 동기 부여가 될 수 있도록 한다.

# 7월 1주 교육 프로그램

**주 제** 환경

**소주제** 여름의 변화

**목 표** 여름 날씨의 변화와 모습을 안다.

| 구분 | 요일 | 영 역 | 활 동 명 | 활동 내용 |
|---|---|---|---|---|
| 특별활동 | 월 | 언어·표현 | • 이야기 나누기<br>– 날씨 변화와 여름의 모습<br>• 동시 짓기<br>– 여름과일 | • 여름 날씨의 변화를 몸으로 느끼고 표현해 보는 시간을 가지면서 여름 과일의 이름으로 재치 있는 동시를 지어 본다. |
| | 화 | 신체·지각 | • 윗몸 일으키기 | • 두 사람이 짝이 되어 한 사람은 다리를 세워 눕고 한 사람은 다리를 잡아 준 상태로 1분 안에 윗몸 일으키기를 몇 개 정도 할 수 있는지 서로 세어 준다. |
| | 수 | 과학·탐구 | • 한지공예<br>– 염색손수건 | • 하얀 한지를 여러 각도에서 계단접기한 후, 풀어 놓은 물감을 모서리로 찍어서 색이 자연스럽게 스며들면 펴서 말린다. |
| | 목 | 미술·창작 | • 요리조리쿡<br>– 오렌지 셔벗 | • 오렌지를 믹서로 갈아 낸 후 얼음틀에 얼려서 먹는다. |
| | 금 | 창의성·사고력 | • N.I.E. 활동<br>– 오늘 날씨 어때? | • 신문의 일기예보란을 살펴보고 한 주간의 날씨 변화뿐만 아니라 여름철 날씨의 특징을 알아본다. |
| 놀이 지도 | | 자유선택활동 | | |
| 학습 지도 | | 숙제 및 일기 쓰기 | | |
| 생활 지도 | | 깨끗이 자주 씻기 | | |

## ☆ 한지공예 - 염색손수건

활동영역 과학·탐구

활동목표 색감에 대한 인지력을 높이고 한지손수건을 만들어 본다.

준 비 물 흰색 한지, 물감

활동방법

〈실제 1〉

▸ 색깔 찾기 놀이를 하며 색에 대해 관심을 갖는다.

① 술래를 2명 정하고 다른 친구들은 그 주위에 둥글게 서 있는다.

② 술래가 말하는 색깔의 물건이나 옷, 주변사물을 찾아 그것을 잡는다.

③ 숨어 있는 색을 찾지 못해 술래에게 붙잡힌 사람은 한쪽에 앉아 있는다.

④ 마지막 한 사람이 남으면 술래 2명은 팔을 어긋나게 붙잡고 가마를 태워 준다.

⑤ 붙잡힌 사람들 중에서 2명의 술래를 뽑아, 다시 놀이를 시작한다.

〈실제 2〉

① 흰색 한지를 A4용지 반 정도의 크기로 잘라 하나씩 갖는다.

② 가로, 세로, 대각선으로 계단접기를 해서 여러 결의 무늬를 만든다.

③ 최대한 작게 네모 모양으로 접어 집게로 가운데 부분을 접는다.

④ 빈 용기에 여러 색깔의 물감을 만들어 놓고, 접은 한지의 집게 부분을 잡고 각 모서리를 물감에 담근다.

⑤ 바로 집게를 풀고 한지가 찢어지지 않게 조심스럽게 펼쳐 본다.

⑥ 아름답고 신비로운 무늬를 살펴보고 유리창에 붙여 감상한다.

## ☆ N.I.E. 활동 – 오늘 날씨 어때?

활동영역 창의성·사고력

활동목표 여름철 날씨의 특징을 안다.

준 비 물 신문 일기예보란, 스케치북, 필기도구, 풀, 가위, 색연필

활동방법

〈도입〉

◔ 여름철의 날씨에 대해 이야기를 나눈 후, 신문의 일기예보란을 보고 1주일간의 날씨를 조사해 본다.

〈실제〉

① 스케치북에 표를 그려 놓고 날씨를 조사한다.

② 날씨 조사표를 보고 그래프로 그려 본다.

③ 그래프를 보고 질문을 한다.

㉮ 그래프를 보면 맑은 날은 흐린 날보다 며칠이 더 많은가? 혹은 적은가?

④ 우리 동네의 오늘 기온은 어떤가? 최고기온과 최저기온을 알아본다.

| 날 짜 | 날 씨 | | | |
|---|---|---|---|---|
| | 맑음 | 흐림 | 바람 | 비 |
| | | | | |
| | | | | |
| | | | | |
| | | | | |
| | | | | |
| | | | | |
| | | | | |

| | | | | |
|---|---|---|---|---|
| 7 | | | | |
| 6 | | | | |
| 5 | | | | |
| 4 | | | | |
| 3 | | | | |
| 2 | | | | |
| 1 | | | | |
| 날 수 / 날 짜 | 맑음 | 흐림 | 바람 | 비 |

유 의 점 날씨는 맑음, 흐림, 비 옴, 눈 옴으로 표현할 수도 있지만 개성껏 그림으로 표현할 수 있도록 지도한다. 일기예보란에 있는 신문의 그림을 오려 붙여도 좋다.

# 7월 2주 교육 프로그램

**주 제** 환경

**소주제** 청결과 위생

**목 표** 청결하고 건강한 생활태도를 익힌다.

| 구분 | 요일 | 영역 | 활동명 | 활동 내용 |
|---|---|---|---|---|
| 특별활동 | 월 | 언어·표현 | • 용의검사<br>• 이야기 나누기<br>- 여름철 건강<br>- 질병을 옮기는 곤충 | • 몸을 청결하게 가꿀 수 있도록 용의검사를 한다.<br>• 질병을 옮기는 곤충과 예방법, 여름을 건강하게 지내기 위한 나만의 방법 등에 대해 이야기 나눈다. |
| | 화 | 신체·지각 | • 진드기 게임 | • 한 팀은 바닥에 붙어서 떨어지지 않고, 다른 팀은 바닥에서 떼어 내기 위한 근력 대결을 펼친다. |
| | 수 | 견학 | • 실내놀이터 | • 현장학습 |
| | 목 | 미술·창작 | • 빨래해 보기 | • 종이로 여러 빨랫감 등을 그려서 오린 후, 빨랫줄에 누가 빨리, 많이 빨랫집게로 고정시킬 수 있나 게임을 한다. |
| | 금 | 창의성·사고력 | • 아픈 곳은 없는지 찾아보기 | • 신체의 질병과 전문병원의 이름 등에 대해 알아본다.<br>• 동화를 듣고 난 후, 의사선생님에게 편지를 써 본다. |
| 놀이 지도 | | 바깥놀이 | | |
| 학습 지도 | | 숙제 및 일기 쓰기 | | |
| 생활 지도 | | 찬 음식 많이 먹지 않기 | | |

## ☆ 아픈 곳은 없는지 찾아보기

활동영역 창의성·사고력

활동목표 여름철 건강에 유의하고 여러 전문병원의 이름을 안다.

준 비 물 도서, 색연필, 필기도구, 가위

활동방법

〈도입〉

◔ 병원이나 질병에 관한 도서를 읽어 준다. 아픈 부위에 따라 전문병원이 있음을 알아본다.

〈실제〉

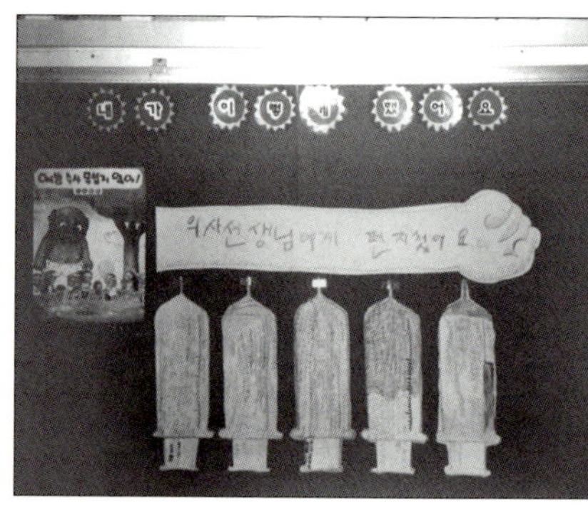

① 스케치북을 세로로 세워 반으로 접어 2면으로 나눈다.

② 왼쪽 면에 전신 모습의 사람을 그린다.

③ 오른쪽 면에 신문의 약 광고를 찾아 오려 붙이고 우리 몸의 어느 부분이 아플 때 먹는 약인지 줄로 연결해 본다.

④ 스케치북을 뒤로 넘겨 2면으로 나누고 한 면에 문제를 적고, 어느 병원을 찾아가야 할지 답을 써 보는 시간을 갖는다.

㉵ 눈이 아파요 : 안과 / 엄마가 아기를 낳으려고 해요 : 산부인과
이가 썩었어요 : 치과 / 몸에 상처가 났어요 : 소아청소년과, 외과
뼈가 부러졌어요 : 정형외과 / 배가 아파요 : 소아청소년과, 가정의학과, 내과
얼굴이 찢어졌어요 : 성형외과 / 귀가 아프고 목이 따가워요 : 이비인후과

⑤ 나머지 면에 건강한 몸을 지키기 위해 각자 할 일을 적어 보게 한다.

⑥ 완성된 것은 들고 나와 발표하는 시간을 갖는다.

⑦ 마지막으로 주사기 그림 위에 의사선생님에게 보내는 편지를 쓴다.

# 7월 3주 교육 프로그램

**주 제** 환경

**소주제** 환경 보존

**목 표** 환경오염의 실상과 환경의 소중함을 안다.

<table>
<tr><th>구분</th><th>요일</th><th>영 역</th><th>활 동 명</th><th>활동 내용</th></tr>
<tr><td rowspan="6">특별활동</td><td>월</td><td rowspan="2">언어·표현·신체</td><td>• 이야기 나누기<br>- 환경과 나<br>- 환경오염에 대해<br>• 영상 시청<br>- 하나뿐인 지구 1<br>• 모래놀이</td><td rowspan="2">• 환경오염의 심각성에 대해 다 같이 공부하고 환경을 보존하기 위한 우리의 노력에는 무엇이 있는지 함께 이야기해 본다. 환경 관련 영상을 시청한 후, 모래놀이와 산책, 주변 하천 탐사 시간 등을 통해 자연과 더불어 지내는 기쁨을 이해하고 보존의 가치를 깨닫는 시간을 갖는다.</td></tr>
<tr><td>화</td><td>• 영상 시청<br>- 하나뿐인 지구 2<br>• 주변 하천 탐사, 뒷산 산책</td></tr>
<tr><td>수</td><td colspan="3">제헌절</td></tr>
<tr><td rowspan="2">목</td><td>과학·탐구</td><td>• 영상 시청<br>- 하나뿐인 지구 3</td><td rowspan="2">• 환경을 보호하는 모습과 훼손하는 모습을 대비시켜서 보호 그림에는 환경마크를 그려 준다.</td></tr>
<tr><td>미술·창작</td><td>• 환경그림 그리기<br>- 지구를 살리자</td></tr>
<tr><td>금</td><td>창의성·사고력</td><td>• N.I.E. 활동<br>- 환경신문 만들기</td><td>• 환경 수칙, 추천 영상 등 여러 가지 환경 관련 내용을 적어서 신문을 만들고, 신문자료를 스크랩해 붙여 보는 코너도 만든다.</td></tr>
<tr><td colspan="2">놀이 지도</td><td colspan="3">그림자 밟기</td></tr>
<tr><td colspan="2">학습 지도</td><td colspan="3">숙제 및 일기 쓰기</td></tr>
<tr><td colspan="2">생활 지도</td><td colspan="3">환경지킴이 되기</td></tr>
</table>

### ☆ 이야기 나누기 – 환경오염에 대해

활동영역 언어·표현

활동목표 환경오염의 심각성에 대해 알고 우리가 해야 할 일을 배운다.

준 비 물 '하나뿐인 지구' 시청각 자료, 감상노트

활동방법

〈도입〉

◔ 지구와 우리의 관계에 대해 이야기를 나눈다. 이 세계를 둘러싸고 있는 환경에는 어떤 것이 있을지 알아본다. 자연적인 것, 인위적인 것 모두 포함할 수 있다.

◔ 과거와 비교해서 오늘날의 환경은 무엇이 다른가 알아본다. 좋아진 점, 나빠진 점이 있다면 비교를 해보고 이야기를 나눈다. 특히 자연 환경의 훼손과 오염에 대해 어떤 생각을 가지고 있는지 자유롭게 이야기를 나눈다.

〈실제 1〉

환경보존의 심각성을 일깨우기 위한 여러 주제의 '영상 보기' 활동이 앞으로 전개될 것임을 이야기하고 각 주제의 영상 감상 후, 느낌과 생각을 적는 시간을 갖는다.

유 의 점

- 참고 영상은 EBS 교육 방송에서 방송된 30분 분량의 620여 회의 다큐멘터리 '하나뿐인 지구'의 방영분 중 몇 가지 주제에 대한 자료를 엄선한 것으로 더 많은 참고자료를 원하면 EBS 홈페이지에서 찾아볼 수 있다.
- 이번 주 프로그램은 '환경보존'이라는 소주제에 대한 보다 효과적이면서도 심화된 접근 방법으로 미디어 보기를 택했지만, 각 방과후 교실의 특성에 따라 다양한 교수자료(신문, 도서, 견학, 실험 등)를 활용해서 프로그램을 진행시킬 수 있다.

〈실제 2〉

- ▸ 월요일(100년 후의 지구 그리고 우리의 선택/현장보고 바다쓰레기, 아직도 청정지역인가/생명의 터전 흙/공단–잃어버린 하늘아래)
- ▸ 화요일(나무들 비탈에 서다/죽음에 이르는 환경호르몬, 다이옥신)

▸ 목요일(세계환경리포트－모잠비크의 물부족(1)(2)/댐으로 본 한반도의 물)
(소리 없는 공포, 오염의 사각지대)

① 영상을 보고 매회 감상문을 쓴다.

② 마지막 날(금요일) 한 주간의 내용을 정리하는 의미로 환경신문을 만든다.

## ☆ 환경신문 만들기

활동영역 창의성·사고력

활동목표 환경의 소중함을 되새긴다.

준 비 물 전지, 사진자료, 필기도구, 비닐

활동방법

〈도입〉

◔ 환경오염과, 보전에 관한 영상을 감상한 후, 한 주간의 내용을 마무리하는 시간을 갖는다. 아동 각자의 생각을 들어 보고 환경지킴이로서 우리가 해야 할 일들에 대해 이야기 나눈다.

◔ 한 주간 동안 환경 관련 신문 기사자료를 스크랩해서 준비해 온다.

◔ 전 시간에 이야기한 대로 우리가 보전해야 할 환경에는 어떤 것이 있는지, 지금의 상태는 어느 정도인지, 우리가 할 수 있는 일에는 무엇이 있는지, 환경지킴이로서 사람들에게 하고 싶은 말은 무엇인지 그리고 자연에게 보내는 편지글 등을 적어 다양한 내용의 환경신문을 만든다.

〈실제〉

① 전지를 2장 마련해서 두 모둠이 각자 나름대로의 개성이 담긴 환경신문을 만든다.

② 완성된 신문은 비닐을 씌워 교실 복도에 전시하여 학부모나 다른 많은 사람들이 함께 보고 이야기할 수 있게 한다.

③ 신문 맨 하단에는 추천 영상 코너를 마련해 프로그램에 활용한 영상 자료들을 소개한다.

④ 신문이 완성된 후 각자 생활 속에서 실천할 수 있는 환경보전의 예를 다시 이야기해 보고 한 가지씩 실천하도록 과제를 내 준다.

# 7월 4주 교육 프로그램

**주 제** 환경

**소주제** 재활용·폐품활용 1

**목 표** 자원 재활용을 통해 환경보전을 생활 속에 실천한다.

| 구분 | 요일 | 영 역 | 활 동 명 | 활동 내용 |
|---|---|---|---|---|
| 특별활동 | 월 | 언어·표현 | • 이야기 나누기<br>－재활용(폐품활용)에 대해<br>• 영상 시청<br>－재활용 아이디어 총집합<br>• 편지 쓰기<br>－○○에게 | • 물건을 재활용하는 의미에 대해 함께 이야기 나누고 영상을 시청한다. 자신이 사용하고 있는 물건에게 편지를 쓰면서 물건을 소중하게 다루지 못했던 점들에 대해 반성하는 기회를 갖는다. |
| | 화 | 신체·지각 | • 모래놀이<br>－우유갑 분수놀이 | • 빈 우유갑에 낚싯줄로 손잡이를 만들고 옆쪽에 구멍을 내서 분수통을 만들거나 모래 위에 그림을 그리며 논다. |
| | 수 | 견학 | • 녹색가게 방문 | • 현장학습 |
| | 목 | 미술·창작 | • 우유갑 소파 만들기 | • 1,000ml 우유갑에 신문지를 잘게 찢어서 채워 넣고 소파 크기로 나란히 테이프로 붙인 후, 천을 씌워 멋진 소파를 만든다. |
| | 금 | 창의성·사고력 | • 재생비누 만들기 | • 폐식용유에 가성소다수를 부어서 40분간 막대로 저은 후, 그릇에 담아 1주일간 굳힌다. |
| 놀이 지도 | | 눈 가리고 잡기 | | |
| 학습 지도 | | 숙제 및 일기 쓰기 | | |
| 생활 지도 | | 물건 아껴 쓰고 재활용하기 | | |

## ☆ 우유갑 분수놀이

활동영역 신체·지각

활동목표 빈 우유갑으로 재미있는 물놀이 도구를 만든다.

준 비 물 우유갑, 색 빨대(굵은 것), 낚싯줄, 송곳, 여러 색 시트지, 큰 물통

활동방법

〈도입〉

◔ 250ml, 500ml, 1,000ml 우유갑을 잘 씻어 말려 오도록 한다.

〈실제〉

① 우유갑, 색 빨대(굵은 것), 낚싯줄, 송곳, 여러 색 시트지, 큰 물통 등을 준비한다.

② 우유갑을 사각형이 되도록 세모 모양의 상단을 자른 후, 예쁘게 시트지로 장식한다.

③ 높이가 다르게 4면에 구멍을 내고 굵은 빨대를 꽂아 고정시킨다(너무 아래쪽에 구멍을 내면 물이 고이지 않아 분수 효과가 덜하다).

④ 상단에 낚싯줄로 손잡이를 만들어 단다.

⑤ 큰 물통에 물을 가득 담아 모래 영역에 놓아 둔다.

⑥ 다 만들어진 분수를 가지고 모래놀이터에 가서 물을 담아 놀이한다.

⑦ 빨대의 높이에 따라 물줄기의 세기를 비교해 보고, 모래 흙에 여러 가지 그림을 그리면서 놀이한다.

## ☆ 우유갑 소파 만들기

활동영역 미술·창작

활동목표 빈 우유갑을 사용하여 생활 용품을 만든다.

준 비 물 우유갑, 신문지, 테이프, 소파 커버

활동방법

〈도입〉

- 1,000ml 우유갑을 씻어서 원형 그대로 한 달 동안 함께 모은다(약 200개 정도).
- 신문지도 한 달 동안 모아 놓는다.

〈실제〉

① 튼튼이 신문지를 긴 길이로 잘게 찢어서 우유갑에 꼭꼭 눌러 담아 단단하게 만들어 놓는다. 신문이 덜 들어가면 앉았을 때 무게에 눌려 찌그러질 수도 있으므로 충분히 집어넣는다.

② 긴 소파를 만들기 위해 우유갑과 우유갑을 마주 붙여 테이프로 단단히 감는다.

③ 우유갑은 높이가 19.5cm, 밑면의 가로, 세로가 7cm이므로, 원하는 소파 크기를 정하고 면적에 맞는 우유갑 개수를 산출해서 테이프로 단단히 감으면 된다.

④ 다 만들어지면, 누비 천을 사다가 치수에 맞게 덮개를 만들어 씌우면 편안하고 훌륭한 휴식 공간이 된다.

# 8월 교육 프로그램

**주 제** 여름 생활과 방학

**목 표** 건강하고 활기차게 여름을 보내고 방학 생활을 즐긴다.

| 영 역 | | 재활용·폐품활용 2 | 여름놀이 1 | 여름놀이 2 | 여름방학 1 | 여름방학 2 |
|---|---|---|---|---|---|---|
| 특별활동 | 언어·표현 | • 이야기 나누기<br>– 주말 지낸 이야기<br>– 나의 다짐<br>• 생활계획표 만들기 | • 이야기 나누기<br>– 주말 지낸 이야기<br>– 유료전화에 대해<br>• 설명문 쓰기<br>– 전화기 | • 이야기 나누기<br>– 주말 지낸 이야기<br>• 글짓기<br>– 화해편지 쓰기 | • 이야기 나누기<br>– 주말 지낸 이야기<br>• 미디어 바로보기 교육 | • 이야기 나누기<br>– 주말 지낸 이야기<br>– 방학을 마무리하며<br>• 글짓기<br>– 여름방학에 있었던 일 |
| | 신체·지각 | • 팔씨름 | • 다리 벌리기 | • 균형 잡기 | • 게임<br>– 신문지 밟고 돌아오기 | • 줄넘기 시합 |
| | 과학·탐구 | | | | | • 오목 두기 |
| | 요리·견학 | • 견학<br>– 녹색 장난감 도서관 | • 견학<br>– 수영장 | | • 요리조리쿡<br>– 옥수수 삶기 | |
| | 미술·음률·창작 | • 필름으로 만들었어요 | • 수채화 그리기<br>– 수영장에 다녀와서<br>• 빨대그림 | • 노래 배우기<br>– 여름 노래 부르기<br>– 동작 만들기<br>• 동화 듣기<br>– 『무지개 물고기』<br>• 물고기 그리기 | • 씨앗 콜라주 | • 찰흙 공예<br>• 놀잇감 만들기 |
| | 창의성·사고력 | • 나는 건축가<br>– 상자로 도시 꾸미기 | | | • N.I.E. 활동<br>– TV는 내 친구 | |

| 영역 \ 소주제 | 재활용·폐품활용 2 | 여름놀이 1 | 여름놀이 2 | 여름방학 1 | 여름방학 2 |
|---|---|---|---|---|---|
| 놀이 지도 | 자유선택활동 | 책나무 가꾸기 | 소꿉놀이 | 100m 달리기 | 줄넘기 연습 |
| 학습 지도 | 숙제 및 일기 쓰기 | 숙제 및 일기 쓰기 | 숙제 및 일기 쓰기 | 숙제 및 일기 쓰기 | 숙제 및 일기 쓰기 |
| 생활 지도 | 규칙적인 생활하기 | 전화기로 장난하지 않기 | 용서하는 마음 갖기 | TV 바로 보기 | 방학과제 잘 마무리하기 |

### 참고 자료

참고 도서 ▸▸ 무지개 물고기
부모와 함께하는 미디어 바로 보기 교육(한국보육교사회 서울지부편)
월간 초등 우리교육(우리교육)
어린이 동요집 1－2(음악세계)
미술로 생각을 열자 1－20(미술나라)
철이체육교실 연간계획안

견학 장소 ▸▸ 녹색 장난감 도서관, 수영장

8월은 본격적인 여름방학이 시작되는 달이다. 방학을 잘 보내기 위한 방학 계획표는 꼭 지킬 수 있도록 짜야 하기 때문에 생각보다 쉽지 않다. 아동이 단순하고 실천 가능한 방학 계획표를 짤 수 있도록 도와주고 학교 다닐 동안에는 가 보지 못했던 곳에 가 보는 등 특별한 경험을 할 수 있도록 한다. 가정 형편이 어려운 아동들을 위한 일정을 계획한다.

**▶ 1주**

7월 활동의 마무리로 '폐품을 활용한 창작 활동'을 하고, 여름방학 계획에 따른 '자기의 다짐'을 새롭게 하는 시간을 갖는다. 현장학습 시 공공장소에서 지켜야 할 약속과 규칙들에 대해 이야기하고 바르게 행동할 수 있는 판단력을 기르도록 지도한다.

**▶ 2주**

여름철이어서 '물놀이' 기회가 많으므로 물놀이를 가기 전에 여름철 날씨의 주의 사항, 찬 음식 등 음식에서의 주의 사항, 수영장에서의 주의 사항 등을 이야기 나누고, 이러한 주의 사항들을 성인들의 도움 없이 아동들 스스로도 지킬 수 있도록 준비시킨다. 전화와 관련하여 부모님의 동의를 얻어야 하는 상황, 요금, 바른 기기 사용법 등을 알려 준다.

**▶ 3주**

누구라도 지는 것을 싫어하고 이기는 것을 좋아한다. 그리고 내가 지는 경우 나를 지게 한 사람을 미워하고 또는 용서하지 못하여 서로의 관계가 나빠지기도 한다. 아동들도 매사 이런 경험을 하게 되는데 나와 의견이 다르거나 혹은 나에게 잘못하는 친구들이 있는 경우, 나의 의견을 분명하게 말할 수 있어야 하지만 말을 할 때에는 예의를 갖춰야 하고, 다른 사람들의 기분을 고려하여야 하며, 나를 힘들게 하는 친구라 하더라도 용서할 수 있어야 함을 함께 배운다.

**▶ 4주**

방학을 마무리하면서 아동들이 방학을 계획한 대로 보내고 있는지 점검해 보는 시간을 갖는다. 특히 이번 주는 '미디어에 관한 활동'을 진행하면서 '건전하고 바른 TV·영상 시청 태도'를 기를 수 있도록 계획한다. 이번 활동을 통하여 아동들이 TV·영상 시청 시 적절한 프로그램을 고르는 법을 익힌다. 너무 긴 시간 동안 시청하지 않는 습관을 가질 수 있도록 도우며, 적절한 미디어 활용으로 경험의 폭을 풍성하게 하는 기회로 삼도록 한다.

**▶ 5주**

2학기의 시작을 준비한다. 방학 동안 어느 정도 자신의 계획을 수행했는지 점검해 본다. 잘 실행하지 못했던 점을 이야기하면서 이를 통해 작은 계획이라도 자신과 약속한 계획은 완수하도록 노력하는 자세를 익혀야 함을 배운다. 더 나아가 앞으로 무엇인가에 대하여 계획을 세우고자 한다면 어떤 점에 주의를 하여야 하는지도 생각해 보는 시간을 갖는다.

# 8월 1주 교육 프로그램

**주 제** 여름 생활과 방학

**소주제** 재활용·폐품활용 2

**목 표** 규칙적인 방학 생활을 계획하고 실천한다.

| 구분 | 요일 | 영 역 | 활 동 명 | 활동 내용 |
|---|---|---|---|---|
| 특별활동 | 월 | 언어·표현 | • 이야기 나누기<br>-주말 지낸 이야기<br>• 나의 다짐<br>-생활계획표 만들기 | • 방학 동안 하고 싶은 일을 생각해 보고, 하루 일과표를 계획하여 스케치북에 계획표를 만든다. |
| | 화 | 신체·지각 | • 팔씨름 | • 두 사람씩 팔씨름을 해서 팔씨름 왕을 뽑는다. |
| | 수 | 견학 | • 녹색 장난감 도서관 | • 현장학습 |
| | 목 | 미술·창작 | • 만화책 만들기 | • OHP필름을 연결해서 안으로 돌돌 감기는 만화책을 만든다. |
| | 금 | 창의성·사고력 | • 나는 건축가<br>-상자로 도시 꾸미기 | • 넓은 상자 위에 여러 가지 작은 상자를 이용하여 마을의 모습이나 빌딩 숲을 꾸미고 색종이로 장식해서 디오라마를 만든다. |
| 놀이 지도 | | 자유선택활동 | | |
| 학습 지도 | | 방학 숙제 및 일기 쓰기 | | |
| 생활 지도 | | 규칙적인 생활하기 | | |

## ☆ 나의 다짐

활동영역 언어·표현

활동목표 방학 생활의 하루 일과를 계획한다.

준 비 물 생활계획표, 스케치북, 사인펜, 색연필, A4용지

활동방법

〈도입〉

- 방학 중 하루 일과를 생각해 보고, 시간별로 써 보는 시간을 갖는다.
- 각자 자신의 일과표를 친구들 앞에서 이야기하고, 친구들의 의견을 들어 보는 시간을 갖는다.
- 어떤 활동에 가장 많은 시간을 할애하는지, 어떤 활동이 부족한지 친구들의 생각을 참고로 자신의 일과표를 수정해 본다.

〈실제 1〉

① 완성된 일과표를 가지고 자신의 개성이 담긴 생활계획표를 만든다.

② 스케치북에 밑그림을 그리고 시간별 생활계획표를 적어 놓는다.

③ 사인펜과 색연필을 준비하여 예쁘게 꾸미고 색칠한다.

④ 완성된 계획표를 책상에 놓아 전시한다.

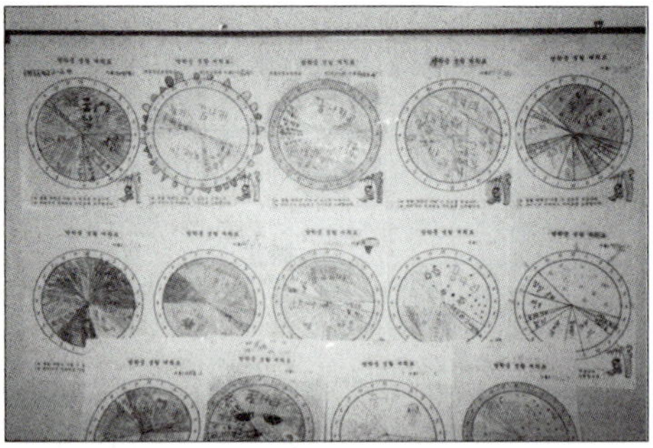

〈실제 2〉

① 방학 중 하고 싶은 일이나 이루고 싶은 일들에 대해 이야기 나눈다.

② A4 용지를 준비해 '나의 다짐'이라고 제목을 쓰고 3가지 약속을 적는다.

③ 친구들 앞에서 발표를 하고 약속도장을 찍은 후, 똑같은 내용의 서약서를 한 장 더 만들어 하나는 방과후 교실에 붙여 놓고, 하나는 집에 붙여 놓게 한다.

④ 약속을 지키고, 계획을 다 이룬 '다짐'에는 스티커를 붙여 준다.
가정의 협조를 구해, 집에서도 실행한 약속에 대해 스티커를 붙이게 한다.

## ☆ 팔씨름

활동영역 신체·지각

활동목표 심신을 단련하고 재미있는 시간을 갖는다.

준 비 물 간편한 복장

활동방법

① 아동들이 좋아하는 노래에 맞춰 간단한 체조를 한다.

② 각각 2명씩 짝을 지어 책상에 팔을 올려놓고 팔씨름 시합을 한다.

③ 마지막 두 사람이 남으면 결승전을 하고 모두 응원을 한다.

④ 두 모둠으로 만들어 모둠별 대항도 해 본다.

# 8월 2주 교육 프로그램

**주　제** 여름 생활과 방학

**소주제** 여름놀이 1

**목　표** 신나고 즐거운 방학을 보낸다.

<table>
<tr><th>구분</th><th>요일</th><th>영 역</th><th>활 동 명</th><th>활동 내용</th></tr>
<tr><td rowspan="5">특별활동</td><td>월</td><td>언어·표현</td><td>• 이야기 나누기<br>– 주말 지낸 이야기<br>– 유료전화에 대해<br>• 설명문 쓰기<br>– 전화기</td><td>• 전화기 사용 시 유의할 점과 부모님의 동의가 없이는 사용을 금해야 하는 부분을 이야기한다. 물건의 모양과 특징, 색깔, 사용 방법 등 사실적인 글쓰기도 배운다.</td></tr>
<tr><td>화</td><td>신체·지각</td><td>• 다리 벌리기</td><td>• '–'자가 되게 다리를 벌리는 연습을 하여 몸의 유연성을 기른다.</td></tr>
<tr><td>수</td><td>견학</td><td>• 수영장</td><td>• 현장학습</td></tr>
<tr><td>목</td><td>미술·창작</td><td>• 수채화 그리기<br>– 수영장에 다녀와서</td><td>• 수영장에서의 즐거웠던 시간들을 회상하면서 인상적인 장면들을 수채화로 표현한다.</td></tr>
<tr><td>금</td><td>미술·창작</td><td>• 빨대 그림</td><td>• 여러 색의 물감을 물에 풀어서 스케치북 위에 떨어뜨려 놓고 빨대로 불어서 자유롭게 그림을 그린다.</td></tr>
<tr><td colspan="2">놀이 지도</td><td colspan="3">책나무 가꾸기</td></tr>
<tr><td colspan="2">학습 지도</td><td colspan="3">방학숙제 및 일기 쓰기</td></tr>
<tr><td colspan="2">생활 지도</td><td colspan="3">전화기로 장난하지 않기</td></tr>
</table>

## ✩ 다리 벌리기

활동영역 신체·지각

활동목표 신체 활동을 통해 심신을 단련한다.

준 비 물 간편한 복장

활동방법

〈도입〉

◔ 교실 공간을 최대한 넓게 하거나 체육실을 사용한다.

◔ 여럿이 함께 체육 활동을 할 때 주의할 점에 대해 이야기 나눈다.

◔ 안전사고에 유의해야 함을 상기시킨다.

〈실제〉

① 나란히 두 줄 기차로 줄을 선다.

② 한 사람씩 다리를 벌려 '—'자가 되게 한다.

③ 다리를 벌린 상태에서 몸을 앞으로 숙여 가슴이 바닥까지 닿는지 알아본다.

④ 다리를 안으로 오무려 다시 '—'자가 되게 하고 앞발을 모아 붙인 상태에서 몸을 숙여 몸이 무릎에 닿는지 알아본다.

⑤ 다시 두 사람씩 짝을 지어 한 사람이 다리를 벌려 몸을 숙이면, 뒤에서 조심스럽게 천천히 등을 가볍게 눌러 준다.

⑥ 번갈아 가면서 몸을 숙이고 등을 눌러 주어 몸의 경직된 근육을 풀어 준다.

⑦ 한 사람씩 앞에 나와 다리 벌리기 시연을 해 보인다. 유연한 사람에게 박수를 쳐 준다.

## ☆ 빨대 그림

활동영역 미술·창작

활동목표 빨대 불기로 재미있는 그림을 그린다.

준 비 물 그림물감, 스케치북

활동방법

① 굵은 빨대를 여러 개 준비한다.

② 잘 번질 수 있게 물감에 물을 적당히 섞어서 농도를 맞춘다.

③ 물에 풀어 놓은 물감을 붓으로 찍어서 스케치북 위에 떨어뜨린다.

④ 물감이 마르기 전에 빨대로 불어서 물감이 번져 나가게 한다.

⑤ 여러 색깔의 물감을 써서 색이 번져 나가면서 만들어 내는 그림을 자연스럽게 표현한다.

# 8월 3주 교육 프로그램

**주 제** 여름 생활과 방학

**소주제** 여름놀이 2

**목 표** 건강하고 활기찬 생활로 더운 여름을 이긴다.

| 구분 | 요일 | 영 역 | 활 동 명 | 활동 내용 |
|---|---|---|---|---|
| 특별활동 | 월 | 언어·표현 | • 이야기 나누기<br>– 주말 지낸 이야기<br>• 글짓기<br>– 화해편지 쓰기 | • 방과후 생활 중에 친구들끼리 서로 불편했거나 속상했던 점들에 대해 이야기한다. 친구의 잘못에 대해 용서하는 마음으로 서로 화해편지 쓰는 시간을 갖는다. |
| | 화 | 신체·지각 | • 균형 잡기 | • 두 사람은 무릎을 꿇고 엎드리고 한 사람은 그 위에 올라가서 균형을 잡고 서서 팔 벌리기를 한다. |
| | 수 | 음률 | • 여름 노래 부르기 | • 여름을 소재로 한 노래를 다 같이 부르면서 율동도 함께 만들어 본다. |
| | 목 | 광복절 | | |
| | 금 | 미술·창작 | • 무지개 물고기 만들기 | • 『무지개 물고기』 동화를 들려 준 후 OHP 필름에 그림을 그리고 색칠해서 유리창에 붙이고 감상한다. |
| 놀이 지도 | | 소꿉놀이 | | |
| 학습 지도 | | 방학숙제 및 일기 쓰기 | | |
| 생활 지도 | | 용서하는 마음 갖기 | | |

## ☆ 균형 잡기

활동영역 신체·지각

활동목표 심신을 단련하고 기초체력을 기른다.

준 비 물 간편한 복장

활동방법

〈도입〉

◔ 교실 공간을 최대한 넓게 하거나 체육실을 사용한다.

◔ 여럿이 함께 체육 활동을 할 때 주의할 점에 대해 이야기 나눈다.

◔ 안전사고에 유의해야 함을 상기시킨다.

〈실제〉

① 세 사람씩 짝을 정한다.

② 가위 바위 보로 순서를 정한다.

③ 제일 먼저 이긴 사람이 올라가고 나머지 사람은 무릎을 꿇고 엎드린다.

④ 등 위에 올라가서 중심을 잡은 후, 양팔을 벌려 균형을 잡고 1분간 떨어지지 않고 끝까지 버티는 사람이 이긴다.

⑤ 두 번째, 세 번째 사람으로 돌아가면서 균형 잡기를 시도한다.

## ☆ 무지개 물고기 만들기

활동영역 미술·창작

활동목표 동화 읽기의 재미와 흥미를 더한다.

준 비 물 『무지개 물고기』 동화책, OHP 필름, 사인펜, 컬러펜

활동방법

〈도입〉

◔ 『무지개 물고기』 동화를 들려 준 다음, 느낌을 이야기한다.

〈실제〉

① 동화 내용 중 필요한 부분을 흑백 복사한다.

② 배경 그림판과 무지개 물고기 등이 등장하는 각 장면마다 2~3명씩 컬러펜으로 채색을 한다.

③ 교실 유리창에 붙여서 감상한다.

# 8월 4주 교육 프로그램

**주 제** 여름 생활과 방학

**소주제** 여름방학 1

**목 표** 여가선용의 의미를 알고 생활 속에 정착시킨다.

| 구분 | 요일 | 영 역 | 활 동 명 | 활동 내용 |
|---|---|---|---|---|
| 특별활동 | 월 | 언어·표현 | • 이야기 나누기<br>-주말 지낸 이야기 | • 주말 지낸 이야기를 그림으로 표현해 본다. |
| | | | • 미디어 바로 보기 교육 | • 부모와 함께 하는 미디어 바로 보기 프로그램도 진행한다. |
| | 화 | 신체·지각 | • 신문지 밟고 돌아오기 | • 교실 바닥에 늘어놓은 조각 신문지를 밟고 반환점을 돌아온다. |
| | 수 | 요리 | • 요리조리쿡 | • 옥수수 삶기 |
| | 목 | 미술·창작 | • 씨앗 콜라주 | • 옥수수, 보리, 조, 쌀, 수박씨 등 여러 가지 씨앗을 이용해서 창의적인 그림을 그린다. |
| | 금 | 미술·창작 | • N.I.E. 활동<br>-TV는 내 친구 | • 좋아하는 TV 등장인물의 캐릭터를 그리고, 자신이 좋아하는 프로그램의 홍보 포스터를 만들어 본다. |
| 놀이 지도 | | 100m 달리기 | | |
| 학습 지도 | | 방학숙제 및 일기 쓰기 | | |
| 생활 지도 | | TV 바로보기 | | |

## ☆ 신문지 밟고 돌아오기

활동영역 신체·지각

활동목표 게임을 통해 즐거운 시간을 갖는다.

준 비 물 신문지

활동방법

〈도입 1〉

◔ 교실 공간을 최대한 넓게 하거나 체육실을 사용한다.

◔ 여럿이 함께 활동을 할 때 주의할 점에 대해 이야기 나눈다.

◔ 안전사고에 유의해야 함을 상기시킨다.

〈도입 2〉

◔ 크게 두 모둠으로 나누고 2명씩 짝을 짓도록 한다.

◔ 각 모둠 이름을 정하게 한다.

〈실제〉

① 각 모둠에서 2명씩 나와 출발선에 선다.

② 모둠별로 앞에 신문지를(2번 접은 것) 2개씩 놓아 준다.

③ 한 사람은 신문지를 옮겨 주고 다른 사람은 그 신문지를 징검다리 삼아 반환점을 돌아온다.

④ 먼저 반환점을 돌아온 모둠이 이긴다.

⑤ 교사의 신호악기 소리에 맞추어 경기를 시작하고, 종료한다.

⑥ 활동이 끝난 후에는 서로 격려의 박수를 치고 악수하며 끝낸다.

유 의 점 짝이 된 두 사람의 협동이 중요함을 깨닫게 해 주고, 신문지가 찢어지지 않도록 가장자리를 테이프로 마감처리한다.

## ☆ N.I.E. 활동 - TV는 내 친구

활동영역 창의성·사고력

활동목표 올바른 TV 시청 태도를 기른다.

준 비 물 스케치북, 신문, 풀, 가위, 필기도구

활동방법

〈도입〉

◔ 신문에서 TV 프로그램이 나와 있는 면을 가지고 온다.

◔ 자기가 즐겨 보는 프로그램이 있는지 찾아보고 색연필로 표시한다.

◔ 선택한 프로그램이 왜 좋은지 어떤 점이 재미있는지 이야기한다.

◔ 혹시 불만이나 나쁜 점은 없는지도 이야기한다.

◔ 다 같이 프로그램 홍보 포스터를 만들어 보도록 제안한다.

〈실제〉

① 스케치북 중앙에 자신이 선택한 프로그램 등장인물의 캐릭터를 그린다.
(신문에 연예·오락에 관한 기사가 있다면 사진 자료를 오려 붙이도록 이야기한다).

② 첫째, 신문에 표시해 둔 프로그램 제목을 오려 붙이거나, 큰 글씨로 제목을 쓴다.

③ 둘째, 방영시간과 날짜를 적는다.

④ 셋째, 등장인물을 적는다.

⑤ 넷째, 감상포인트-'프로그램 100배 즐기기' 칸에 자신이 생각하는 재미와 좋은 점을 적는다.

⑥ 앞에 나와 발표하는 시간을 갖는다.

# 8월 5주 교육 프로그램

**주 제** 여름 생활과 방학

**소주제** 여름방학 2

**목 표** 방학을 마무리 짓고 2학기를 준비한다.

| 구분 | 요일 | 영 역 | 활 동 명 | 활동 내용 |
|---|---|---|---|---|
| 특별활동 | 월 | 언어·표현 | • 이야기 나누기<br>– 주말 지낸 이야기<br>– 방학을 마무리하며 | • 방학 동안 있었던 즐거운 기억들을 회고하고 느낌을 글로써 표현하는 시간을 갖는다. |
| | | | • 글짓기 | • 여름방학에 있었던 일 |
| | 화 | 신체·지각 | • 줄넘기 시합 | • 줄넘기를 가장 많이 넘는 사람을 줄넘기왕으로 뽑는다. |
| | 수 | 과학·탐구 | • 오목 두기 | • 자기 색깔의 바둑돌을 가지고 연속해서 다섯 개의 돌을 이어서 놓으면 이긴다. |
| | 목 | 미술·창작 | • 찰흙 공예 | • 유리병, 요구르트병 등에 찰흙을 붙여 자유롭게 꾸민 후, 예쁘게 색칠한다. |
| | 금 | 미술·창작 | • 놀잇감 만들기 | • 다 먹은 아이스크림컵에 계단접기한 종이 다리를 길게 붙여 다리가 늘어났다, 줄어들었다 하는 놀잇감을 만든다. |
| 놀이 지도 | | 줄넘기 연습 | | |
| 학습 지도 | | 방학숙제 및 일기 쓰기 | | |
| 생활 지도 | | 방학과제 잘 마무리하기 | | |

## ☆ 오목 두기

활동영역 과학·탐구

활동목표 사고력과 탐구정신을 기른다.

준 비 물 바둑판, 바둑알

활동방법

〈실제〉

① 두 사람씩 짝을 이루어 바둑판을 펴고 마주 앉는다.

② 하얀 돌과 검은 돌을 서로 선택하고, 검은 돌을 가진 사람이 먼저 선수를 둔다.

③ 가로, 세로, 대각선 등 어느 쪽이든 일렬로 같은 색 돌 다섯 개가 연속으로 놓이게 되는 쪽이 이긴다.

④ 마지막까지 승부를 겨루어 맨 마지막에 이긴 사람이 오목왕이 된다.

⑤ 바둑판과 바둑알을 여러 세트 준비해서 동시에 진행하도록 한다.

⑥ 결승 대진표를 만들어 오목왕을 뽑는다.

## ☆ 찰흙 공예

활동영역 미술·창작

활동목표 찰흙을 이용해 다양한 공예품을 만든다.

준 비 물 주스병, 페트병, 찰흙, 물감, 병뚜껑, 단추, 나무젓가락, 털실 등

활동방법

① 주스병이나 페트병 등을 씻어서 잘 말려 온다.

② 무엇을 만들 것인지 생각하고 찰흙을 붙여서 몸체를 만든다. 병뚜껑이나 단추 등을 이용해 눈을 만들거나 무늬를 꾸민다.

③ 병이나 화분에 찰흙띠를 길게 말아 올려서 몸체를 만들 수도 있다.

④ 나무젓가락에 털실을 감아서 뼈대를 만들거나 철사로 뼈대를 만든 후 찰흙을 붙여 사람을 표현할 수도 있다.

⑤ 그늘에 말린 후, 물감으로 예쁘게 색칠한다.

# 9월 교육 프로그램

**주 제** 가을

**목 표** 가을의 정취를 느끼고 활기찬 생활을 한다.

<table>
<tr><th colspan="2">소주제<br>영 역</th><th>가을의 변화</th><th>가을 1</th><th>가을 2</th><th>운동과 규칙</th></tr>
<tr><td rowspan="6">특별활동</td><td>언어·표현</td><td>• 이야기 나누기<br>–주말 지낸 이야기<br>–가을의 변화에 대해<br>• 글쓰기<br>–가을에게 편지 쓰기</td><td>• 이야기 나누기<br>–주말 지낸 이야기<br>–용의 검사<br>• 책나무 가꾸기<br>–아씨방 일곱동무</td><td>• 이야기 나누기<br>–주말 지낸 이야기<br>–추석(한가위)에 대해</td><td>• 이야기 나누기<br>–주말 지낸 이야기<br>–미니운동회에 대해<br>(모둠별 모임)</td></tr>
<tr><td>신체·지각</td><td>• 실외 나들이<br>–산책</td><td>• 얼음땡</td><td>• 2인 3각 경기</td><td>• 미니운동회 준비<br>–모둠별 연습<br>• 가을 미니운동회</td></tr>
<tr><td>과학·탐구</td><td></td><td>• 마술동전</td><td></td><td></td></tr>
<tr><td>요리·견학</td><td>• 견학<br>–기차여행</td><td></td><td>• 요리조리쿡<br>–송편 만들기</td><td>• 요리조리쿡<br>–짜장떡볶이</td></tr>
<tr><td>미술·음률·창작</td><td>• 자연물을 이용한 콜라주</td><td></td><td>• 동요 배우기<br>–나뭇잎배<br>• 가을 풍경화 그리기</td><td>• 종이 접기<br>–액자 꾸미기</td></tr>
<tr><td>창의성·사고력</td><td>• N.I.E. 활동<br>–가을이 왔어요</td><td>• 동극 꾸미기<br>–모자장수와 원숭이</td><td></td><td></td></tr>
<tr><td colspan="2">놀이 지도</td><td>산책</td><td>모래놀이</td><td>책나무 가꾸기</td><td>책나무 가꾸기</td></tr>
<tr><td colspan="2">학습 지도</td><td>숙제 및 일기 쓰기</td><td>숙제 및 일기 쓰기</td><td>숙제 및 일기 쓰기</td><td>숙제 및 일기 쓰기</td></tr>
<tr><td colspan="2">생활 지도</td><td>나무와 숲을 훼손하지 않기</td><td>용모를 단정하게 하기</td><td>민주적인 태도로 대화하기</td><td>고운말 사용하기</td></tr>
</table>

## 참고 자료

참고 도서 ▸▸ 아씨방 일곱동무(비룡소)
월간 초등 우리교육(우리교육)
어린이 동요집 1－2(음악세계)
어린이 실험백과(신서)
두뇌개발프로그램 종이접기나라(종이나라)
모자장수와 원숭이(시공주니어)
신나는 열두달 명절 이야기(우리누리)

관련 사이트 ▸▸ ICT 활용을 위한 초등학교국악동요감상실
어린이도서연구회

시청각 자료 ▸▸ 비발디 사계(CD)

견학 장소 ▸▸ 장흥유원지
은평문화예술회관

9월은 아동들이 방학에서 벗어나 새로운 2학기를 맞이하는 달이다. 다시 학교에 다니는 것을 힘들어하는 아동이 있을 수 있으므로 아동들이 즐거운 생활을 할 수 있도록 잘 살피고 도와주어야 한다.
또한 가을로 접어드는 길목에서 추석명절과 가을의 정취를 마음껏 즐기고 계절이 주는 풍성하고 여유로운 환경을 자연스럽게 접하는 달이 되도록 한다.

**▸ 1주**

가을이 되어서 변화가 일어나는 것에는 무엇이 있는지 생각해 보도록 한다. '날씨의 변화', '높은 하늘'과 '하늘의 색깔', '나뭇잎의 색깔', '가을의 과일', '열매', '바람', '아침, 저녁의 추위' 등 아동들끼리 모둠을 나누어 한 주제씩 정해서 조사한 후, 발표해 보는 시간을 갖는다.
조사과정을 통하여 가을에 대한 것을 알아본 후, '그림 그리기', '동시 쓰기', '수필 쓰기' 등 여러 가지 방법으로 아동 자신이 느낀 가을을 표현해 보도록 기회를

준다. 가을을 충분히 느껴 볼 수 있게 함으로써 자연과 편안하게 상호작용하는 가운데 자연을 사랑하는 마음을 키울 수 있도록 배려한다.

### 2주

'가을 풍경화'를 그리는 활동은 실외에 나가서 직접 자연을 느끼도록 진행한다. 개별적으로 작품을 그리는 것도 좋고 다 함께 공동 작업을 해 보는 것도 의미가 있다. 전 주부터 진행해 온 가을에 대한 주제를 마무리하는 의미에서 이야기 나누기를 통해 가을을 대표하는 소주제(예 : 가을 산 혹은 가을 들판 등)를 선정한다. 그 주제에 대해 어떤 그림을 그릴 것인가를 결정한 후, 어떤 크기(전지 1장, 2장, 3장 크기 등)로 그릴 것인가, 또 어떤 재료(예 : 물감, 단풍잎, 잡지, 기타 재활용품 등)로 그림을 그릴 것인가, 또 어디에 그릴 것인가(예 : 비닐, 전지 등)를 다 함께 결정한다. 작품이 완성되면 작품 앞에서 기념사진을 찍어 보는 시간을 갖는다.

### 3주

날씨가 좋으므로 자주 바깥놀이를 계획한다. 또 책 읽는 습관을 위해 독서카드를 준비하여 책나무를 가꿀 수 있도록 시간을 충분히 안배한다. 동극을 할 때는 내용을 함축적으로 보여 줄 수 있어야 함을 주지시킨다.

추석명절이 있으므로 주 초부터 자연스럽게 '송편 만들기' 활동에 들어간다. '추석명절의 의미'와 '추석 음식', '입는 옷', '우리나라의 전통놀이' 등을 살펴봄으로써 생생한 수업이 되도록 준비한다.

### 4주

여러 가지 놀이를 모아 일정한 날에 진행을 하면 훌륭한 '가을 운동회'가 될 수 있다. 부모들도 함께 즐길 수 있도록 하면 더욱 좋겠지만, 맞벌이 가정의 자녀들인 방과후 아동의 상황을 고려해야 한다. 운동회 준비 과정 시, 한 종목의 활동을 지루하게 연습하는 것을 피하고, 즐거운 놀이로 모든 프로그램을 진행하도록 한다.
가을 주제를 마무리하면서 여름에서 가을로 넘어오는 과정에 어떤 변화가 있었는지, 또 가을이 지나면 어떤 계절이 오는지 등에 대하여 이야기 나누며 아동들 스스로 자연스럽게 사계절에 대한 개념을 정리해 볼 수 있는 시간을 갖는다.

# 9월 1주 교육 프로그램

**주 제** 가을

**소주제** 가을의 변화

**목 표** 가을날의 맑고 청명한 날씨를 느낀다.

| 구분 | 요일 | 영 역 | 활 동 명 | 활동 내용 |
|---|---|---|---|---|
| 특별활동 | 월 | 언어·표현 | • 이야기 나누기<br>• 글쓰기<br>- 가을에게 편지 쓰기 | • 주말 지낸 이야기를 나눈 후, 계절의 변화와 가을의 느낌에 대해 이야기 나눈다.<br>• 가을을 나타내는 감, 밤, 도토리 등의 모양으로 편지지를 만들어 가을에게 편지 쓰는 시간을 갖는다. |
| | 화 | 신체·지각 | • 실외 나들이 | • 산책 |
| | 수 | 견학 | • 기차여행 | • 간단한 도시락을 마련해 근거리 유원지로 가을 기차여행을 떠난다. |
| | 목 | 미술·창작 | • 자연물을 이용한 콜라주 | • 나뭇가지, 나뭇잎 등을 수집하여 가을에 관한 그림을 구성한다. |
| | 금 | 창의성·사고력 | • N.I.E. 활동<br>- 가을이 왔어요 | • 신문, 잡지의 그림을 오려 붙여서 그림으로 표현하는 가을 편지를 써 본다. |
| 놀이 지도 | | 산책 | | |
| 학습 지도 | | 숙제 및 일기 쓰기 | | |
| 생활 지도 | | 나무와 숲을 훼손하지 않기 | | |

## ☆ 가을의 변화에 대해

활동영역 언어·표현

활동목표 계절의 변화를 몸으로 느끼고 안다.

준 비 물 리본 테이프, 보자기, 스카프, 음악(비발디 사계)

활동방법

〈도입〉

◔ 바깥에 나가 가을의 변화를 먼저 느껴 보게 한다.

◔ 옷차림, 날씨, 햇살, 식물, 색깔 등의 변화를 눈여겨보게 한다.

〈실제〉

① 가을의 느낌에 대해 이야기 나눈다.

② 질문을 던진다.

㉮ 가을의 가장 큰 변화는 무엇에서 느낄 수 있을까?(나뭇잎, 바람, 옷차림 등)

–가을의 느낌을 색깔로 나타낸다면?

–가을의 느낌을 한 단어로 나타낸다면?

–가을의 느낌을 한 문장으로 나타낸다면?

③ 각자 자리에서 가을의 느낌을 비발디의 사계 중 '가을' 악장에 맞추어 재미있는 동작으로 표현해 본다.

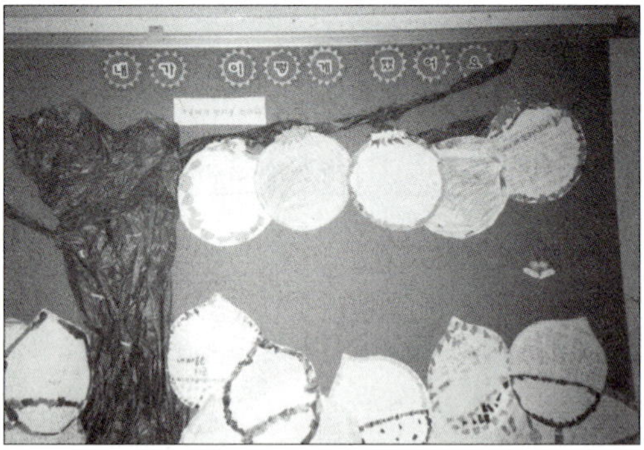

④ 활동 후, 가을에 대한 생각을 밤, 도토리, 감 모양의 바탕지를 그리고 오려서 신문지로 찢어 붙이기를 한 후, 가을에게 편지를 써 본다.

유 의 점 리본 테이프, 보자기, 스카프 등으로 율동감을 표현할 수 있도록 한다.

## ☆ 자연물 이용한 콜라주

활동영역 미술·창작

활동목표 자연에 대한 친근감을 느낀다.

준 비 물 나뭇가지, 솔방울, 나뭇잎 등

활동방법

〈도입〉

◔ 실외놀이 시 산책로에 떨어진 솔방울이나 나뭇가지, 나뭇잎들을 주워 콜라주를 만들어 보기로 한다.

〈실제〉

① 주워 온 자연물을 스케치북 가운데 종이테이프를 이용해 붙인다.

② 꾸미고 싶은 내용을 종이 접기 작품과 크레파스, 색연필, 사인펜 등을 이용해 표현한다.

유 의 점 자연물을 수집하는 과정에서 자연을 훼손하지 않도록 주의를 준다.

# 9월 2주 교육 프로그램

**주 제** 가을

**소주제** 가을 1

**목 표** 가을날의 풍요로움을 마음껏 누린다.

<table>
<tr><th>구분</th><th>요일</th><th>영 역</th><th>활 동 명</th><th>활동 내용</th></tr>
<tr><td rowspan="5">특별활동</td><td>월</td><td>언어·표현</td><td>• 이야기 나누기</td><td>• 주말 지낸 이야기<br>• 용의 검사<br>- 계절에 맞는 옷차림과 단정한 모습으로 다닐 수 있도록 지도한다.</td></tr>
<tr><td>화</td><td>신체·지각</td><td>• 얼음땡</td><td>• '얼음' 하면 멈추고 '땡' 하면 다시 움직이는 술래잡기놀이를 한다.</td></tr>
<tr><td>수</td><td>과학·탐구</td><td>• 마술동전</td><td>• 동전을 이용해서 열의 전도, 빛의 굴절, 물의 표면장력 등 3가지 과학 실험을 해 본다.</td></tr>
<tr><td>목</td><td>창의성·사고력</td><td>• 동극 꾸미기<br>- 모자장수와 원숭이</td><td>• 동화를 읽고 내용을 각색해서 필요한 소품을 준비해 연극놀이를 한다.</td></tr>
<tr><td>금</td><td>언어·표현</td><td>• 책나무 가꾸기</td><td>• 『아씨방 일곱동무』를 읽고 줄거리를 이해하는 독서퀴즈를 푼다.</td></tr>
<tr><td colspan="2">놀이 지도</td><td colspan="3">모래놀이</td></tr>
<tr><td colspan="2">학습 지도</td><td colspan="3">숙제 및 일기 쓰기</td></tr>
<tr><td colspan="2">생활 지도</td><td colspan="3">용모를 단정하게 하기</td></tr>
</table>

## ☆ 마술동전

활동영역 과학·탐구

활동목표 과학의 기초 원리를 배운다.

준 비 물 동전, 유리컵, 물, 플라스틱 접시, 불투명 사각 통, 색소, 세제

활동방법

〈도입〉

◔ 동전을 이용한 간단한 과학실험을 해 보기로 한다.

〈실제 1〉

▸ 동전이 보이나요－빛의 굴절

① 안이 들여다 보이지 않는 사각 통을 준비한다.

② 우리 눈에 동전이 보이지 않는 지점, 즉 사각 통의 가장자리에 동전을 놓는다.

③ 머리를 움직이지 말고 천천히 그릇 속에 물을 붓는다.

④ 물이 어느 정도 차오르면 동전이 보이게 된다.

이러한 현상은 물과 맞닿은 부분에서 빛이 굴절하기 때문이다.

유 의 점 빛은 우리 눈에 똑바로 들어오는 것이 아니라 약간 굴절(꺾임)을 하는데 이러한 빛의 굴절은 우리 주변에서 쉽게 살펴볼 수 있다. 그 예로 유리컵에 물을 붓고 연필을 반쯤 넣어 본다.

〈실제 2〉

▸ 따뜻한 동전을 찾아보세요－열의 전도

① 따뜻하게 만든 2개의 동전을 플라스틱 접시와 금속 접시 위에 한 개씩 놓는다.

② 각 동전의 가장자리를 잡고 따뜻한 동전을 찾아낸다.

유 의 점 플라스틱과 같은 종류는 열을 잘 받아들이지 않지만 금속은 열을 잘 받아들인다. 금속 접시의 동전은 접시에 열을 빼앗길 것이기 때문에 빠른 속도로 차가워질 것이다.

〈실제3〉

▸ 물은 왜 넘칠까–표면 장력

① 컵에 물을 붓고 보다 잘 관찰하기 위해서 식용색소를 넣는다.

② 컵에 거의 넘칠 정도로 물을 붓고 그 컵 속에 조심스럽게 몇 개의 동전을 넣어 보자.

③ 컵의 물이 넘치기 전까지 몇 개의 동전을 더 넣을 수 있을지 내기를 해 본다.

④ 동전을 넣기 전에, 물에 세제용 비누를 넣은 후 실험을 다시 해 본다.

⑤ 이미 꽉 차 있는 컵에 다시 또 무엇인가를 넣을 수 있다는 사실을 알 수 있다.

유 의 점 물의 표면 높이로 눈을 낮춰서 컵을 살펴보면 물의 표면은 작은 언덕을 형성하면서 컵의 가장자리 위로 올라와 있음을 볼 수 있다. 물 분자는 서로 끌어당기는 힘이 있어 분자끼리 모든 방향에서 서로 끌어당기고 있다. 그러나 물 표면에 있는 분자들은 바로 아래에 있는 물 분자들만을 강하게 끌어당기고 있는데, 이 힘이 물이 넘치지 않게 할 정도로 강력하다. 이것을 '표면장력'이라고 한다.

그러나 이 표면장력에는 한계가 있어 컵에서 넘칠 정도로 있는 물의 양이 표면장력에 비해 지나치게 많으면 물이 넘치게 되는 것이다.

### ☆ 동극 꾸미기

활동영역 창의성·사고력

활동목표 내용을 요약하고 신체로 표현하는 법을 안다.

준 비 물 도서, 모자

활동방법

〈도입〉

◔ 『모자장수와 원숭이』 동화를 읽어 준다.
권장할 만한 다른 도서를 선택해도 좋다. 학교에서 추천하는 학년별 권장 도서 목록을 참고한다.

〈실제〉

① 동화를 듣고, 느낀 점이나 알게 된 사실에 대해 이야기해 본다.

② 동화의 내용을 가지고 5~6개의 모둠별로 동극을 꾸며 본다.

③ 교실의 책상을 치우고 무대를 마련한 후 공연시간을 갖는다.

유 의 점 동화 『모자장수와 원숭이』는 모자장수가 잠든 사이 원숭이들이 모자를 가지고 나무 위에 올라가서 모자를 돌려주지 않고 모자장수를 놀리고 말을 흉내 내며 약을 올리자, 지혜를 써서 재치 있게 위기를 모면하는 이야기로 내용이 간결하고 동극을 꾸미기에 적당한 소재이다.

## ☆ 책나무 가꾸기

활동영역 언어·표현

활동목표 독후 활동을 통해 깊이 있는 책 읽기를 배운다.

준 비 물 도서, 필기도구

활동방법

〈도입〉

◔ 『아씨방 일곱동무』 동화를 읽어 준다.

권장할 만한 다른 도서를 선택해도 좋다. 각 학교에서 학년별로 권장하는 도서 목록을 참고해도 좋다.

〈실제〉

① 『아씨방 일곱동무』는 古수필 『규중칠우 쟁론기』를 아동에게 적합하게 다시 쓴 글이다. 바느질하는 빨강 두건 아씨와 자, 가위, 바늘, 실, 골무, 인두, 다리미가 서로 자신이 잘났다고 다툼을 벌이지만 결국엔 서로에게 모두가 소중하다는 것을 알게 되는 이야기다.

② 책을 읽고 난 후 느낌과 생각을 함께 이야기한다.

③ 독후 활동으로 퀴즈자료를 만들어 내용을 정리하는 시간을 갖는다.

㉮ • 이 책은 고전이어서 못 들어 본 단어가 많이 있어요. 다음 단어의 뜻을 사전에서 찾아 써 보세요.

– 손부리/ 반짇고리/ 낭자/ 소저/ 요조숙녀 등

• 본문 중 아씨와 일곱동무는 서로의 소중함을 깨닫고 신이 나서 열심히 일하게 되었죠. ( ) 안에 누구인지 써 보세요.

– 에헤라 좋다 얼씨구나 좋아라 일곱동무 다 모였네

( )눈치코치 재어낸 옷감일랑

( )싹둑싹둑 모양 좋게 베어내리

( )날랜 솜씨 직녀 언니도 샘낼라

(　　)아름다이 한 솔 두 솔 꿰어지면

(　　)뾰족발은 걸음걸음 맵시 만들고

(　　)한 미끄럼에 구김살이 간 곳 없네

그 중에 내 손 부리 지켜 아픈 일 막아 주는

(　　)고맙구나 벗님네들 귀할씨고

에헤라 좋다 얼씨구나 좋아라 일곱동무 다 모였네

# 9월 3주 교육 프로그램

**주 제** 가을

**소주제** 가을 2

**목 표** 가을날의 풍요로움을 마음껏 누린다.

<table>
<tr><th>구분</th><th>요일</th><th>영 역</th><th>활 동 명</th><th>활동 내용</th></tr>
<tr><td rowspan="7">특별활동</td><td rowspan="2">월</td><td>언어·표현</td><td>• 이야기 나누기</td><td>• 주말 지낸 이야기</td></tr>
<tr><td>음률</td><td>• 동요 배우기</td><td>• 색종이로 종이배를 접어 보고 '나뭇잎배' 가사를 음미하며 키보드 반주에 맞추어 노래를 부른다.</td></tr>
<tr><td>화</td><td>신체·지각</td><td>• 2인 3각 경기</td><td>• 두 사람이 한 발씩 묶고 달려 와서 반환점을 돌아와 뒤에 친구들에게 차례를 넘겨 준다.</td></tr>
<tr><td rowspan="2">수</td><td>미술·창작</td><td>• 가을 풍경화</td><td>• 바깥에 나가 가을 정취를 느껴 보고 풍경을 스케치한다.</td></tr>
<tr><td>언어·표현</td><td>• 이야기 나누기</td><td>• 추석 명절의 유래와 놀이, 음식 등에 대해 알아본다.</td></tr>
<tr><td>목</td><td>요리</td><td>• 요리조리쿡<br>−송편 만들기</td><td>• 쌀가루를 익반죽해서 동그랗게 새알심을 만들고, 밤, 콩, 설탕 깨 등을 넣어 송편을 만들어서 먹는다.</td></tr>
<tr><td>금</td><td colspan="3">추석 연휴</td></tr>
<tr><td colspan="2">놀이 지도</td><td colspan="3">책나무 가꾸기</td></tr>
<tr><td colspan="2">학습 지도</td><td colspan="3">숙제 및 일기 쓰기</td></tr>
<tr><td colspan="2">생활 지도</td><td colspan="3">민주적인 태도로 대화하기</td></tr>
</table>

## ☆ 2인 3각 경기

활동영역 신체·지각

활동목표 신체를 단련하고 협동의 의미를 배운다.

준 비 물 부드러운 끈 여러 개, 바톤

활동방법

〈도입〉

◔ 체육실 또는 운동장을 사용한다.

◔ 게임의 규칙을 정하고 각 모둠별로 정직하고 공정하게 할 수 있도록 돕는다.

◔ 안전사고에 유의한다.

〈실제〉

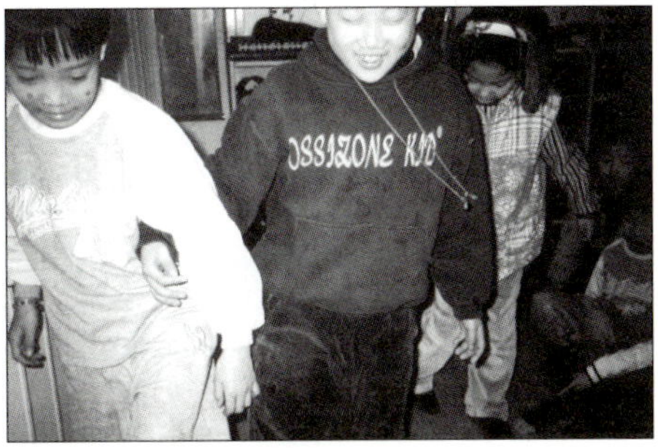


① 2개의 모둠으로 나누어 둘씩 짝을 정해 모둠 내에서 순서를 정한다.

② 부드러운 끈을 4개 준비해서, 각 모둠에 2개씩 나누어 준다.

③ 적당한 거리에 반환점을 만들고 두 사람이 발을 하나씩 묶어(발목 부분) 출발 신호와 동시에 호흡을 맞추어 걸어가서 반환점을 돌아온 후, 대기하고 있는 다음 순서에 바톤을 넘겨 준다.

④ 두 번째 대기조가 나가면 세 번째 대기조는 첫번째 조로부터 끈을 받아 한 발씩 잘 묶고 준비한다.

⑤ 모든 사람이 다 경기를 끝마치고 먼저 들어오는 모둠이 이긴다.

유 의 점 호흡이 잘 맞지 않으면 넘어져서 다치기 쉬우니 주의하도록 당부한다.

## ☆ 가을 풍경화

활동영역 미술·창작

활동목표 자연의 변화를 보며, 가을정취를 느낀다.

준 비 물 스케치북, 물감, 크레파스

활동방법

〈실제〉

① 바깥에 나가 자연의 모습을 관찰한다.

② 나무와 바람, 먼 산의 변화와 색깔에 대해 함께 이야기한다.

③ 크레파스로 밑그림을 그리고, 물감으로 바탕색을 칠해 가을 풍경화를 그린다.

# 9월 4주 교육 프로그램

**주 제** 가을

**소주제** 운동과 규칙

**목 표** 건강한 몸과 마음을 키우고 함께하는 협동의 의미를 배운다.

<table>
<tr><th>구분</th><th>요일</th><th>영 역</th><th>활 동 명</th><th>활동 내용</th></tr>
<tr><td rowspan="7">특별활동</td><td rowspan="2">월</td><td rowspan="2">언어·표현</td><td>• 이야기 나누기</td><td>• 추석 연휴에 있었던 일들을 이야기한다.</td></tr>
<tr><td>• 미니운동회 모둠별 모임</td><td>• 미니운동회 준비를 위한 사전모임에서 모둠 이름, 모둠 구호, 응원가 등을 함께 정한다.</td></tr>
<tr><td>화</td><td>신체·지각</td><td>• 미니운동회 모둠별 연습</td><td>• 각 종목별 경기 방식을 익히고 선수를 정하고 순서를 정하는 구체적인 예행연습을 한다.</td></tr>
<tr><td>수</td><td>요리</td><td>• 요리조리쿡<br>-짜장떡볶이</td><td>• 떡볶이 떡에 양파, 오뎅, 당근, 각종 양념 등을 넣고 짜장소스로 간을 하고 떡볶이를 만들어서 오후 간식시간에 먹는다.</td></tr>
<tr><td>목</td><td>미술·창작</td><td>• 종이 접기</td><td>• 색종이 접기로 그림을 꾸며서 모둠끼리 공동 작품을 만든다.</td></tr>
<tr><td>금</td><td>신체·지각</td><td>• 가을 미니운동회</td><td>• 공 굴리기, 사탕 먹기, 2인 3각, 밧줄 통과하기, 모둠별 릴레이 등 미니운동회를 통해 생동감 있고 즐거운 시간을 갖는다.</td></tr>
<tr><td colspan="2">놀이 지도</td><td colspan="2">책나무 가꾸기</td></tr>
<tr><td colspan="2">학습 지도</td><td colspan="3">숙제 및 일기 쓰기</td></tr>
<tr><td colspan="2">생활 지도</td><td colspan="3">고운 말 사용하기</td></tr>
</table>

## ☆ 종이 접기

활동영역 미술·창작

활동목표 여러 종류의 종이 접기 방법을 익힌다.

준 비 물 색종이, 골판지, 금색·은색 래커, 오공본드

활동방법

〈도입〉

◔ 그동안 배운 종이 접기 작품을 활용해 멋진 액자를 만들어 보자고 한다.

〈실제〉

① 원하는 그림을 구상하거나 색종이 접기 책자를 참고하여, 여러 가지 사물 모양을 접어, 스케치북이나 색상지에 구성한다.

② 바탕색이나 입체적인 표현이 필요한 곳은 물감과 그림도구를 이용해 채색한다.

③ 5~6명이 한 모둠을 이루어서 공동작품을 만든다.

④ 바탕 부분에 금색·은색 래커 등을 뿌려 바탕지를 꾸민다.

## ☆ 가을 미니운동회

활동영역 신체·지각

활동목표 기초체력을 기르고 협동의 의미를 배운다.

준 비 물 각 모둠 깃발, 사탕, 분유, 쟁반, 대형 공, 줄다리기 줄, 바톤, 비상약, 음료수

활동방법

〈도입〉

◔ 전 시간에 3개의 모둠으로 나누고 미니운동회의 내용을 함께 의논한다.

◔ 모둠별 모임에서 모둠 이름과 응원가를 함께 만들고 연습한다.

◔ 모둠별 응원 깃발을 함께 만든다(일정 규격의 천과 깃대를 준비해 준다).

◔ 응원 도구를 함께 만들거나 준비한다(의상 준비 및 장갑, 응원 수술 등 소도구 준비).

〈실제〉

① 미니운동회의 운동 종목을 함께 결정한다. 2인 3각 경기, 사탕 먹기, 줄다리기, 공 굴려 돌아오기, 모둠별 릴레이, 밧줄 통과하기 등을 활용할 수 있다.

② 2인 3각 – 두 사람씩 한 발을 묶고 반환점을 돌아오는 경기이다.

사탕 먹기 – 넓은 쟁반에 사탕을 놓고 분유를 뿌려 숨긴다. 모둠별로 한 줄로 서서 신호에 맞추어 달려간 후 뒷짐을 진 채 손 안 대고 사탕을 먹고, 먼저 돌아온 모둠이 선점을 얻는다.

공 굴려 돌아오기 – 대형 공을 3개 준비해, 모둠 원이 모두 나와 함께 공을 굴려 반환점을 돌아오는 경기이다.

밧줄 통과하기 – 일렬로 서서 발 밑으로 지나가는 밧줄을 밟지 않고 위로 뛰어 올라 빨리 통과시키는 모둠이 이기는 경기이다.

유 의 점 푸짐한 상품을 마련해 응원상, 질서상, 종목별 우수상 등의 항목으로 시상식을 갖는다.

# 10월 교육 프로그램

**주 제** 우리나라와 세계

**목 표** 세계 각국의 다양한 문화와 우리의 것을 새롭게 알고, 보고, 재조명하는 시간을 갖는다.

| 영역 \ 소주제 | | 우리나라와 세계 여러 나라의 문화(음식) | 비교체험 1 -우리의 탈 | 비교체험 2 -다른 나라의 탈 | 우리의 전통놀이 | 우리의 전통음률 |
|---|---|---|---|---|---|---|
| 특별활동 | 언어·표현 | • 이야기 나누기<br>- 주말 지낸 이야기<br>- 우리나라를 대표할 음식<br>• 글짓기<br>- 요리 | • 이야기 나누기<br>- 주말 지낸 이야기<br>• 영상 시청<br>- 안동탈춤 | • 이야기 나누기<br>- 주말 지낸 이야기 | • 이야기 나누기<br>- 주말 지낸 이야기<br>- 전통놀이에 대해 | • 이야기 나누기<br>- 주말 지낸 이야기<br>- 전통음률에 대해 |
| | 신체·지각 | • 여러 가지 맛<br>• 지도에서 우리나라 찾기 | • 탈춤 추기<br>• 지도에서 안동 찾기 | • 실외 나들이<br>- 산책<br>• 지도에서 아프리카 찾기 | • 전통놀이하기<br>- 공기놀이, 제기차기, 자치기, 닭싸움 | • 어디까지 왔니! |
| | 과학·탐구 | • 인터넷 탐험<br>- 세계의 음식 기행<br>- 우리나라의 음식기행 | • 호기심 기록장<br>- 전통탈을 찾아서 | • 호기심 기록장<br>- 세계의 탈을 찾아서 | • 호기심 기록장<br>- 전통놀이 조사하기 | • 전통악기 소리 듣고 비교하기 |
| | 요리·견학 | • 실전 요리대회 | • 견학<br>- 국립민속박물관 (한국의 탈) | • 견학<br>- 중남미문화원 | • 요리조리쿡<br>- 경단 만들기 | |
| | 미술·음률·창작 | • 만들기<br>- 요리 차림표 | • 한지공예<br>- 전통탈 만들기 | • 지점토 공예<br>- 각국의 탈 만들기 | | • 전래동요 감상<br>• 장구 만들기<br>• 장단 배우기 |

| 소주제 / 영 역 | 우리나라와 세계 여러 나라의 문화(음식) | 비교체험 1 -우리의 탈 | 비교체험 2 -다른 나라의 탈 | 우리의 전통놀이 | 우리의 전통음률 |
|---|---|---|---|---|---|
| 창의성·사고력 | | | • 탈 작품 전시<br>-우리탈과 세계의 탈 | | |
| 놀이 지도 | 자유선택활동 | 산책 | 바깥놀이 | 공기놀이 | 땅따먹기 |
| 학습 지도 | 숙제 및 일기 쓰기 | 숙제 및 일기 쓰기 | 숙제 및 일기 쓰기 | 숙제 및 일기 쓰기 | 숙제 및 일기 쓰기 |
| 생활 지도 | 책 소중히 다루기 | 책 많이 읽기 | 과제 준비 잘하기 | 협동하는 마음 갖기 | 순서 지키기 |

## 참고 자료

참고 도서 ▸▸ 우리나라 민속놀이(동문선)
아이들 민속놀이 백 가지(우리교육)
공동체놀이(동녘)
철이체육교실(연간계획안)
으뜸과 버금(서울YMCA건전비디오연구모임 소책자)
방과후 아동지도 프로그램 1~7(여성개발원)
장고의 기본(사단법인 사물놀이 한울림 연구교육부 자료)

관련 사이트 ▸▸ 국립민속박물관
중남미문화원
한울림

견학 장소 ▸▸ 국립민속박물관
중남미문화원

10월은 우리나라와 세계에 대한 주제를 전개하면서 우리나라와 세계에 대한 비교를 통하여 민족의식을 높인다. 사람들이 사는 모습은 우리나라의 형식만이 있는 것이 아니고 다른 나라들은 다른 생활 방식과 문화 속에서 살아가고 있다는 것을 알 수 있도록 한다. 여러 방식들을 살펴봄으로써 우리만의 고유한 가치를 알고 자부심을 가질 수 있도록 한다. 한편으로는 다른 나라의 사람들이 비록 우리와 다르게 살더라도 그들 역시 우리와 똑같이 소중하고 그들 나름대로의 가치를 지니고 있다는 것을 배우는 시간이 될 수 있게 한다.

**▶ 1주**

지구본이나 세계지도를 준비해 주고 탐색하도록 함으로써 세계 속에서 우리나라의 위치를 찾아보고, 또 세계 속에는 어떤 나라들이 있는지 살펴본다.
수업의 실제에 있어 우리나라 음식의 특징을 색깔, 맛, 모양, 주로 사용하는 재료 등을 중심으로 살펴본다. 아동들과 함께 시장에 나가 음식 재료들을 살펴보면 더욱 효과적이다.

**▶ 2주**

우리나라와 다른 나라를 비교할 수 있는 첫 번째 활동으로 '한국의 탈'을 선택했다. 다른 나라와 다른 점이 무엇인지 살펴본다. 모둠을 나누어서 우리나라의 전통적인 문화에 대하여 탐색하도록 한다. '옛날 사람들의 모습', '의복', '음식', '생활습관', '우리나라 사람들이 주로 하던 놀이', '우리나라의 날씨' 등에서 우리나라가 다른 나라와 어떻게 다른지를 알아본다.
'국립민속박물관 견학' 시에도 이곳에서 무엇을 볼 것인가를 미리 이야기 나누고 특히 탈을 볼 때 어떤 점에 주의를 기울여야 하는지 이야기한다. 영상을 통하여 탈춤을 본 후에는 자신들이 만든 탈을 쓰고 다 함께 탈춤을 추는 시간도 마련한다.

**▶ 3주**

다른 나라에 대한 경험을 쌓기 위하여 '아프리카의 탈'을 살펴보고, '중남미문화원 견학'을 계획한다. 아프리카는 우리나라와는 많이 다른 나라다. 사람들의 모습이 다르고, 날씨가 더워 원주민들은 옷을 거의 입지 않고 사는 곳도 있다. 넓은 사막이 있고 동물들이 많다. 이런 사항들을 아동들이 직접 관련 자료를 살펴보도록 한다. 지구본이나 세계지도에서 아프리카를 찾아보고 아프리카에 가려면 어떻게 가야 하는지, 시간은 얼마나 걸리는지, 무엇을 조심하여야 하는지 알아보는 작업을 병행한다. 아프리카 조사가 끝나고, 아프리카에 대한 영상을 구할 수 있으면 장단에 맞추어 아프리카 원주민의 춤을 추면서 재미있는 시간을 갖는다.

중남미문화원은 중남미 지역의 특이한 물품들로 유명한 곳이다. 중남미 지역이 어디인지, 가서 무엇을 중심으로 보아야 하는지 이야기 나누고, 아프리카와 중남미 지역에 대한 이야기 나누기가 끝나면 다시 한 번 우리나라와 다른 나라가 어떻게 다른지 정리해 보는 시간을 갖는다.

### 4주

우리나라가 다른 나라와 대표적으로 다른 것으로 놀이와 음악 등을 들 수 있다.

우리나라의 전통 놀이에는 무엇이 있는지 살펴본다. '윷놀이', '자치기', '그네타기' 외에 예전에는 '공기놀이', '딱지치기', '고무줄놀이' 등을 하였다고 설명해 주고, 이 중 하나를 골라서 해 보도록 한다.

### 5주

우리나라의 독특한 '음악'에 대해 관심을 갖도록 수업을 진행한다. 가야금, 거문고, 아쟁 등의 악기에 관한 자료들을 모아 소개할 수 있겠고, 나아가 이러한 악기들의 연주 소리를 준비하여 들려 줄 수도 있다. 우리에게 익숙한 서양음악과 동양음악의 차이를 알려 주고 비교해 보도록 하며 각각의 음악이 어떤 느낌을 주는지 비교해 볼 수 있다. 특히 힙합과 같은 서양음악과 우리의 전통음악을 비교해 보면 뚜렷한 차이가 있음을 알 수 있다.

활동의 실제에 있어서 장구 만들기와 장단 배우기가 있는데 실제 장구를 만들어 보고 장단을 두드려 보면서 전통 리듬과 악기 소리에 익숙해지도록 수업을 계획한다.

# 10월 1주 교육 프로그램

**주 제** 우리나라와 세계

**소주제** 우리나라와 세계 여러 나라의 문화(음식)

**목 표** 세계의 다양한 먹거리 문화를 체험한다.

| 구분 | 요일 | 영 역 | 활 동 명 | 활동 내용 |
|---|---|---|---|---|
| 특별활동 | 월 | 언어·표현 | • 이야기 나누기<br>–주말 지낸 이야기<br>–우리나라를 대표할 음식 | • 우리나라를 상징하는 것에는 무엇이 있는지 알아본다.<br>• 외국인 친구들에게 추천할 만하다고 생각되는 우리 고유의 음식에 대해 이야기한다.<br>• 좋아하는 음식 제목으로 동시를 지어 본다. |
| | | | • 글짓기 | • 불고기, 잡채, 김치, 떡 등 우리나라 음식을 소재로 글짓기를 해 본다. |
| | 화 | 신체·지각 | • 여러 가지 맛 | • 고추장, 간장, 레몬즙 등 여러 재료를 맛보고 느낌을 그림으로 표현한다. |
| | 수 | 과학·탐구 | • 인터넷 탐험 | • 세계의 음식과 우리나라의 전통음식에 대해 알아보는 시간을 갖는다. |
| | | 미술·창작 | • 요리 차림표 | • 만들어서 먹어 보고 싶은 음식의 조리법을 알아본다. |
| | 목 | 개 천 절 | | |
| | 금 | 요리 | • 실전 요리대회 | • 모둠별로 여러 가지 음식을 만들어서 맛보는 기회를 갖는다. |
| 놀이 지도 | | 자유선택활동 | | |
| 학습 지도 | | 숙제 및 일기 쓰기 | | |
| 생활 지도 | | 책 소중히 다루기 | | |

## ☆ 글짓기

활동영역 언어·표현

활동목표 요리의 특징과 맛을 자신의 생각으로 표현한다.

준 비 물 필기도구

활동방법

〈도입〉

◔ 자신이 좋아하는 음식은 어느 것인지 서로 이야기한다.

◔ 외국 친구에게 소개하고 싶은 우리나라의 음식에는 무엇이 있는지 이야기해 보고, 자신이 좋아하는 요리를 글로써 표현해 보는 시간을 갖도록 한다.

〈실제〉

① 소개할 음식을 한 가지 정하고 음식 제목을 자유롭게 쓴다.

② 글쓰기를 한 후, 내용에 맞는 그림을 그려서 재미있게 표현하도록 한다.

③ 친구들 앞에서 자신의 글을 발표하고 격려하는 시간을 갖는다.

④ 아동들의 작품을 게시판이나 환경판에 붙여 전시하고 감상하도록 한다.

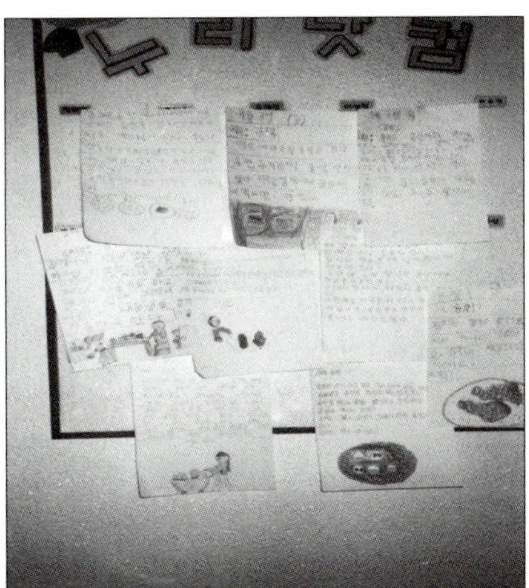

### ☆ 여러 가지 맛

활동영역 신체·지각

활동목표 쓴맛, 단맛, 짠맛, 신맛, 매운 맛 등 다양한 맛의 느낌을 표현한다.

준 비 물 고추장, 된장, 식초, 소금, 설탕, 레몬즙, 후추가루, 유리막대, 접시, 스케치북

활동방법

〈도입〉

◔ 각 접시에 여러 가지 재료를 준비해 놓는다.
(된장, 고추장, 식초, 소금, 설탕, 레몬즙 등)

〈실제〉

① 책상 위에 스케치북을 펼쳐 놓고 4칸으로 나눈다. 칸이 더 필요하면 뒷장으로 넘겨 사용한다.

② 한 사람씩 나와서 접시에 담긴 것을 맛본 후 맛의 느낌을 그림으로 나타낸다.

③ 차례대로 모두 표현해 본다.

### ☆ 실전 요리대회

활동영역 요리

활동목표 세계 여러 나라의 음식문화를 안다.

준 비 물 요리재료, 앞치마, 각 접시, 주방도구, 요리차림표

활동방법

〈실제〉

① 각 모둠마다 요리차림표를 준비해 놓고 역할을 나누어 요리를 만든다. 요리 종류가 겹치지 않고 다양하게 구성될 수 있도록 하고, 같은 요리라도 재료를 다르게 사용해서 다른 느낌과 맛을 연출할 수 있도록 한다.

② 각 모둠에서 한 명씩 모둠 장을 뽑아 요리 평가단을 구성한다.

③ 각 모둠에서 만든 요리를 놓고 평가하는 시간을 갖는다.

④ 제일 잘 만든 팀(맛, 모양, 전체적인 모둠의 분위기, 협동심 등)에 '요리왕' 상을 준다.

⑤ 음식을 맛있게 나누어 먹는 시간을 갖는다.

유 의 점 각 나라의 음식에 맞는 의상을 갖추면 더 실감나는 시간을 마련할 수 있다.

# 10월 2주 교육 프로그램

**주 제** 우리나라와 세계

**소주제** 비교체험 1－우리의 탈

**목 표** 우리탈의 다양한 표정과 그 속에 담긴 해학의 의미를 안다.

| 구분 | 요일 | 영 역 | 활 동 명 | 활동 내용 |
|---|---|---|---|---|
| 특별활동 | 월 | 언어·표현 | • 이야기 나누기<br>－주말 지낸 이야기<br>－'탈'에 대해 | • 탈의 의미와 다양한 모습을 알 수 있도록 영상을 통해 감상의 기회를 갖는다. |
| | | | • 영상 시청<br>－안동탈춤 | |
| | 화 | 미술·창작 | • 한지공예(탈 만들기) | • 한지를 이용해서 풍선을 꾸미고 말린 후, 투명래커를 뿌려 전통탈을 만들어 본다. |
| | 수 | 과학·탐구 | • 호기심 기록장<br>－전통탈을 찾아서 | • 인터넷을 통해 전통탈의 종류와 모습을 찾아 호기심 기록장에 4B연필로 간단히 스케치하고 특징과 이름을 기록한다. |
| | 목 | 견학 | • 국립민속박물관<br>(한국의 탈) | • 현장학습 |
| | 금 | 신체·지각 | • 탈춤 추기 | • 탈춤의 기본을 배우고 장구장단에 맞추어 흥겹게 탈춤을 추어 본다. |
| 놀이 지도 | | 바깥놀이(산책) | | |
| 학습 지도 | | 숙제 및 일기 쓰기 | | |
| 생활 지도 | | 책 많이 읽기 | | |

## ☆ 탈 만들기

활동영역 미술·창작

활동목표 한지의 느낌을 살려 전통탈을 만든다.

준 비 물 색한지, 도배풀, 풍선, 투명 래커

활동방법

〈실제〉

① 풍선을 적당한 크기로 불어서 하나씩 갖는다. 풍선은 안전을 위해 직접 입으로 불지 않도록 주의하고 공기주입기를 사용한다.

② 한지를 일정한 크기로(길이 7~10cm, 넓이 2~3cm) 잘라 놓는다.

③ 하얀색 한지에 물을 묻혀 풍선의 반쪽에 붙인다(눈과 입 부분을 뺀다).

④ 풍선이 보이지 않도록 2~3겹으로 흰색 한지를 물로 붙인 후, 원하는 색깔의 한지를 도배풀을 발라 탈 모양이 되도록 꾸미면서 붙인다.

⑤ 2~3일 말린 후, 바늘로 풍선을 터뜨리고 투명 래커를 뿌린다.

유 의 점 풍선과 맞닿는 면은 나중에 잘 떨어지도록 풀을 사용하지 않고 물로 한지를 붙여야 한다.

# 10월 3주 교육 프로그램

**주 제** 우리나라와 세계

**소주제** 비교체험 2－다른 나라의 탈

**목 표** 다른 나라의 탈에 대해 살펴보고 다양한 경험의 기회를 갖는다.

| 구분 | 요일 | 영 역 | 활 동 명 | 활동 내용 |
|---|---|---|---|---|
| 특별활동 | 월 | 언어·표현 | • 이야기 나누기 | • 주말 지낸 이야기 |
| | | 과학·탐구 | • 호기심 기록장 | • 세계 각국의 탈, 가면을 인터넷으로 찾아 호기심 기록장에 간단히 스케치하고 특징과 이름을 기록한다. |
| | 화 | 신체·지각 | • 실외 나들이 | • 문화예술회관 산책 |
| | 수 | 견학 | • 중남미문화원 | • 현장학습 |
| | 목 | 미술·창작 | • 지점토 공예 | • 지점토로 각국의 탈을 만들어서 물감으로 채색한 후, 래커를 칠하고 말린다. |
| | 금 | 창의성·사고력 | • 탈 작품 전시 | • 아동들이 직접 만든 전통탈(한지)과 여러 나라의 탈(지점토), 가면을 전시하고 감상하는 시간을 갖는다. |
| 놀이 지도 | | 바깥놀이 | | |
| 학습 지도 | | 숙제 및 일기 쓰기 | | |
| 생활 지도 | | 과제 준비 잘하기 | | |

## ☆ 중남미문화원

활동영역 견학

활동목표 중남미 문화의 다양한 볼거리를 감상한다.

준 비 물 간단한 간식, 음료수, 수첩

활동방법

〈도입〉

◔ 가정통신문에 견학 일정과 교통편, 간단한 준비물을 한 주 전에 안내하고, 전 시간에 견학 안내문을 미리 발송해 아동들에게 기대감을 갖게 한다.

◔ 견학 안내문에는 견학 갈 곳에 대한 대략적인 소개와 활동 내용, 주의사항 등을 실어 사전지식을 갖게 한다.

〈실제〉

① 박물관에 도착한 후 입장하기 전에 공공장소에서의 예절에 대해 간단히 이야기를 나눈다.

② 백여 점의 가면과 탈 전시실을 자세히 둘러본다.

③ 둘러보면서 인상 깊었던 내용을 수첩에 적어 온다.

④ 우리가 만들었던 탈과 어떤 점이 다른지 토의한다.

유 의 점 견학 전에 지구본에서 아프리카의 위치를 찾아보고 우리나라와의 거리, 사람들의 생활 등을 상상해 보는 사전 활동을 한다.

## ☆ 지점토 공예

활동영역 미술

활동목표 다양한 모습의 탈과 가면을 만들어 본다.

준 비 물 지점토, 물감, 투명 래커

활동방법

〈도입〉

◔ 전 시간에 견학 다녀 온 중남미문화원의 소감과 느낌을 함께 이야기 나누는 시간을 갖는다.

〈실제〉

① 지점토를 이용해 기억에 남는 인상적인 탈 모양을 만들어 본다(크기는 A4용지 절반 크기로 만든다).

② 수채 물감을 이용해 예쁘게 채색한다.

③ 다 마른 후, 투명 래커로 칠해 마무리한다.

# 10월 4주 교육 프로그램

**주 제** 우리나라와 세계

**소주제** 우리의 전통놀이

**목 표** 재미있는 전통놀이를 알고 즐긴다.

| 구분 | 요일 | 영 역 | 활 동 명 | 활동 내용 |
|---|---|---|---|---|
| 특별활동 | 월 | 언어·표현 | • 이야기 나누기 | • 주말 지낸 이야기<br>• 전통놀이의 방법과 종류에 대해 이야기해 본다. |
| | | 과학·탐구 | • 호기심 기록장 | • 구체적인 전통놀이의 종류와 방법을 조사해 보고, 목록표를 만들어서 함께해 볼 활동을 정한다. |
| | 화 | 신체·지각 | • 전통놀이 1 | • 공기놀이 |
| | 수 | 신체·지각 | • 전통놀이 2 | • 제기차기<br>• 자치기 |
| | 목 | 요리 | • 요리조리쿡 | • 경단 만들기 |
| | 금 | 신체·지각 | • 전통놀이 3 | • 닭싸움 |
| 놀이 지도 | | 공기놀이 | | |
| 학습 지도 | | 숙제 및 일기 쓰기 | | |
| 생활 지도 | | 협동하는 마음 갖기 | | |

## ☆ 공기놀이

활동영역 신체·지각

활동목표 전통놀이인 공기를 배운다.

준 비 물 공기돌

활동방법

〈도입〉

◔ 교실 공간을 최대한 넓게 하거나 체육실을 사용한다.

◔ 게임의 규칙을 함께 정하여 공정한 경기를 할 수 있도록 돕는다.

〈실제〉

① 10개의 모둠으로 나누어 토너먼트 방식(이긴 팀끼리 마지막까지 겨루어 승부를 가리는 형식)으로 경기를 한다.

② 경기 대진표를 만들어 한쪽 면에 붙여 놓는다.

③ 모둠 내에서 가장 먼저 20점을 얻는 선수가 다음 경기에 출전한다.

④ 마지막 결승전에서 나머지 사람들은 응원전을 할 수 있도록 격려한다.

⑤ 우승자에게는 우승 상장과 상품을 마련해 경기에 재미를 더한다.
질서 있게 응원을 잘한 모둠에는 응원상을 준다.

### ☆ 자치기

활동영역 신체·지각

활동목표 전통놀이인 자치기를 배운다.

준 비 물 긴 막대(자 막대기), 작은 막대

활동방법

〈실제〉

① 막대기를 쳐서 그 길이를 자 막대기로 재는 놀이로, 학교 운동장에 공간을 확보한다.

② 운동장 한편에 두서너 자 되게 동그라미를 그린다.

③ 그 안에 4~5cm가량 길고 얕게 구멍을 파고 이 위에 8~10cm가량 되는 작은 막대기를 놓는다.

④ 치는 사람이 30~40cm 넘는 큰 자 막대기를 구멍에 꽂았다가 힘껏 앞쪽으로 당겨 작은 막대기를 멀리 던진다. 즉, 큰 자 막대기로 작은 자 막대기를 떠서 날린다.

⑤ 작은 막대기가 떨어진 곳을 동그라미에서부터 자 막대기로 재어 먼저 100cm가 되면 이긴다.

# 10월 5주 교육 프로그램

**주 제** 우리나라와 세계

**소주제** 우리의 전통음률

**목 표** 신나고 흥겨운 우리 전통음률과 가락을 배우고 즐긴다.

| 구분 | 요일 | 영 역 | 활 동 명 | 활동 내용 |
|---|---|---|---|---|
| 특별활동 | 월 | 언어·표현 | • 이야기 나누기 | • 주말 지낸 이야기<br>• 학교에서 배운 전래동요를 다 같이 불러 보며 전통음률에 대해 이야기를 나눈다. |
| | | 미술·창작 | • 장구 만들기 1 | • 플라스틱 화분 두 개를 철사로 연결한 후, 흰색 한지에 풀을 발라 장구의 소리 나는 부분과 몸체를 꾸민다. |
| | 화 | 미술·창작 | • 장구 만들기 2 | • 색한지로 태극무늬를 만들어 붙이고 줄에 구슬을 끼워 연결하고 래커를 바른다. |
| | 수 | 음률 | • 전래동요 감상 | • 달두 달두 밝다<br>• 남생아 놀아라 |
| | 목 | 음률 | • 장단 배우기 | • 덩, 쿵, 따의 기본박을 익히고 장구연주법을 배우며 전통리듬을 배운다. |
| | 금 | 신체·지각 | • 어디까지 왔니? | • 두 사람씩 짝을 지어 '어디까지 왔니?' 가사와 장단에 맞추어 전래동요를 부르며 동네를 한 바퀴 돌아 본다(한 사람은 안내자가 되고 나머지 사람은 앞 사람의 어깨를 짚고 눈을 감고 활동을 진행한다). |
| 놀이 지도 | | 땅따먹기 | | |
| 학습 지도 | | 숙제 및 일기 쓰기 | | |
| 생활 지도 | | 순서 지키기 | | |

### ☆ 장구 만들기

활동영역 미술·창작

활동목표 전통악기를 만든다.

준 비 물 플라스틱 화분(지름이 15cm 이상 되고 아래 부분이 둥근 모양) 2개, 나무구슬 8개, 초록색 면끈 100cm, 흰색 전통한지 2장(100×100cm) 빨강·연두·파랑·노랑·갈색 한지, 도배풀, 붓, 철사, 니스 또는 투명 래커, 송곳이나 드릴

활동방법

① 흰색 한지를 화분의 지름보다 약 5cm~8cm 크게 8장을 잘라 놓는다.

② 빨강·파랑색 한지를 태극모양에 맞추어 오려 놓는다.

③ 빨강·파랑·연두·노랑색 한지를 같은 크기로 동그랗게 오려 놓는다.

④ 도배풀에 적당량의 물을 부어서 덩어리가 없고, 약간 걸쭉한 느낌이 들도록 잘 저은 후 걸러서 준비한다.

⑤ 화분의 밑 부분을 서로 마주보게 놓고 움직이지 않도록 철사로 고정시킨다.

⑥ 흰색 한지에 골고루 풀을 바른 후 화분의 가운데 부분에 잘 맞추어 붙이고 가장자리의 남은 한지는 뒤로 넘겨 손으로 잘 눌러 주면서 붙인다. 왼쪽에 3장, 오른쪽에 5장 정도 붙이는데, 왼쪽과 오른쪽을 번갈아 가며 붙인다.

⑦ 화분의 몸통에 풀을 바르고 갈색 한지를 손으로 찢어서 골고루 붙인다. 붓에 풀을 묻혀서 한지 위에 골고루 발라 준다.

⑧ 서늘한 곳에서 2~3일 정도 잘 말린다.

⑨ 잘 마른 화분의 가장자리 부분에 위·아래가 서로 엇갈리도록 구멍을 8개 뚫는다. (송곳을 불에 달구어 뚫거나 드릴로 뚫는다).

⑩ 화분의 한가운데에 빨강·파랑의 태극모양을 2장씩 겹쳐서 붙인다. 화분의 가장자리 부분에 빨강·파랑·노랑·연두색의 동그라미 모양을 2장씩 빙 둘러가며 붙인다.

⑪ 1~2일 말린 후, 니스나 투명 래커로 골고루 발라 준 후 완전히 마를 때까지 놓아 둔다.

⑫ 나무 구슬을 끈으로 꿰어서 화분에 매달아 장식한다.

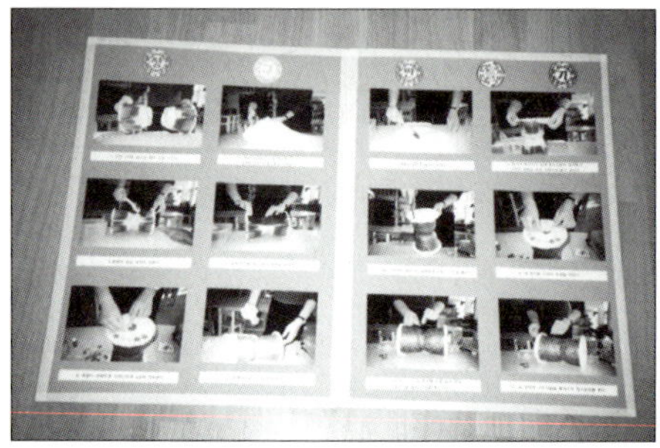

## ☆ 장단 배우기

활동영역 음률

활동목표 장구 치는 법과 전통 장단을 배운다.

준 비 물 장구

활동방법

〈도입 1〉

◔ 몸으로 낼 수 있는 소리에 대해 이야기한다. 그리고 돌아가며 각자 한 가지씩 소리를 표현해 본다. 모두가 함께 여러 가지 소리를 동시에 내 본다.

〈도입 2〉

◔ 장구 만들기를 하기 전 손장단을 이용해 전통 장구리듬을 표현해 본다.

◔ 리듬을 익혀 전래동요에 장단을 맞춘다.

〈실제〉

① 덩, 쿵(궁), 따의 기본 박을 알려 준다.

② 양반다리를 하고 앉아, 오른손으로 오른 무릎을 쳐서 '따'를 표현하고 왼손으로 왼쪽 무릎을 치면 '쿵'(궁)을 나타낸다. '덩'은 양손으로 동시에 양 무릎을 친다.

③ 덩, 쿵, 따를 입으로 소리내며 표현한다.

④ 가사가 있으면 소리내어 부르며(구음을 하며) 장단을 맞춘다.

⑤ 연습이 잘 되면 다양한 리듬 표현을 해 본다.

㉮ 인 사 법 : 안 녕 / 안 녕 / 안 녕 하 세 요

(덩)(덩) (덩)(덩) (덩)(덩)(덩)(덩)(덩) (손뼉 짝)

전래동요 : 원 숭 이 / 엉 덩 이 는 / 빠 – 알 게 – –

(덩)(따)(따) (궁) (따)(궁 –) (덩)(따)(따)(궁)(따)(궁)

# 11월 교육 프로그램

주 제 기관

목 표 우리 주변의 공공시설과 매체의 다양성을 경험하고 생활 속에서 안전하고 유용하게 활용하는 방법을 안다.

| 영 역 |  | 교통수단 및 안전 | 여러 가지 기관<br>(우체국) | 여러 가지 매체 | 정보 사냥 |
|---|---|---|---|---|---|
| 특별활동 | 언어·표현 | • 이야기 나누기<br>– 주말 지낸 이야기<br>• 모둠 활동<br>– 교통수단 조사 | • 이야기 나누기<br>– 주말 지낸 이야기<br>– 우체국에서 하는 일<br>• 글짓기<br>– 친구에게 편지 쓰기 | • 이야기 나누기<br>– 주말 지낸 이야기<br>– 소식(정보)을 얻는 방법 | • 이야기 나누기<br>– 주말 지낸 이야기<br>– 정보사냥에 대한 의견 나누기 |
|  | 신체·지각 | • 질서 연습<br>– 횡단보도 건너기<br>– 교실 복도 오른쪽 걷기 | • 실외 나들이 | • 게임<br>– 귓속말 전달하기 |  |
|  | 과학·탐구 | • 인터넷 교통안전 교육 1<br>• 인터넷 교통안전 교육 2 |  |  | • 정보사냥대회 1<br>– 서울역에서 경주 찾아가기<br>• 정보사냥대회 2<br>– 각 나라의 국화 찾기 |
|  | 요리·견학 |  | • 현장체험<br>– 우체국에서 편지 부치기<br>– 택배 보내기 | • 견학<br>– 한국통신 홍보관 |  |
|  | 미술·음률·창작 | • 종이 접기<br>– 여러 가지 탈 것 | • 만들기<br>– 우체통 만들기<br>– 우표 만들기<br>– 편지지 만들기 | • 잡지 콜라주<br>– TV 등장인물 그리기 | • 인터넷으로 동요 배우기<br>– 가을길 |
|  | 창의성·사고력 |  | • 인터넷 편지<br>– ID 만들기<br>– 메일 주고받기 | • N.I.E. 활동<br>– 새로운 소식들 | • 인터넷으로 전래 동화 듣기<br>– 새의 말을 알아듣는 아이 |

| 소주제 / 영 역 | 교통수단 및 안전 | 여러 가지 기관 (우체국) | 여러 가지 매체 | 정보 사냥 |
|---|---|---|---|---|
| 놀이 지도 | 자유선택활동 | 퍼즐 맞추기 | 주사위 놀이 | 미니블록놀이 |
| 학습 지도 | 숙제 및 일기 쓰기 | 숙제 및 일기 쓰기 | 숙제 및 일기 쓰기 | 숙제 및 일기 쓰기 |
| 생활 지도 | 등·하원 시 교통신호 지키기 | 공공장소에서 질서 지키기 | 화장실 사용 후, 물 잘 내리기 | 벽이나 문에 낙서하지 않기 |

## 참고 자료

참고 도서 ▸▸ 월간 초등 우리교육(우리교육)
신문은 내친구 1~6학년(중앙M&B)
귀여운 종이접기 시리즈 1~5(종이나라)
방과후 아동지도 프로그램(여성개발원/보건복지부)
뚜껑이의 버스로 떠나는 서울문화여행(성하)

관련 사이트 ▸▸ 세마치동요동산
키즈오토파크
LGKIDS전래동화
한국생활안전연합
한국통신홍보관

시청각 자료 ▸▸ 교통안전 영상자료

견학 장소 ▸▸ 한국통신 홍보관
우체국

11월은 우리 생활에 편리함을 더해 주는 교통수단과 우체국, 병원 등 여러 기관에 대한 수업을 진행한다.

**▸ 1주**

교통수단은 우리의 삶과 밀접한 관계를 가지고 있다. 옛날의 교통수단과 오늘

날의 교통수단이 매우 다르므로 이를 비교해 보는 기회를 통하여 과학기술이 어떻게 변화되어 왔는지 알아볼 수 있고 어떤 요인이 교통수단을 변화하게 하였는지 생각해 볼 수도 있다. 예를 들어 석탄, 전기, 디젤 등의 발견이 교통수단을 발달하게 하였음도 알게 한다.

미래에 자신이 가장 타고 싶은 '교통수단'을 상상 속에서 발명하여 만들어 보는 것도 즐거운 수업이 될 수 있다(예 : 뛰어다니는 교통수단, 날기도 하고 미끄러져 다니는 교통수단 등등). '교통안전에 대한 교육'은 인터넷이나 슬라이드 자료, 영상 등을 통해 접근하고 '횡단보도 건너기' 등 실제 훈련을 통해 위험에 대처하는 문제해결 능력을 기르고 효과적인 수업이 될 수 있도록 준비한다.

**▶ 2주**

우리에게 생활의 편리를 제공하고 여러 가지 공적 업무를 수행하는 기관들 중에 '우체국'을 선택했다. 편지를 쓸 때의 주의사항(예의, 어법 등)을 함께 이야기하고 '우표 만들기', '우체통 만들기', '도장찍기' 등의 우체국 놀이도 확장한다. 지역사회의 우체국을 방문하여 '편지 부치기', '택배 보내기' 과정을 통해 실제 우체국의 업무를 경험하는 기회를 가져 보고, '인터넷 우편인 E-mail과 ID 만드는 방법'도 알아보도록 한다.

우체국놀이 이후의 마무리 단계에서는 우리 동네에 우체국 이외의 공공기관으로는 어떤 기관이 있는지 이야기를 나눠 보고 조사를 계속 확장해 나갈 수 있겠다. 또 아동들이 흥미 있어 하면 활동의 실제도 계속 확장해 나갈 수 있는데, 예를 들면 경찰서놀이, 소방서놀이, 관공서놀이, 박물관놀이, 은행놀이, 보건소놀이 등이다.

**▶ 3주**

아동들은 여러 가지 매체를 매일매일 접하며 살아간다. 자신들과 관련이 있는 매체에는 어떤 것이 있는지 그리고 매체란 우리의 삶 속에서 어떤 역할을 하는지 살펴보도록 한다. TV, 인터넷, 신문, 잡지, 영상 중에서 아동별 혹은 모둠별로 한 종류씩의 매체를 선택한다. 매체를 통하여 '정보가 만들어지는 과정'을 탐색하고 발표하는 시간을 갖는다. 귓속말 전달하기를 통해 내용이 어떻게 달라질 수 있는지를 배우고 소식이나 사건을 정확하게 전달한다는 것의 의미를 새롭게 배우는 시간을 갖는다.
매체를 다루면서 특히, TV에 관한 이야기를 많이 할 수 있다. 아동들이 집에서 TV를 볼 때 주의하여야 할 점, 내가 좋아하는 TV 프로그램, 내가 싫어하는 TV 프로그램, TV 프로그램 중 '이렇게 바뀌었으면 좋겠다'라고 생각되는 점 등이다.
활동이 확장되는 경우에는 역사적으로 매체가 어떻게 변화되어 왔는가를 살펴볼 수도 있다.

### ▶ 4주

정보에 관한 인식이 왜 중요한지 아동들이 분명히 인지할 수 있도록 해야 한다. 자신에게 필요한 정보를 찾아보고 수집하여 내 것으로 만드는 정리 작업 등이 될 수 있겠다. 예를 들면 '공룡'에 대한 정보수집에서는 공룡은 무엇을 먹고 살았는지, 공룡은 왜 사라졌는지, 공룡이 있었던 시대는 어떤 시대였는지, 공룡의 종류에는 무엇 무엇이 있는지, 종류별로 공룡은 크기가 얼마만 했는지 등등의 정보에 대하여 알아볼 수 있다. 이렇게 찾은 자료들을 순서를 매겨 정리하여 나뿐만 아니라 다른 사람에게도 정보의 내용을 전달해 줄 수 있음을 알게 한다.
신문기사 색인, 책에서 찾기, 어른들에게 물어보기, 인터넷에서 찾기, 전시회에 다녀오기 등 다양한 방법으로 정보를 얻는다. 이 중에서도 활동의 실제에서는 인터넷을 통해 동화 듣기와 동요 배우기, 여행지 찾는 법, 다른 나라에 대한 지식 등 다양한 정보를 제공받을 수 있음을 아동들에게 알려 준다.

# 11월 1주 교육 프로그램

**주 제** 기관

**소주제** 교통수단 및 안전

**목 표** 여러 교통 수단을 알고, 생활 속에서 안전을 실천한다.

<table>
<tr><th>구분</th><th>요일</th><th>영 역</th><th>활 동 명</th><th>활동 내용</th></tr>
<tr><td rowspan="7">특별활동</td><td rowspan="2">월</td><td rowspan="2">언어·표현</td><td>• 이야기 나누기</td><td>• 주말 지낸 이야기</td></tr>
<tr><td>• 모둠 활동</td><td>• 모둠별로 여러 교통수단을 조사해서 발표한다.</td></tr>
<tr><td>화</td><td>신체·지각</td><td>• 질서 연습</td><td>• 횡단보도 건너기<br>• 교실 복도 오른쪽으로 걷기</td></tr>
<tr><td>수</td><td>과학·탐구</td><td colspan="2">• 인터넷 교통안전 교육 1</td></tr>
<tr><td>목</td><td>과학·탐구</td><td colspan="2">• 인터넷 교통안전 교육 2</td></tr>
<tr><td>금</td><td>미술·창작</td><td>• 종이 접기</td><td>• 여러 가지 탈 것을 색종이로 접어서 표현한다.</td></tr>
<tr><td colspan="2">놀이 지도</td><td colspan="3">자유선택활동</td></tr>
<tr><td colspan="2">학습 지도</td><td colspan="3">숙제 및 일기 쓰기</td></tr>
<tr><td colspan="2">생활 지도</td><td colspan="3">등·하원 시 교통신호 지키기</td></tr>
</table>

### ☆ 인터넷 교통안전 교육 1

활동영역 과학·탐구

활동목표 교통 안전 의식을 고취시킨다.

준 비 물 색칠 도구

활동방법

〈실제〉

① 어린이 교통안전과 관련된 사이트에서 퀴즈를 풀어 본다.

② 퀴즈로 배우는 내용으로 다음의 내용을 익힌다.

- 횡단보도를 건널 때
- 자전거나 롤러 블레이드를 탈 때
- 승용차에 탈 때
- 버스에서 내릴 때
- 밖에서 놀 때
- 교통표지판 맞추기

③ 각 항목의 장면을 2~3명씩 클릭해서 살펴본다.

④ 교통표지판 도안을 인터넷에서 다운로드받아 복사해서 색칠해 보면서 표지판의 기능과 쓰임을 익힌다.

## ☆ 인터넷 교통안전 교육 2

활동영역 과학·탐구

활동목표 교통안전 의식을 고취시킨다.

준 비 물 그림 도구

활동방법

〈실제〉

① 어린이 교통안전과 관련된 사이트에서 애니메이션 동화 등을 함께 본다.

② 동화의 내용을 토대로 각 상황별 이야기를 나눈다.

- 길을 건너갈 때는요.
- 길을 갈 때도 조심해요.
- 갑자기 뛰어들어요.
- 이런 행동은 위험해요.
- 눈 오고, 비 올 때는요.
- 승용차 안에서는요.
- 안전하게 타고 내려요.
- 안전하게 타요.
- 안전하게 자전거를 타요.
- 이런 곳에서 놀았나요?

③ 그동안 배운 교통안전 교육을 마무리하는 작업으로 교통안전 그림 그리기를 하면서, 질서와 안전 의식을 고취시킨다.

# 11월 2주 교육 프로그램

**주 제** 기관

**소주제** 여러 가지 기관(우체국)

**목 표** 우체국의 다양한 업무를 알고, 이용 방법을 배운다.

| 구분 | 요일 | 영 역 | 활 동 명 | 활동 내용 |
|---|---|---|---|---|
| 특별활동 | 월 | 언어·표현 | • 이야기 나누기 | • 주말 지낸 이야기<br>• 우체국에서 하는 일에는 무엇이 있을지 이야기해 본다. |
| | | 과학·탐구 | • 정보 찾기 | • 우체국의 역사와 업무에 대해 인터넷으로 조사해 보는 시간을 갖는다.<br>• 친구에게 편지 쓰기 |
| | 화 | 신체·지각 | • 실외 나들이 | • 운동장에서 자유롭게 뛰어논다. |
| | 수 | 견학 | • 동네 우체국 | • 현장체험<br>편지와 택배를 직접 부쳐 보고 우체국 견학을 통해 우체국의 다양한 업무를 이해한다. |
| | 목 | 미술·창작 | • 만들기 | • 모의 우체국 놀이를 진행하기 위해 필요한 여러 가지 도구들을 직접 만들어 본다.<br>-우체통 만들기<br>-우표 만들기<br>-편지지 만들기 |
| | 금 | 창의성·사고력 | • 인터넷 편지 | • 인터넷 사이트에서 E-mail과 ID를 만들고 종이나 연필이 아닌 컴퓨터로 편지를 주고받을 수 있음을 배운다. |
| 놀이 지도 | | 퍼즐 맞추기 | | |
| 학습 지도 | | 숙제 및 일기 쓰기 | | |
| 생활 지도 | | 공공장소에서 질서 지키기 | | |

### ☆ 우체통, 우표, 편지지

활동영역 미술·창작

활동목표 놀이를 통해 편지 쓰기의 즐거움을 안다.

준 비 물 색도화지, 마분지, 편지지, 풀, 가위, 사인펜, 지우개, 조각칼, 상자

활동방법

〈도입〉

- 우리만의 작은 우체국을 만들어 보자는 제안을 한다.
- 편지를 서로 주고받는 데 필요한 여러 도구들을 직접 만들어 보도록 하고, 모둠별로 역할을 서로 분담하도록 한다(우체통 만들기, 우표 만들기, 편지지 만들기, 우체부 뽑기, 우편 도장 만들기 등).

〈실제〉

① 우체통 만들기—튼튼한 박스를 이용하거나 다 쓴 티슈상자를 재활용한다. 시트지나 골판지를 이용해 멋지게 꾸밀 수 있도록 한다.

② 우표 만들기—우표는 소모품이므로 모든 아동이 참여해 많이 만들 수 있도록 한다. 다양한 모양의 우표를 만들 수 있도록 하되, 규격을 정해 주도록 한다.

③ 편지지 만들기—A4용지를 주고 글씨를 쓸 수 있는 부분을 남기고 편지지를 꾸미도록 지도한다. 이것도 모든 아동이 참여할 수 있다.

④ 우편도장 만들기—사각 지우개에 연필로 간단한 밑그림을 그리고 칼이나 조각칼로 파내어, 도장을 만든다. 손을 다치지 않도록 특별한 주의가 필요하기 때문에 상품화된 여러 도안의 도장을 내 줄 수도 있다.

⑤ 준비가 완료되면 우체부를 뽑고 편지 배달하는 임무를 맡긴다.
우체부는 도장을 맡아 매일 편지를 수거하여 도장을 찍고 수신인의 사물함에 편지를 배달하도록 한다.

## ☆ 인터넷 편지

활동영역 창의성·사고력

활동목표 인터넷으로 편지를 보내는 방법을 안다.

준 비 물 인터넷 ID

활동방법

〈도입〉

- 컴퓨터를 이용해서 편지를 주고받을 수 있음을 알려 준다.
- 각자 자신의 ID를 만들어 보게 한다.
- 규정에 적합하지 않거나 중복 ID일 경우 교사가 조정을 해 준다.
- ID가 완성되면 비밀번호와 함께 적어 낸다. 아동이 잊어버릴 수도 있으므로 모든 아동의 ID를 기록해 둔다.

〈실제〉

① 포털사이트의 신규회원가입을 누르고 순서대로 입력한다.

② 모든 아동이 메일주소를 만들었으면, 차례대로 교사에게 편지를 보내도록 한다.

③ 편지 쓰기를 누르고, 교사의 이메일 주소를 입력한 후, 간단히 편지를 쓰고, 편지 보내기를 누르게 한다.

④ 교사의 메일계정으로 편지가 들어 왔음을 확인시켜 준다.

⑤ 메일 보내는 과정을 익혔으면 둘씩 짝을 지어 주고, 친구의 주소로 메일을 보내게 한다.

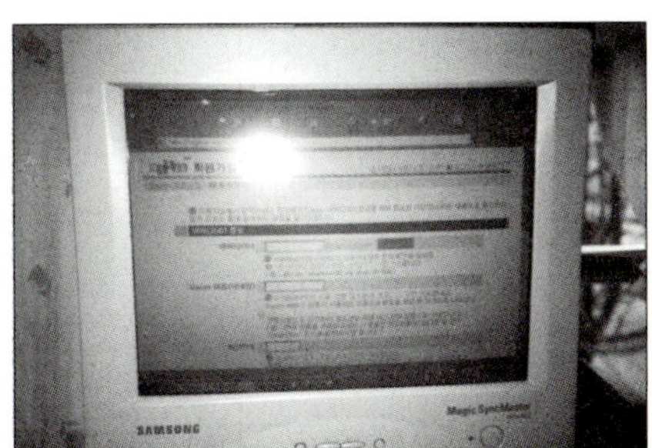


⑥ 받은 편지는 출력을 해서 앞으로 가지고 나오게 한다.

⑦ 교실 환경판에 인쇄된 편지들을 붙여 전시하고, 한 달에 한두 번 메일로 편지를 주고받는 시간을 갖는다.

# 11월 3주 교육 프로그램

**주 제** 기관

**소주제** 여러 가지 매체

**목 표** 소식을 전달해 주는 다양한 매체를 인식한다.

| 구분 | 요일 | 영 역 | 활 동 명 | 활동 내용 |
|---|---|---|---|---|
| 특별활동 | 월 | 언어·표현 | • 이야기 나누기 | • 주말 지낸 이야기<br>• 새로운 사실이나 소식을 어떻게 알게 되는지 이야기를 나누고 주말에 자신이 보았던 TV 프로그램의 제목과 내용을 간략하게 전달하면서 새롭게 알게 된 점과 재미있었던 점들을 이야기하고 글로 써 본다. |
| | | | • 글쓰기 | • 주말에 보았던 TV 내용 |
| | 화 | 신체·지각 | • 귓속말 전달하기 | • 맨 앞사람에게만 지문을 보여 주고 맨 뒷줄까지 귓속말로 내용을 전달한 후, 바르게 이야기가 전달되었는지 알아본다. |
| | 수 | 견학 | • 한국통신 홍보관 | • 현장학습 |
| | 목 | 미술·창작 | • 잡지 콜라주 | • 자신이 좋아하는 TV 등장인물의 캐릭터를 그리고 잡지의 그림들을 오려서 꾸며 본다. |
| | 금 | 창의성·사고력 | • N.I.E. 활동<br>–새로운 소식들 | • 한 주간 동안 국내·외의 새로운 소식들을 스크랩하여 친구들 앞에서 발표하고 알려 준다. |
| 놀이 지도 | | 주사위 놀이 | | |
| 학습 지도 | | 숙제 및 일기 쓰기 | | |
| 생활 지도 | | 화장실 사용 후 물 잘 내리기 | | |

## ☆ 귓속말 전달하기

활동영역 신체·지각

활동목표 내용을 잘 듣고 바르게 전달하는 연습을 한다.

준 비 물 없음

활동방법

〈도입〉

◔ 교실 공간을 최대한 넓게 하거나, 체육실을 활용한다.

◔ 4개의 모둠으로 나누고 나란히 한 줄 서기를 한 다음, 경기에 임하는 한 모둠만 남기고 나머지 모둠은 자리에 조용히 앉아 있는다.

〈실제〉

① 격언이나 속담 혹은 일상의 일들을 한 문장으로 만들어 여러 개의 지문을 준비한다. ('발 없는 말이 천리 간다', '어제 영수네 외할버지께서 단풍놀이 가셨대' 등 )

② 칠판 앞에 크게 쓴 지문을 가린 채로 붙여 놓고, 동일 내용을 적은 종이의 지문을 맨 앞에 있는 사람에게만 보여 준다.

③ 맨 앞에 있는 사람은 지문을 보고 바로 뒷 사람에게만 들릴 정도의 작은 목소리로 그 내용을 귓속말로 전달한다. 두 번째 사람은 세 번째 사람에게 동일하게 전달한다. 이렇게 해서 맨 마지막 사람은 앞에 나와, 들은 내용을 칠판에 크게 적는다.

④ 종이를 뜯어 내고 내용을 비교해 본다. 글자가 틀림이 없고 내용이 정확할수록 높은 점수를 부여받는다.

⑤ 이렇게 해서 귓속말로 소식을 가장 잘 전달한 모둠이 이기게 된다.

유 의 점

- 맨 앞에 있던 사람이 어떠한 힌트도 주어서는 안 됨을 약속한다.
- 또 귓속말은 당사자에게만 들릴 정도로 작아야 한다.

## ☆ TV 등장인물 그리기

활동영역 미술·창작

활동목표 아동들이 좋아하는 TV 프로그램을 알아본다.

준 비 물 스케치북, 잡지, 풀, 연필

활동방법

〈도입〉

◔ 아동들이 자주 접하는 TV 프로그램에 대해 이야기 나눈다.

◔ 그 프로그램의 내용과 등장인물의 성격에 대해 이야기 나눈다.

◔ 전 시간에 여러 권의 잡지를 준비해 오도록 이야기한다.

〈실제〉

① 좋아하는 TV 프로그램 속 주인공의 모습을 간단히 연필로 밑그림 그린다.
(크고 단순하게 그리도록 한다.)

② 잡지에서 원하는 색상이나 무늬를 골라 찢어 붙여서 그림을 완성한다.

## ☆ N.I.E. 활동 - 새로운 소식들

활동영역 창의성·사고력

활동목표 사건의 원인과 결과를 파악하는 능력을 기른다.

준 비 물 스크랩북

활동방법

〈도입〉

◔ 1주일간 신문 내용 중 자신이 가장 관심 있게 읽은 기사를 국·내외 기사 1점씩 스크랩하게 한다. 스케치북에 사진 자료를 오려 붙이고, 간단히 내용을 적는다.

◔ 친구들에게 알려 주고 싶은 새로운 정보나 기사가 있다면 발표하는 시간을 준다.

〈실제〉

① 각자 조사해 온 내용을 가지고 주제 그물망을 짜 보는 시간을 갖는다.

② 큰 전지를 준비해 칠판에 붙여 놓고, 중심에 우리나라를 그린 후, 한 주간 동안 일어난 소식과 정보를 큰 가지에 간단히 기록한다.

③ 각각의 뉴스에 대한 느낌과 생각을 이야기하고, 작은 가지에 적어 본다.

④ 즐거운 소식과 우울한 소식끼리 정보를 묶고 다른 색의 색연필로 색칠한다.

⑤ 한 주간 동안 우리나라 안팎의 소식 중 우울한 이야기는 어떻게 해결이 되고, 그 내용이 어떻게 바뀌었으면 하는지 이야기하는 시간을 갖는다.

⑥ 마찬가지로 지구본을 그리고, 해외 소식의 주제 그물망도 짜 보는 시간을 갖는다.

# 11월 4주 교육 프로그램

**주 제** 기관

**소주제** 정보 사냥

**목 표** 인터넷과 친밀해지는 시간을 갖는다.

| 구분 | 요일 | 영 역 | 활 동 명 | 활동 내용 |
|---|---|---|---|---|
| 특별활동 | 월 | 언어·표현 | • 이야기 나누기 | • 주말 지낸 이야기<br>• 인터넷을 통해 정보를 찾아내는 방법과 정보 사냥대회에 대한 의견을 서로 나눈다. |
| | 화 | 과학·탐구 | • 정보사냥대회 1<br>– 서울역에서 경주 찾아 가기 | • 4~5명씩 모둠을 짜서 문제 지문을 읽고 인터넷 검색으로 가장 빨리 해답을 찾아내고 기록해서 제출하는 모둠이 이기게 된다.<br>• 프린터로 내용을 인쇄하도록 한다. |
| | 수 | 과학·탐구 | • 정보사냥대회 2<br>– 여러 나라의 국화 찾기 | |
| | 목 | 음률 | • 동요 배우기<br>– 가을길 | • 인터넷 동요 사이트에서 노래를 다운로드받아 들어 주고 다 함께 불러 본다. |
| | 금 | 창의성·사고력 | • 전래동화 듣기<br>– 새의 말을 알아듣는 아이 | • 인터넷 전래동요 사이트를 찾아서 동화를 들려 주고 동화 속 한 장면을 인쇄해서 색칠하고 꾸민다. |
| 놀이 지도 | | 미니블록놀이 | | |
| 학습 지도 | | 숙제 및 일기 쓰기 | | |
| 생활 지도 | | 벽이나 문에 낙서하지 않기 | | |

## ☆ 정보사냥대회

활동영역 과학·탐구

활동목표 인터넷을 활용해 정보를 얻는 법을 배운다.

준 비 물 컴퓨터

활동방법

〈도입〉

◔ 정보화 시대에 빠르게 자료를 찾아볼 수 있는 방법에 대해 이야기 나누고, 인터넷으로 자료나 정보를 쉽게 얻을 수 있음과, 정보를 빨리 찾을 수 있는 능력이 필요함을 이야기한다.

◔ 정보사냥대회는 정보를 신속하고 정확하게 찾아내는 능력을 알아보는 것으로, 모의 대회를 가져봄으로써 아동들에게 인터넷에 관심을 가지게 하는 데 의의가 있음을 이야기한다.

◔ 학년과 수준을 고르게 안배하여 4개의 모둠으로 만들고 1차팀(화요일)과 2차팀(수요일)으로 모둠 내에서 팀을 구성하도록 한다.

〈실제〉

① 문제를 제시하고, 정확한 정보를 가장 빨리 찾아오는 모둠이 이기는 것으로 한다.

② i. 서울역에서 경주 찾아가기

문제 : 희조는 오늘 경주 기차역에서 7시에 종훈이를 만나기로 했다.
지금 희조는 서울역 광장에 서 있다.
몇 시에 어느 열차를 몇 번 홈에서 타야 하고, 요금은 얼마인가?
표는 어디서 사야 하는가?

③ ii. 여러 나라의 국화 찾아보기

문제 : 우리나라를 대표하는 국화는 무궁화다. 다른 나라의 국화는 무엇일까?

### ☆ 인터넷으로 전래동화 듣기

활동영역 창의성·사고력

활동목표 즐거운 동화 듣기 시간을 갖는다.

준 비 물 컴퓨터

활동방법

〈실제〉

① 인터넷에서 동화를 클릭한다.

② 이야기를 듣고 난 후, 메뉴 중에서 색칠하기 코너를 선택하고 마우스를 움직여서 2~3명이 함께 그림을 완성한 후, 인쇄를 해서 보여 준다.

③ 그림을 출력해서 한 장씩 나눠 주고 색연필이나 사인펜으로 색칠해 보는 시간을 가질 수도 있다.

④ 색칠한 그림 밑에 그 장면의 내용을 동화로 구성해서 적어 보게 한다.

# 12월 교육 프로그램

**주 제** 따뜻한 겨울(함께 사는 세상)

**목 표** 우리 주변의 고통받는 어려운 이웃을 돌아보고 함께 더불어 사는 법을 실천해 본다.

| 영 역 \ 소주제 | | 어려운 이웃과 함께 1 | 어려운 이웃과 함께 2 | 나와 다른 내 친구 | 기쁜 성탄 |
|---|---|---|---|---|---|
| 특별활동 | 언어·표현 | • 이야기 나누기<br>– 주말 지낸 이야기<br>– 우리 주변의 어려운 이웃에 대해 수호천사 되어 주기 | • 이야기 나누기<br>– 주말 지낸 이야기<br>– 기아체험에 대해<br>• 기아체험 보고서 쓰기 | • 이야기 나누기<br>– 주말 지낸 이야기<br>– 장애인과 비장애인에 대해<br>• 독후감 쓰기<br>– 내게는 소리를 듣지 못하는 여동생이 있습니다<br>– 우리 사이 짱이야<br>– 너도 친구가 되어 줄래 | • 겨울방학 계획표 만들기 |
| | 신체·지각 | • 장기 두기 | • 피라미드 쌓기 | • 소리 찾기 | • 바깥 놀이<br>– 상자썰매 타기 |
| | 과학·탐구 | • 세계 친구들의 생활상<br>– 편지 쓰기 | | | |
| | 요리·견학 | | • 요리조리쿡<br>– 꼬치오뎅 | • 견학<br>– 장애인 복지관 | |
| | 미술·음률·창작 | • 저금통 만들기 | • 동요 배우기<br>– 작은 세상 | • 수화로 노래 배우기<br>– 사랑으로 | • 야채로 도장 찍기 |
| | 창의성·사고력 | • N.I.E. 활동<br>– 구호품 보내기 | • N.I.E. 활동<br>– 내가 실천할 수 있는 작은 일 | • 장애 체험 | • 풍선아트<br>– 장식물 꾸미기<br>• 성탄파티 |

| 영 역 \ 소주제 | 어려운 이웃과 함께 1 | 어려운 이웃과 함께 2 | 나와 다른 내친구 | 기쁜 성탄 |
|---|---|---|---|---|
| 놀이 지도 | 자유선택활동 | 장기 두기 | 오목 두기 | 볼링 놀이 |
| 학습 지도 | 숙제 및 일기 쓰기 | 숙제 및 일기 쓰기 | 숙제 및 일기 쓰기 | 숙제 및 일기 쓰기 |
| 생활 지도 | 교실문 조용히 여닫기 | 책상에 낙서하지 않기 | 먹을 만큼만 마실 물 따르기 | 옷걸이에 외투 잘 걸어 두기 |

## 참고 자료

참고 도서 ▸▸ 야채로 도장 찍기(한림출판)
골판지 작품 만들기(종이나라)
내게는 소리를 듣지 못하는 여동생이 있습니다(히말라야)
우리 사이 짱이야(서울장애인 복지관 만화책자)
너도 친구가 되어 줄래(하선장애아동의집 만화책자)
손쉽게 배우는 풍선아트(종이나라)

관련 사이트 ▸▸ 세마치동요동산
기아대책
수화사랑

견학 장소 ▸▸ 장애인 복지관

12월의 주제는 주위의 어려운 사람들 돌아보기와 한 해를 마무리하는 겨울이다. 우리의 이웃 중 어려운 사람이 누가 있는가를 살펴보고 따뜻한 시선으로 우리의 이웃을 바라보고 도울 수 있는 마음을 갖도록 동기를 부여하는 시간이 되게 한다.

### 1주

가장 가깝게는 한 반의 친구에서부터 이웃에 이르기까지 우리 주위에는 어려운 사람들이 많이 있다. 우선 이야기 나누기 시간을 통하여 우리 주위에 어려운 사람들이 있는지 생각해 보고, 이들이 어떤 어려움을 겪고 있는지 알아보도록 한다. 밥을 굶고 있는 친구들, 몸이 아픈 친구들, 부모님이 안 계신 친구들, 돌봐 주는 사람이 없는 노인들이 있는지 찾아본다. 그리고 이런 친구들과 사람들을 위하여 우리들은 무엇을 할 수 있는지 간단한 일에서부터 생각해 보고 실천에 옮겨 보는 시간을 갖도록 한다.
어려운 사람들에 대한 생각에서는 우리 주위에 있는 어려운 사람들뿐만 아니라 북한의 친구들, 아프리카 등 다른 나라에 있는 어려운 친구들에 대해서도 생각해 보는 기회를 갖는다.

▶ 2주

날씨가 추워지고 있는데 주위에 부모님이 안 계시거나 먹을 것이 없는 친구 혹은 따뜻한 난방을 할 수 없는 친구들도 있다. 이런 친구나 이웃의 상황을 몸소 체험해 보기 위해 난방이 없는 곳에서 지내 본다. 부모와 협력이 가능하면 마음껏 먹지 못하는 하루를 보내 보는 프로그램을 진행해 본다. 방과후 교실에 그런 친구가 있다면 마음이 다치지 않도록 충분히 배려하면서 수업을 진행한다.
추운 곳에서 마음껏 먹지 못하고 보낸 하루의 경험과 느낌을 글로 적어 보고, 이런 친구나 이웃들을 위하여 우리가 무엇을 해야 하는지 마음에 깊이 새겨 보는 시간을 갖는다.
가난 체험에서는 가난이란 잘못된 것이 아니라 조금 불편할 뿐이라는 것을 알려 주고, 불편하기 때문에 옆의 이웃들이 불편하지 않도록 도와주어야 한다는 점을 이야기한다. 이들에게 무슨 일을 해 줄 수 있는지, 어떻게 도울 수 있는지를 각자 깊이 생각해 보도록 한 후 직접 실천에 옮겨 보도록 독려하고 그 방법으로 용돈을 아껴서 성금을 모으는 순서도 갖는다.

▶ 3주

겨울이 깊어 가고 있다. 겨울방학 준비도 하고 한 해를 마무리하면서 한 살 더 먹는 준비도 해 보는 시기다. 조용히 이번 한 해 동안 특별히 어떤 일이 있었는가 생각해 본다. 가장 기억에 남는 일, 가장 좋았던 일, 가장 신났던 일, 가장 슬펐던 일, 가장 싫었던 일 등을 정리해 본다.
그리고 돌아오는 새해에는 어떤 일들이 있었으면 좋겠는가에 대하여 생각해 보고, 가족에 대하여, 친구들에 대하여, 방과후 교실에서의 생활에 대하여, 학교 생활에 대하여 구체적으로 이야기하는 시간을 갖는다.
이번 주에는 장애우가 되어 보는 활동이 있다. 이 기회를 통하여 우리가 살아가면서 만나게 되는 장애우들에게 어떤 마음을 가지고 어떻게 도와야 하는지 다 함께 생각해 보는 기회를 갖는다. 아동들이 장난을 하는 경우가 있으므로 프로그램에 진지하게 접근하고 임하도록 한다.

**4주**

'성탄절 행사'가 있다. 방과후 교실들은 성탄절 행사 혹은 한 해를 마무리하는 행사를 한다. 아동들이 중심이 되어 행사를 진행한다.
행사를 하기로 결정이 되면 주제를 정하는 일도 아동들이 스스로 한다. 이때 회의 진행을 맡은 아동들은 어떤 방법으로 진행할 것인가를 협의한 후 각자가 자신의 의견을 충분히 말하도록 한다. 이런 방법으로 행사의 제목뿐만 아니라 행사의 진행 방법, 소품 준비, 배역, 부모 참여 여부 등을 함께 결정할 수 있다.
'방학 중 생활계획표'를 다 함께 짜 보면서 방학생활을 규모 있고 보람 있게 보낼 수 있도록 지도한다. 한 해의 마지막 날에는 한 해가 주는 의미에 대하여 다 함께 생각해 보고 다음 해를 준비하도록 한다.

# 12월 1주 교육 프로그램

**주 제** 따뜻한 겨울(함께 사는 세상)

**소주제** 어려운 이웃과 함께 1

**목 표** 주변의 고통받고 어려운 이웃이 있음을 알고 나의 삶을 성찰하는 시간을 갖는다.

| 구분 | 요일 | 영 역 | 활 동 명 | 활동 내용 |
|---|---|---|---|---|
| 특별활동 | 월 | 언어·표현 | •이야기 나누기 | •주말 지낸 이야기<br>•우리 주변에 어려운 이웃들이 있음을 떠올리고 그들을 어떻게 도울 수 있는지 이야기한다. |
| | | | •수호천사 되어 주기 | •아무도 모르게 친구를 도와준다. 간단한 편지와 선물을 준비해서 수호천사가 되어 주고 느낌들을 글로 써 보는 시간을 갖는다. |
| | 화 | 신체·지각 | •장기 두기 | •장기 명칭과 방법을 배우고 겨뤄 보는 시간을 갖는다. |
| | 수 | 과학·탐구 | •세계 친구들의 생활상<br>－편지 쓰기 | •인터넷으로 제3세계 등 경제 빈곤과 전쟁으로 인해 고통받고 있는 지구촌 친구들의 상황을 알아보고, 그 친구들에게 사랑의 편지를 써서 보낸다. |
| | 목 | 창의성·사고력 | •N.I.E. 활동<br>－구호품 보내기 | •어려운 친구들의 실상을 알아보고 그들에게 보내고 싶은 구호품은 무엇인지 또 왜 그렇게 생각했는지에 대해 N.I.E. 활동으로 전개한다. |
| | 금 | 미술·창작 | •사랑의 저금통 | •골판지와 우유갑을 이용해서 예쁜 저금통을 만들고 용돈을 아껴서 이웃돕기 성금을 모은다. |
| 놀이 지도 | | 자유선택활동 | | |
| 학습 지도 | | 숙제 및 일기 쓰기 | | |
| 생활 지도 | | 교실문 조용히 여닫기 | | |

## ☆ 장기 두기

활동영역 신체·지각

활동목표 장기 두는 방법을 배운다.

준 비 물 장기판, 장기알

활동방법

〈도입〉

◔ 장기판과 장기알을 알맞게 구비한다.

〈실제〉

① 인터넷에서 장기판과 장기알 그림을 다운로드받아 코팅하고, 모든 지점에 작게 찍찍이를 잘라 붙여 말을 움직일 때 고정이 될 수 있게 한다.

② 전지에 각각 장기알의 쓰임과 역할에 대해 안내 자료를 만들어 붙이고, 아동들이 항상 읽어 보고 참조할 수 있게 한다.

③ 첫 번째 시간에는 장기판을 읽는 법과 장기알의 이름을 알려 준다.

장기판 : ×표시 부분이 처음 말을 놓는 자리임을 알려 준다.
'王(왕)'은 네모선 안 중앙에 놓는다.

장기알 : 車(차), 包(포), 馬(마), 象(상), 士(사), 王(왕), 卒(졸), 兵(병)의 이름을 함께 외운다.
각각의 말을 움직이는 방법은 '인터넷 장기 두기' 사이트를 통해서도 배울 수 있게 한다.

④ 왕을 제일 먼저 잡는 사람이 이기는 경기다.

왕을 먹겠다고 위협할 때는 '장군'이라고 외치며 왕을 보호할 수 있는 비책을 세우고 위협을 저지할 수 있을 때는 말을 움직이면서 '멍군'이라고 외친다.

## ☆ N.I.E. 활동 – 구호품 보내기

활동영역 창의성·사고력

활동목표 어려운 친구들의 상황을 알고 돕는 마음을 갖는다.

준 비 물 신문·잡지 사진, 필기도구

활동방법

〈도입〉

◔ 생활이 어려운 친구들의 자료를 조사한다.

◔ 인터넷으로 지나간 기사나 자료들을 스크랩하고, 함께 이야기하는 시간을 갖는다.

〈실제〉

① 구호품이 필요한 나라 사진을 인터넷에서 찾아 복사해서 나누어 주고 제목을 새롭게 붙여 보게 한다.

② 트럭이나 달구지, 배, 비행기 등 그 안에 어떤 구호품을 보낼 것인지 생각해 보고 해당하는 사진을 신문이나 잡지에서 오려 붙여 본다.

③ 누구에게 보낼 것인지를 결정하고, 완성한 구호품 사진 아래 간단한 기사를 작성해 보게 한다.

④ 왜 그런 구호품을 보내고 싶었는지 자신의 생각을 표현하는 시간을 갖는다.

# 12월 2주 교육 프로그램

**주 제** 따뜻한 겨울(함께 사는 세상)

**소주제** 어려운 이웃과 함께 2

**목 표** 주변에 고통받고 어려운 이웃이 있음을 알고 나의 삶을 성찰하는 시간을 갖는다.

| 구분 | 요일 | 영 역 | 활 동 명 | 활동 내용 |
|---|---|---|---|---|
| 특별활동 | 월 | 언어·표현 | • 이야기 나누기<br>– 기아체험 | • 주말 동안 가족과 함께 금식의 시간을 갖고 난 후, 그 과정 중에 일어난 일들 그리고 생각과 느낌 등을 이야기한다. |
| | | | • 글쓰기 | • 기아체험 보고서 쓰기 |
| | 화 | 신체·지각 | • 피라미드 쌓기 | • 3명, 2명, 1명의 구성으로 인간 피라미드 탑 쌓기를 통해 협동심과 균형감을 배운다. |
| | 수 | 요리 | • 요리조리쿡<br>– 꼬치오뎅 | • 꼬치에 사각 오뎅을 계단접기로 꽂아서 오뎅국을 끓여 내고 간식시간에 먹는다. |
| | 목 | 음률 | • 동요 배우기<br>– 작은 세상 | • '함께 나누는 기쁨과 슬픔, 함께 느끼는 희망과 공포…' 가사의 내용을 충분히 음미하면서 더불어 살아가는 세상의 소중함을 배운다. |
| | 금 | 창의성·사고력 | • N.I.E. 활동<br>– 만화 그리기 | • 두 주간의 수업을 정리하면서 어려운 이웃을 돕기 위해 내가 실천할 수 있는 작은 일에는 어떤 것이 있을지 4단 컷의 만화 그림으로 표현하고 말풍선을 적어 넣는다. |
| 놀이 지도 | | 장기 두기 | | |
| 학습 지도 | | 숙제 및 일기 쓰기 | | |
| 생활 지도 | | 책상에 낙서하지 않기 | | |

### ☆ 이야기 나누기 - 기아체험

활동영역 언어·표현

활동목표 한 끼 밥의 소중함과 감사할 줄 아는 마음을 배운다.

준 비 물 없음

활동방법

〈도입〉

◔ 전 세계와 우리 주변의 결식 아동들에 대해 이야기 나누고 굶주린 이웃이 있음을 생각해 보는 시간을 갖는다.

◔ '어려운 이웃과 함께하는 마음'으로 가족이 함께 참여해 보고 실천하는 기아체험 프로그램을 진행한다.

◔ 이 프로그램의 취지에 대해 가정통신문을 발송, 가정의 협조를 구한다. 부모와 함께 실천해 보면서 아동들이 책임감 있게 활동에 임할 수 있도록 지도를 당부한다.

〈실제〉

① 전 시간에 주말 동안 부모님과 함께 1일 기아 체험을 계획하고, 실천하도록 함께 약속을 정하여 가정통신문을 발송한다.

② 한 끼, 두 끼, 세 끼 등 자신의 계획을 공개적으로 약속하고 그 시간 동안에 스스로를 통제하고 부모님의 확인을 받을 수 있도록 약속한다.

③ 1일 기아체험 보고서를 작성한다.

④ 자신의 경험을 한 명씩 앞에 나와서 이야기하고, 어떤 느낌을 가졌는지, 기아체험의 어려움과 실패에 대한 반성, 다짐 등을 함께 이야기 나눈다.

### ☆ 피라미드 쌓기

활동영역 신체·지각

활동목표 심신의 단련과 협동심을 기른다.

준 비 물 간편한 복장

활동방법

〈도입〉

◔ 교실 공간을 최대한 넓게 하거나, 체육실을 활용한다.

◔ 안전사고에 유의하도록 지도한다.

〈실제〉

① 5개의 모둠으로 나눈다.

② 모둠별로 나누어서 둥글게 다섯 개의 원을 만든다.

③ 인간 피라미드 쌓기를 한다.

④ 맨 아래 4명, 그 위에 2명, 맨 위에 1명이 올라가서 무릎 꿇는 자세로 엎드려 있는다. 가장 먼저 만드는 모둠이 우승이다.

⑤ 다시 헤쳐 모여를 한 후, 인간피라미드 쌓기를 해서 가장 오래 버티는 모둠도 가린다.

유 의 점 아동들이 다 내려오기 전에 아래쪽 친구들이 먼저 일어나지 않도록 주의한다.

# 12월 3주 교육 프로그램

**주 제** 따뜻한 겨울(함께 사는 세상)

**소주제** 나와 다른 내 친구

**목 표** 장애가 있는 친구에 대한 우리의 바른 태도와 관심을 배운다.

| 구분 | 요일 | 영 역 | 활 동 명 | 활동 내용 |
|---|---|---|---|---|
| 특별활동 | 월 | 언어·표현 | • 이야기 나누기 | • 주말 지낸 이야기<br>• 장애인과 비장애인의 차이점은 무엇인지 생각해 보고, 그 친구들에 대한 나의 느낌과 생각은 어떠한지, 우리가 가진 잘못된 편견이나 바르지 못한 태도는 무엇인지 이야기를 나눈 후, 동화를 듣고 독후감을 쓰면서 자신의 생각을 정리한다. |
| | | | • 독후감 쓰기 | • 『내게는 소리를 듣지 못하는 여동생이 있습니다』를 읽고 독후감을 쓴다. |
| | 화 | 신체·지각 | • 소리 찾기 | • 소리 나는 구슬을 굴려서 눈을 가린 상태로 청각을 이용해 찾아낸다. |
| | 수 | 견학 | • 장애인 복지관 | • 현장학습 |
| | 목 | 언어·표현 | • 독후감 쓰기 | • '우리 사이 짱이야', '너도 친구가 되어 줄래' |
| | | 음률 | • 수화로 노래 배우기 | • '사랑으로' |
| | 금 | 창의성·사고력 | • 장애 체험 | • 각자 장애우의 역할을 맡아서 하루 동안 장애를 체험하고, 활동을 마친 후의 느낌과 소감을 서로 이야기한다. |
| 놀이 지도 | | 오목 두기 | | |
| 학습 지도 | | 숙제 및 일기 쓰기 | | |
| 생활 지도 | | 먹을 만큼만 마실 물 따르기 | | |

## ☆ 소리 찾기

활동영역 신체·지각

활동목표 청각을 이용해 물체의 움직임 방향을 알아낸다.

준 비 물 소리 나는 공, 안대

활동방법

〈도입〉

◔ 교실 공간을 최대한 넓게 하거나, 체육실을 활용한다.

◔ 안전사고에 유의하도록 지도한다.

〈실제〉

① 한 줄로 서서 둥글게 원을 만든다.

② 원을 유지한 채로 그 자리에 앉는다.

③ 스펀지 공에 방울을 매달아 소리가 나도록 준비한다.

④ 다섯 명이 나와 가위 바위 보를 해서 진 사람들은 눈 가리개로 눈을 가린다. 마지막까지 이긴 사람은 소리 나는 공을 가지고 빙 둘러앉은 친구들 틈에 끼어 앉는다.

⑤ 공을 가진 친구는 틈틈이 방울소리를 울려 위치를 알려 준다. 그리고 공은 집기 쉽게 앞발치에 조용히 내려놓는다.

⑥ 눈을 가린 친구 중에서 가장 먼저 공의 위치를 찾아내는 사람이 다음 게임에서 공을 들고 소리를 내주는 역할을 한다.

유 의 점 말소리를 내거나 눈으로 보는 행동은 하지 않기로 한다.

## ☆ 장애체험

활동영역 창의성·사고력

활동목표 장애우들의 불편한 생활을 몸소 체험함으로써 이해의 폭을 넓힌다.

준 비 물 안대, 압박붕대, 목발, 귀마개

활동방법

〈도입〉

- 서울장애인 복지관에서 만든 '우리 사이 짱이야'와 하선장애인 복지관의 '너도 친구가 되어 줄래' 만화책을 읽어 볼 수 있도록 도서 영역에 비치해 둔다.
- 장애우들의 삶을 직접 체험함으로써 장애우를 이해할 수 있는 프로그램을 진행한다.

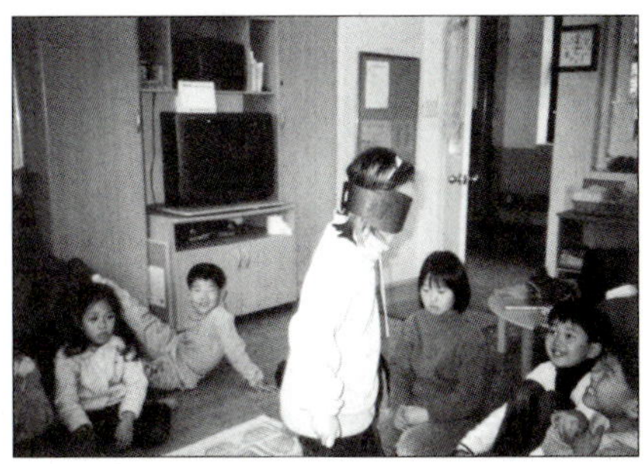

〈실제〉

① 4~5개의 모둠을 만들고 각각 장애의 영역을 정한다.
예를 들어 다리가 불편한 사람, 팔이 불편한 사람, 눈이 보이지 않는 사람, 귀가 들리지 않는 사람, 말을 하지 못하는 사람 등 각각 모둠별로 장애의 영역을 정하고, 두 사람씩 짝을 정해서 움직이도록 한다.

② 두 사람은 서로 역할을 바꾸어 가며 공통의 과제를 해결하되 도우미로서의 역할을 제대로 할 수 있도록 약속한다.

③ 모든 준비가 끝나면 교실을 벗어나 정해진 목적지까지 동네를 한 바퀴 돌고 오는 것으로 실생활에서 장애를 체험해 본다.

④ 각 모둠별로 해결 과제를 주어서 과업을 수행하고(예 음료수 하나씩 사 오기) 돌아오게 한다.

⑤ 장애체험이 끝난 후 느낀 것들에 대해 기록하고 정리하는 시간을 갖는다.

⑥ 모둠별로 발표하는 시간을 갖고, 장애우에 대한 이해의 폭을 넓히는 시간을 갖는다.

# 12월 4주 교육 프로그램

**주 제** 따뜻한 겨울(함께 사는 세상)

**소주제** 기쁜 성탄

**목 표** 기쁘고 즐거운 성탄을 보내고 겨울방학을 새롭게 계획한다.

| 구분 | 요일 | 영 역 | 활 동 명 | 활동 내용 |
|---|---|---|---|---|
| 특별활동 | 월 | 언어·표현 | • 이야기 나누기 | • 방학 동안 하고 싶은 일 |
| | | | • 겨울방학 계획표 만들기 | • 겨울방학 계획표를 정성껏 만들어 친구들 앞에서 계획과 다짐을 발표한다. |
| | 화 | 미술·창작 | • 성탄파티 | • 풍선아트로 꽃, 산타할아버지 등 장식물을 함께 만들어 꾸미고 다과를 마련해 즐거운 성탄파티를 연다. |
| | 수 | 성탄절 | | |
| | 목 | 신체·지각 | • 상자썰매 타기 | • 바깥놀이 시간에 라면상자나 과일상자 등 튼튼하고 큰 상자를 이용해서 학교운동장이나 차가 다니지 않는 골목 빙판 위에서 썰매를 타 보는 시간을 갖는다. |
| | 금 | 미술·창작 | • 야채로 도장 찍기 | • 양파, 고추, 당근, 파슬리 등 야채를 잘라 여러 모양의 단면을 이용해 흥미로운 그림을 그린다. |
| 놀이 지도 | | 볼링 놀이 | | |
| 학습 지도 | | 숙제 및 일기 쓰기 | | |
| 생활 지도 | | 옷걸이에 외투 잘 걸기 | | |

### ☆ 상자썰매 타기

활동영역 신체·지각

활동목표 재미있는 겨울놀이로 건강한 생활을 한다.

준 비 물 두꺼운 상자, 노끈

활동방법

① 큰 라면 상자나 안 쓰는 상자를 가져 오도록 한다.

② 상자를 눌러 펴서 박스테이프로 붙여 너덜거리지 않게 마무리한다.

③ 상자의 긴 쪽 앞에 노끈을 매달아 끌고 갈 수 있는 손잡이를 만든다.

④ 밖으로 나가 눈 쌓인 곳이나 얼음이 언 빙판 위에 상자썰매를 깔아 한 사람은 끌고, 한 사람은 앉고, 한 사람은 뒤에서 밀면서 썰매 타기를 한다.
일회용이지만 재미있게 바깥놀이를 즐길 수 있는 소품으로 활용할 수 있다.

## ☆ 야채로 도장 찍기

활동영역 미술·창작

활동목표 다양한 야채의 단면을 알아보고 재미있는 그림 그리기를 구성해 본다.

준 비 물 피망, 당근, 파, 양파, 파슬리, 고추

활동방법

〈도입〉

◔ 『야채로 도장 찍기』 도서를 읽어 준다.

〈실제〉

① 피망, 당근, 고추, 양파, 파슬리 등의 야채와 화선지를 준비한다.

② 모양을 살릴 수 있는 다양한 방법으로 단면을 자르고 빨강, 파랑, 검정 등 잉크를 흠뻑 묻힌 스펀지를 준비한다.

③ 스펀지 위에 야채를 올려놓고 잉크를 충분히 묻혀 화선지 위에 찍어서 여러 가지 그림을 구성해 본다.

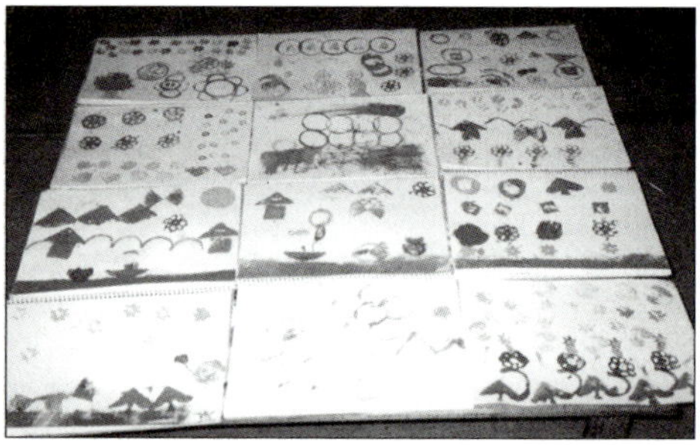

# 1월 교육 프로그램

**주 제** 겨울 생활과 방학

**목 표** 새해를 맞는 각오를 다지고 건강한 겨울방학을 보낸다.

| 영 역 | | 새해맞이 | 겨울 날씨 | 겨울 생활 | 겨울놀이 1 | 겨울놀이 2 |
|---|---|---|---|---|---|---|
| 특별활동 | 언어·표현 | • 이야기 나누기<br>– 주말 지낸 이야기<br>– 새해를 맞는 각오<br>• 신년카드 쓰기<br>– 덕담 써 주기 | • 이야기 나누기<br>– 주말 지낸 이야기<br>– 겨울 날씨 변화에 대해<br>• 동시 외우기<br>– 편지 | • 이야기 나누기<br>– 주말 지낸 이야기<br>• 글짓기<br>– 만약 겨울이 없다면? | • 이야기 나누기<br>– 주말 지낸 이야기<br>• 글짓기<br>– 눈 | • 이야기 나누기<br>– 주말 지낸 이야기<br>• 동시 외우기<br>– 눈 온 날 아침 |
| | 신체·지각 | | | | • 고리 던지기 | • 축구 |
| | 과학·탐구 | • 과학상자 만들기 1 | • 과학상자 만들기 2 | • 과학상자 만들기 3 | • 과학상자 만들기 4 | |
| | 요리·견학 | • 견학<br>– 영화 관람 | • 요리조리쿡<br>– 브라우니 만들기 | • 견학<br>– 눈썰매장 | | • 견학<br>– 국립과학관 |
| | 미술·음률·창작 | • 나만의 과제<br>– 지점토 연필꽂이 만들기 1 | • 나만의 과제<br>– 지점토 연필꽂이 만들기 2 | • 나만의 과제<br>– 지점토 연필꽂이 만들기 3 | • 나만의 과제<br>– 지점토 연필꽂이 만들기 4 | • 겨울생활 그리기<br>– 겨울풍경화 |
| | 창의성·사고력 | | • 올해는 무슨 띠의 해일까? | • 한 장면 표현하기<br>– 까치와 호랑이와 토끼 | • 영상 시청<br>– 프린스 & 프린세스 | |
| 놀이 지도 | | 자유선택활동 | 끝말 잇기 | 체스 두기 | 연상게임 | 악기 연주 |
| 학습 지도 | | 학습지 및 일기 쓰기 | 학습지 및 일기 쓰기 | 학습지 및 일기 쓰기 | 학습지 및 일기 쓰기 | 학습지 및 일기 쓰기 |
| 생활 지도 | | 규칙적인 생활 습관 갖기 | 따뜻하게 옷 입기 | 함께 쓰는 물건 아껴 쓰기 | 속옷 자주 갈아 입기 | 사물함 깨끗이 정리하기 |

## 참고 자료

참고 도서 ▸▸ 까치와 호랑이와 토끼(웅진닷컴)
미술로 생각을 열자 1~20권(미술나라)
두뇌개발 프로그램 종이접기나라(종이나라)
과학상자 만들기(제일과학사)

시청각 자료 ▸▸ 프린스 & 프린세스 영상

견학 장소 ▸▸ 영화관
눈썰매장
과학관

1월은 긴 겨울방학 기간으로 아동이 방과후 교실에서 하루를 꼬박 보내는 시기이다. 아동들이 방학을 충분히 느끼고, 재미있으면서도 유익한 일과가 되도록 주의를 기울여야 한다. 방과후 교실 생활에서 가장 중요한 점은 안전하고 편안한 생활이고 여기에 재미있는 활동들이 겸비되도록 한다.
방과후 교실에서의 활동은 크게 오전 활동과 오후 활동으로 구분되므로 오전을 편안하게 보낸 후, 오후에 특별활동을 실시할 수 있도록 한다. 반대로 오전에 특별활동을 한다면 오후에 약간의 숙제, 공부와 편안한 자유활동을 할 수 있겠다.

**▶ 1월**

첫 주는 한 해가 시작되는 때다. 새해를 맞이하면서 한 해를 어떻게 보낼 수 있는지 생각해 보고 다음과 같은 새해 각오를 해 본다.

– 새해부터 다른 사람들이 나한테 해 주기를 바라는 일들
  : 부모님, 가족, 친구, 선생님 등
– 내가 다른 사람들에게 해 주고 싶은 일들
  : 부모님, 가족, 친구, 방과후 선생님, 우리나라, 세계 등
– 올 한 해 동안 내가 달성하고 싶은 일

또한 친구들에게 한 해를 어떻게 보냈으면 좋겠다고 덕담을 써 주고, 현장학습

으로 계획된 영화관람 시 주의할 사항들(의자 위에서 일어나지 않기, 떠들지 않기, 돌아다니지 않기 등)에 대해 함께 이야기를 나누고 약속을 잘 지키도록 한다. 새롭게 시작하는 과학상자 만들기와 지점토 수업에 대해 사전설명을 해 주고 전반적인 수업의 흐름에 대해 아동 스스로가 준비하고 기대하도록 한다.

**2주**

겨울 날씨는 추위, 눈, 얼음 등을 생각하게 한다. 여름 혹은 봄, 가을과 비교하여 겨울이 얼마나 추운지 이야기 나눈다. 밖으로 나가 직접 추위를 느껴 보고 표현해 보도록 한다. 눈이 오는 날이면 다른 활동들이 준비되어 있다 하더라도 다 미루고 밖으로 나가 눈 놀이를 할 수 있는 융통성을 갖는다.

겨울방학이 중반에 접어들고 있으므로 이야기 나누기 시간에 아동 개개인들이 자신의 겨울방학을 어떻게 보내고 있는지 점검해 보는 시간도 갖는다.

**3주**

'눈썰매장'은 활동 시 자칫 사고의 위험이 있는 곳이므로 준비를 철저히 해야 한다. 지켜야 할 약속에 대해서 아동들이 스스로 결정하고 이야기 시간을 통해 정하도록 한다. 눈썰매장을 다녀와서 다 함께 '다녀온 이야기'를 나눌 수 있다. 재미있었던 일, 싫었던 일, 잘못했다고 반성이 되는 일, 잘했다고 생각되는 일, 특히 기억에 남는 일 등을 이야기해 본다.

**4주**

겨울놀이 단원을 시작한다. 가까운 스케이트장에 나갈 수도 있고, 눈이 오면 눈놀이를 할 수도 있다. 가까운 놀이터나 공원에 나가 차가운 바람을 맞으며 뛰어놀 수도 있다. 그러나 차가운 날씨 속의 놀이에서 지켜야 하는 위험사항에 대해 서로 생각해 보아야 한다. 얼음 위에서 미끄럼을 탈 때의 주의사항, 차가운 날씨에 땀을 많이 흘린 후 찬바람을 많이 쐬면 감기에 걸리기 쉽다는 점 등을 이야기 나눈다.

겨울놀이를 하면서 봄, 여름, 가을, 겨울의 놀이가 어떻게 다른지, 나아가 사계절은 각각 어떤 특징이 있는지 생각해 보고 정리할 수 있도록 지도한다.

▶ 5주

겨울 단원을 마무리하면서 겨울의 특징에 대하여 요약·정리한다. 겨울방학 과제가 있으므로 아동들이 스스로 마무리할 수 있도록 도와주고, 방과후 교실에서 작업활동을 할 때 과제와 관련된 작품을 만들어 제출하도록 한다. 개학을 준비하는 의미로 새 학기가 되어 학교생활을 어떻게 하면 즐겁게 할 수 있을까에 대해서도 이야기 나눈다. 새로운 마음의 준비를 해 보도록 도와준다.

# 1월 1주 교육 프로그램

**주 제** 겨울 생활과 방학

**소주제** 새해맞이

**목 표** 덕담을 주고받으며 새해의 각오를 다짐한다.

| 구분 | 요일 | 영역 | 활동명 | 활동 내용 |
|---|---|---|---|---|
| 특별활동 | 월 | 언어·표현 | • 이야기 나누기 | • 주말 지낸 이야기<br>• 새해를 맞는 각오에 대해 돌아가면서 이야기한다. |
| | | | • 신년카드 쓰기 | • 새해를 맞이해서 친구들에게 해 주고 싶은 이야기를 덕담의 형식을 빌어서 카드에 써 준다. |
| | 화 | 과학·탐구 | • 과학상자 만들기 1<br>–오징어 | • 과학상자의 매뉴얼을 보고 기초 단계부터 순서를 정해 작품 만들기를 진행한다. 드라이버나 나사, 볼트, 너트, 앵글, 조립판을 다룰 때의 주의점 등에 대해 자세한 설명을 하고, 다른 친구들과 함께 사용해야 하므로 안전하게 다룰 것을 약속한다. |
| | 수 | 신정 | | |
| | 목 | 견학 | • 영화관람 | • 현장학습 |
| | 금 | 미술·창작 | • 나만의 과제 1<br>–지점토 연필꽂이 만들기 | • 방학 기간 중에 학교에서 내 주는 나만의 과제로 지점토와 유리컵을 이용한 신발 모양의 지점토 연필꽂이를 만들어 본다.<br>시간이 오래 걸리고 손이 많이 가는 활동이므로 여러 주로 나누어서 계획하고 수업을 진행한다. |
| 놀이 지도 | 자유선택활동 | | | |
| 학습 지도 | 학습지 및 일기 쓰기 | | | |
| 생활 지도 | 규칙적인 생활습관 갖기 | | | |

## ☆ 과학상자 만들기

활동영역 과학·탐구

활동목표 도구의 사용법을 알고 조형물을 만들어 본다.

준 비 물 과학상자 교재, 드라이버

활동방법

〈도입〉

◔ 방학 동안 수업시간이 많이 확보됨에 따라 학기 중에 하기 힘들었던 다양한 활동들을 진행할 수 있도록 한다. 겨울방학에 과학상자를 이용한 재미있는 활동을 해 볼 수 있다.

〈실제 1〉

① 저학년에 적합한 과학상자를 6~7개 정도 구입하여 모둠별로 활동하기로 한다.

② 과학상자의 세트 구성은 조립에 필요한 너트, 나사, 볼트, 앵글, 여러 개의 조립판 등 부품들로 이루어져 있기 때문에 안내 소책자를 참고로 작품의 난이도를 조정해서 몇 개의 작품을 선택하고 여러 주의 프로그램으로 진행하면 된다.

③ 각 세트마다 드라이버가 들어 있으나 '－'자 드라이버를 10개 정도 여벌로 준비하면 도움이 된다.

④ 한 시간의 수업시간 동안 처음부터 한 작품을 완성하기 어렵고 나사를 조이고 조립하는 작업이 익숙하지 않아 생각보다 다소 힘이 들 수도 있기 때문에 함께 작업하는 것이 좋다.

⑤ 몇몇 작품은 부드러운 철판을 약간 구부려서 둥근 돔을 만들어야 하는 경우도 있는데, 함부로 다루다 부러지거나 접혀서 구겨지는 경우가 있으므로 아동들이 함께 물건을 사용하는 데 있어서 아끼고 조심해야 함을 미리 주의시킨다.

〈실제 2〉

① 2~3명씩 한 모둠을 만들게 하고 과학상자의 부품 명칭과 다루는 방법에 대해 설명한다.

② 그날의 작품에 대해 간단히 설명하고, 어떤 부품이 들어가는지 짚어 준다.

③ 작품이 완성되면 함께 전시하고 사진을 찍어 주어 성취감을 느끼게 해 준다. 다시 조립을 풀고 상자에 정리하도록 약속을 한다. 작은 나사 하나도 소홀히 하지 않도록 정리시간을 충분히 주도록 한다.

④ 익숙해지면 마지막 시간에 아동들이 개별 작품을 하나씩 만들어 보도록 기회를 준다.

유 의 점 과학상자 활동을 진행할 때는 교사가 미리 작품을 만들어 보고 난이도를 조정해 주어야 한다.

## ☆ 지점토 연필꽂이 만들기

활동영역 미술·창작

활동목표 지점토를 이용하여 연필꽂이를 만들어 본다.

준 비 물 지점토, 밀대, 오공본드, 래커, 유리컵, 점토용 동분

활동방법

〈도입〉

◔ 학교에서 내 준 방학과제에 대해 함께 계획을 세운다.

◔ 1주일에 한 번씩 4~5단계로 계획할 수 있다. 이번 겨울방학에는 지난 여름방학과 마찬가지로 지점토를 이용한 연필꽂이를 만들지만, 좀 더 정교하게 연출해 보도록 한다.

〈실제〉

① 꽃 지점토 3개와 유리컵(밑은 좁고 위는 넓은 것)을 준비한다.

② 지점토 1개를 밀대로 1cm 두께, 가로 15cm, 세로 20cm 정도의 넓이로 평평하게 밀어 놓는다.

③ 뾰족한 못으로 앞은 넓고 뒤는 좁은 군화 발바닥 모양으로 크게 그린 후, 오려 낸다.(1)

④ 지점토를 반으로 잘라 밀대를 이용하여 0.5cm 두께로 유리컵을 감쌀 정도로 넉넉히 밀어, 유리컵 몸체를 감싼다.

⑤ 뒷 굽 중심에 유리컵을 올려놓는다(연필꽂이 부분).

⑥ 나머지 지점토 반을 0.5cm 두께로 밀어서 발바닥 앞부분을 충분히 감쌀 정도의 크기로 오려 낸다.(2)

⑦ 약간 빳빳한 느낌의 비닐을 동그랗게 구겨 말아서 군화 앞부분 중심에 놓고, ⑥번에서 오려낸 지점토를 덮어 유리컵 몸체에 붙여 이음새를 마무리하고, 군화 발바닥에도 눌러 붙인다. 군화 모양이 갖춰지도록 모양을 다듬는다.
그늘에서 말리고 작업을 마친다.(3)

⑧ 지점토로 가로 1cm, 세로 30cm, 두께 0.5cm 정도의 긴 띠를 3개 만들어서 양쪽으로 뾰족한 못으로 촘촘히 구멍을 살짝 내서 바느질 홈질 자국을 만든다.(4)

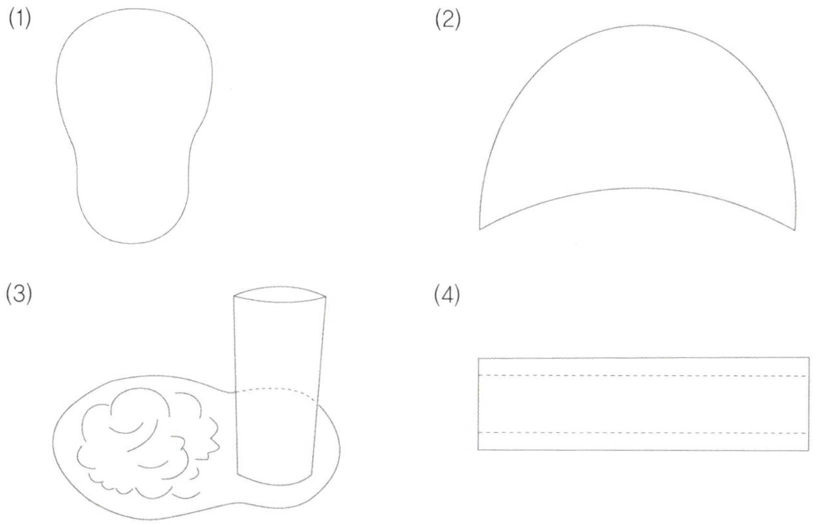


⑨ 긴 띠에 점토전용 본드를 발라 신발 발바닥 이음새 둘레를 돌려가며 붙여서 마무리한다.

⑩ 신발 목 뒤의 중앙에도 위에서 아래로 길게 띠를 붙여 바느질 이음선을 만든다.

⑪ 맨 윗부분은 조금 남겨서, 둥글게 말아 붙여 장식을 만든다. 신발 목의 앞쪽도 띠를 나란히 두 줄로 3cm 정도 간격을 두고 붙인다.

⑫ 앞 중앙에[(1)번] 붙인 두 줄의 띠 바깥쪽으로 조그맣게 14~16개의 새알심을 만들어 7~8개씩 좌우로 붙인다. 그늘에서 말리고 작업을 마친다.

⑬ 점토용 먹물이나 검은 물감을 진하게 물에 풀어서 하얀 점토색이 보이지 않도록 굵은 붓으로 여러 번 덧칠한 다음 그늘에서 말린다.

⑭ 점토용 분가루(구리색 동분)를 골고루 발라 구리의 느낌이 나도록 한다.

⑮ 점토용 래커를 붓으로 골고루 덧발라 완성한다.

# 1월 2주 교육 프로그램

**주 제** 겨울 생활과 방학

**소주제** 겨울 날씨

**목 표** 겨울 날의 변화와 생활 모습에 대해 안다.

| 구분 | 요일 | 영 역 | 활 동 명 | 활동 내용 |
|---|---|---|---|---|
| 특별활동 | 월 | 언어·표현 | • 이야기 나누기 | • 주말 지낸 이야기<br>• 겨울 날의 특징에 대해 이야기하고 겨울이 되어서 좋은 점과 나쁜 점에 대해서도 이야기 나눈다. |
| | | | • 동시 외우기<br>- 편지 | • 겨울 주제 동시 한 편을 골라 함께 외우고 동시 속 장면을 떠올리며 사포에 그림으로 그려 본다. |
| | 화 | 요리 | • 요리조리쿡<br>- 브라우니 만들기 | • 브라우니 믹스에 우유와 물을 섞어 반죽을 만든 후 오븐에 굽거나 쪄서 맛있는 오후 간식을 만들어 먹는다. |
| | 수 | 과학·탐구 | • 과학상자 만들기 2<br>- 손수레 | • 과학상자의 매뉴얼을 보고 기초단계부터 순서를 정해 작품 만들기를 진행한다. 드라이버나 나사, 볼트, 너트, 앵글, 조립 판을 다룰 때의 주의점 등에 대해 자세한 설명을 하고, 다른 친구들과 함께 사용해야 하므로 안전하게 다룰 것을 약속한다. |
| | 목 | 미술·창작 | • 나만의 과제 2<br>- 지점토 연필꽂이 만들기 | • 지점토와 유리컵을 이용해 신발 모양의 지점토 연필꽂이를 만든다. |
| | 금 | 창의성·사고력 | • 올해는 무슨 띠의 해일까? | • 12간지에 대해 알아보고 올해를 상징하는 동물의 특성, 관련 동화와 사진을 신문에서 찾아본다. |
| 놀이 지도 | | 끝말 잇기 | | |
| 학습 지도 | | 학습지 및 일기 쓰기 | | |
| 생활 지도 | | 따뜻하게 옷 입기 | | |

## ☆ 동시 외우기 – 편지

활동영역 언어·표현

활동목표 시적 정서를 느끼고, 상상을 그림으로 표현한다.

준 비 물 사포, 크레파스

활동방법

〈실제〉

① 동시 한 편을 칠판에 적어 놓는다(예 윤동주의 '편지').

> 누나, 이 겨울에도 눈이 수북히 왔습니다.
> 흰봉투에 눈을 한줌 넣고 글씨도 쓰지 말고 우표도 붙이지 말고
> 말쑥하게 그대로 편지를 부칠까요?
> 누나 가신 나라엔 눈이 아니 온다기에

② 소리 내어 읽어 보고, 운율에 따라 끊어 읽기를 한다.

③ '누나 가신 나라'는 어디를 말하는 걸까? 아동들의 생각을 함께 들어 본다.

④ 다양한 생각들을 그대로 수용하고 사포에 '누나 가신 나라'를 상상해서 그리도록 한다.

⑤ 그림을 그린 후, 여러 번 읽고 학년별로 동시 외우기 시간을 갖는다.

### ☆ 브라우니 만들기

활동영역 요리

활동목표 직접 요리하는 과정을 통해 음식 만드는 즐거움을 안다.

준 비 물 브라우니 믹스, 모양 틀, 넓은 쟁반

활동방법

〈도입 1〉

① 전 시간에 아동들이 만들고 싶어 하는 요리에 대해 이야기 나눈다.

② 각자 만들고 싶은 요리명과 만드는 방법, 주의할 점을 적어 본다.

③ 쉽게 해 볼 수 있는 '브라우니 만들기'부터 요리를 해 보기로 한다.

〈도입 2〉

① 반죽을 만들 때 주의할 점에 대해 이야기 나눈다.

② 모둠을 나누고, 역할을 분담한다(장보기, 반죽 밀기, 모양 만들기, 접시에 담기, 설거지 등).

③ 각 모둠별로 전지에 요리 만드는 순서판을 만들어 본다.

〈실제〉

① 브라우니 믹스에 우유와 물을 넣어 반죽을 만든다.

② 반죽을 적당한 두께로 밀어낸 다음, 모양 찍기판을 이용해 여러 가지 모양을 만든다.

③ 적당한 온도의 오븐에서 구워 낸다. 오븐이 없으면 전자레인지를 이용하여 쪄 낸다.

④ 접시에 담아 함께 먹는다.

# 1월 3주 교육 프로그램

**주　제** 겨울 생활과 방학

**소주제** 겨울 생활

**목　표** 추운 겨울 날씨를 건강한 생활로 이긴다.

| 구분 | 요일 | 영 역 | 활 동 명 | 활동 내용 |
|---|---|---|---|---|
| 특별활동 | 월 | 언어·표현 | • 이야기 나누기 | • 주말 지낸 이야기<br>• 겨울이 없어진다면 일어날 수 있는 모든 일들에 대해 글로 표현해 보고 이야기하는 시간을 갖는다. |
| | | | • 글쓰기 | • '만약 겨울이 없다면?'이라는 주제를 글로 표현해 본다. |
| | 화 | 견학 | • 눈썰매장 | • 현장학습 |
| | 수 | 과학·탐구 | • 과학상자 만들기 3<br>– 양팔저울 | • 과학상자의 매뉴얼을 보고 기초단계부터 순서를 정해 작품 만들기를 진행한다. 드라이버나 나사, 볼트, 너트, 앵글, 조립 판을 다루어야 할 때의 주의점 등에 대해 자세한 설명을 하고, 다른 친구들과 함께 사용해야 하므로 안전하게 다룰 것을 약속한다. |
| | 목 | 미술·창작 | • 나만의 과제 3<br>– 지점토 연필꽂이 만들기 | • 지점토와 유리컵을 이용해 신발 모양의 지점토 연필꽂이를 만든다. |
| | 금 | 창의성·사고력 | • 한 장면 표현하기 | • 『까치와 호랑이와 토끼』 동화를 듣고 한 장면 안에 줄거리의 내용과 등장인물의 특징이 살아나도록 그림으로 표현한다. |
| 놀이 지도 | | 체스 두기 | | |
| 학습 지도 | | 학습지 및 일기 쓰기 | | |
| 생활 지도 | | 함께 쓰는 물건 아껴 쓰기 | | |

### ☆ 눈썰매장

활동영역 견학

활동목표 눈썰매 등의 겨울놀이를 즐긴다.

준 비 물 방수복, 방수장갑

활동방법

〈실제〉

① 2주일 전에 현장학습 갈 장소와 시간, 간단한 준비물에 대한 가정통신문을 발송한다.

② 당일 아동 수를 점검하고 이름과 연락처가 기재된 이름표를 가슴에 부착하게 한다.

③ 눈에 젖지 않도록 방수 기능이 있는 활동복을 입도록 안내한다.

④ 단체 외부 활동 시 주의해야 할 사항들에 대해 사전에 이야기한다.

⑤ 모둠으로 나누어 상급 학년의 아동이 어린 동생들을 돌볼 수 있도록 약속한다.

## ☆ 한 장면 표현하기

활동영역 창의성·사고력

활동목표 동화 속 줄거리를 요약해서 한 장면으로 표현할 수 있는 능력을 기른다.

준 비 물 동화책, A3용지, 그림 도구

활동방법

〈도입〉

◔ 『까치와 호랑이와 토끼』 동화를 읽어 준다.

◔ 이야기를 듣고 난 후의 느낌과 감상을 함께 이야기한다.

〈실제〉

① A3용지를 하나씩 나누어 주고 이야기 속 주인공인 호랑이와 까치와 토끼의 모습을 상상하면서 세 주인공이 모두 나오는 장면으로 그림을 구성해 본다.

② 이야기 속 호랑이의 성격과 가장 인상적인 장면, 까치의 모습 그리고 토끼의 행동을 묘사하면서 전체적인 줄거리를 다시 한 번 생각해 보고, 특징을 잘 묘사할 수 있도록 격려한다.

③ 다 완성된 그림을 친구들 앞으로 들고 나와 보여 주면서 각 인물이 어떤 것을 나타내고 있는지 이야기하는 시간을 갖는다.

④ 마지막으로 책 표지의 그림과 비교하면서 책 표지는 동화의 줄거리를 짐작할 수 있도록 동화의 내용을 함축적으로 보여주는 것임을 설명해 준다.

# 1월 4주 교육 프로그램

**주 제** 겨울 생활과 방학

**소주제** 겨울놀이 1

**목 표** 즐거운 겨울놀이로 씩씩하고 활기찬 생활을 한다.

| 구분 | 요일 | 영 역 | 활 동 명 | 활동 내용 |
|---|---|---|---|---|
| 특별활동 | 월 | 언어·표현 | • 이야기 나누기 | • 주말 지낸 이야기<br>• '눈' 소재로 동시 짓기를 하고 발표한다. |
| | | | • 글짓기 | • 눈을 주제로 글을 써 본다. |
| | 화 | 신체·지각 | • 고리 던지기 | • 여러 개의 모둠으로 나누고 교실 공간에 1단계부터 5단계까지 선을 표시해서 고리 던지기에 모두 성공하면 다음 단계로 넘어가고 가장 먼저 최종 단계에 다다른 모둠이 우승하게 된다. |
| | 수 | 과학·탐구 | • 과학상자 만들기 4<br>– 잔디깎기 | • 과학상자의 매뉴얼을 보고 기초단계부터 순서를 정해 작품 만들기를 진행한다. 드라이버나 나사, 볼트, 너트, 앵글, 조립 판을 다룰 때의 주의점 등에 대해 자세한 설명을 하고, 다른 친구들과 함께 사용해야 하므로 안전하게 다룰 것을 약속한다. |
| | 목 | 미술·창작 | • 나만의 과제 4<br>– 지점토 연필꽂이 만들기 | • 지점토와 유리컵을 이용해 신발 모양의 지점토 연필꽂이를 만든다. |
| | 금 | 창의성·사고력 | • 영상 시청 | • 프린스 & 프린세스 |
| 놀이 지도 | | 연상게임 | | |
| 학습 지도 | | 학습지 및 일기 쓰기 | | |
| 생활 지도 | | 속옷 자주 갈아입기 | | |

## ☆ 영상 시청

활동영역 창의성·사고력

활동목표 그림자 영화를 통해 상상력을 키운다.

준 비 물 〈프린스 & 프린세스〉 시청각 자료

활동방법

〈도입〉

◔ 아동들이 알고 있는 '왕자와 공주' 이야기에 대해 말하는 시간을 갖는다.

◔ 동화책이나 영화에서 본 왕자의 모습과 공주의 모습이 어떤지 자신의 의견을 이야기하도록 한다.

◔ 영화 〈슈렉〉의 피오나 공주(못생기고 뚱뚱한 모습에 아동들이 많이 실망할 수 있다)의 모습도 이야기해 보면서 어떤 느낌이 들었는지 이야기한다.

◔ 프린스(prince)는 왕자, 프린세스(princess)는 공주를 의미하는 외국어임을 설명해 주고 이 영화에서는 어떤 공주와 왕자 이야기가 있을까 상상해서 말해 보는 시간도 갖는다.

〈실제〉

영상 시청 후, 여섯 단막 중에서 가장 인상 깊고 재미있게 본 내용에 대해 이야기하고, 프랑스라는 나라에 대한 간단한 소개(에펠탑, 포도주, 예술의 거리 몽마르뜨 등)를 해 주면서 다른 나라에 대한 이해의 폭을 넓힐 수 있는 시간도 마련한다.

유 의 점 〈프린스 & 프린세스〉는 프랑스에서 만든 만화영화다. 그림자 기법을 이용해서 만들었기 때문에 많은 상상적 요소가 가득하다. 처음에는 흑백 화면에 익숙하지 않던 아동들이 이내 화면 속에 빠져들고 신선한 자극으로 받아들이며 흥미롭게 끝까지 집중하는 모습을 볼 수 있다.

여러 개의 단막으로 구성되어 있어 지루하지 않기 때문에 초등학교 저학년 아동들이 좋아한다.

# 1월 5주 교육 프로그램

**주 제** 겨울 생활과 방학

**소주제** 겨울놀이 2

**목 표** 즐거운 겨울놀이로 씩씩하고 활기찬 생활을 한다.

<table>
<tr><th>구분</th><th>요일</th><th>영 역</th><th>활 동 명</th><th>활동 내용</th></tr>
<tr><td rowspan="6">특별활동</td><td rowspan="2">월</td><td rowspan="2">언어·표현</td><td>• 이야기 나누기</td><td>• 주말 지낸 이야기<br>– 주말 동안 있었던 일들을 그림으로 그리고 친구들 앞에서 그림을 보여 주며 이야기한다.</td></tr>
<tr><td>• 동시 외우기<br>– 눈 온 날 아침</td><td>• 겨울이 주제인 동시 한 편을 골라 함께 외우고 동시 속에 나오는 의태어와 의성어의 표현을 배운다. 동시 속 장면을 떠올리며 그림으로도 표현한다.</td></tr>
<tr><td>화</td><td>신체·지각</td><td>• 축구</td><td>• 춥다고 웅크리고 있지 말고 바깥에 나가 신나게 뛰어노는 하루를 마련한다.</td></tr>
<tr><td>수</td><td>견학</td><td>• 국립과학관</td><td>• 현장학습<br>– 방학기간 중에 미리 현장학습을 계획하고 여유 있게 견학시간을 잡는다.</td></tr>
<tr><td>목</td><td>미술·창작</td><td>• 겨울 풍경화</td><td>• 겨울 날의 모습을 잘 살려 스케치북에 풍경화로 그린다.</td></tr>
<tr><td>금</td><td colspan="3">설 연휴</td></tr>
<tr><td colspan="2">놀이 지도</td><td colspan="3">눈 결정체 모양 오리기</td></tr>
<tr><td colspan="2">학습 지도</td><td colspan="3">학습지 및 일기 쓰기</td></tr>
<tr><td colspan="2">생활 지도</td><td colspan="3">사물함 깨끗이 정리하기</td></tr>
</table>

## ☆ 동시 외우기 – 눈 온 날 아침

활동영역 언어·표현

활동목표 시적 정서를 느끼고, 상상을 그림으로 표현한다.

준 비 물 색연필, 사인펜, A4용지

활동방법

〈실제〉

① 동시 한 편을 칠판에 적어 놓는다(박화목의 '눈 온 날 아침').

> (사북 사북) 흰눈위에 발자국 한쌍
> (사북 사북) 소리맞춰 학교가는 길
> 참새들이 (포르르) 흰눈 (쏘르르)
> 참새 눈부신가봐 눈 온 날 아침

② 소리 내어 읽어 보고, 운율에 따라 끊어 읽기를 한다.

③ (　) 안의 표현은 처음에는 써 주지 말고 비워 둔 후, 아동들이 직접 (　) 속에 모양이나 소리를 나타내는 말을 넣어서 직접 동시를 지어 보게 한다.

④ 동시 속 장면을 종이에 그리고 전시한다.

⑤ 그림을 그린 후, 여러 번 읽고 학년별로 동시 외우기 시간을 갖는다.

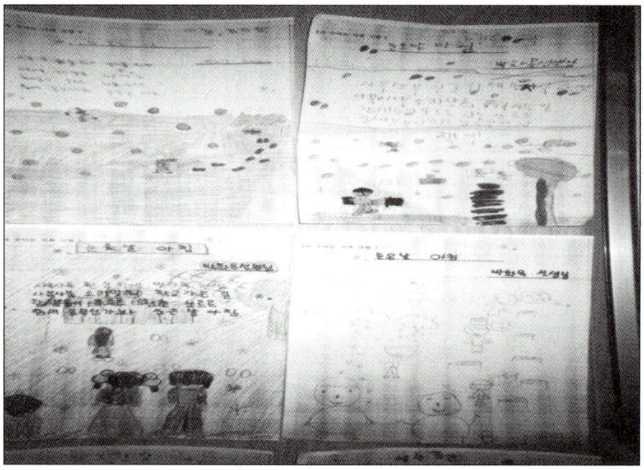

## ☆ 축구

활동영역 신체·지각

활동목표 심신을 단련하고 기초체력을 기른다.

준 비 물 간편한 복장, 축구공, 월드컵 관련 화보집

활동방법

① 간단한 기본 체조로 몸을 푼다(목 운동, 다리 운동, 발목 운동 등).

② 10회 팔 벌려 뛰기를 한 후 숨을 고른다.

③ 학년과 신체 조건을 고려해서 두 줄로 세운다.

④ 축구경기 규칙을 정해 준다. 정해진 시간 내에 가장 많은 골을 넣은 모둠이 이긴다. 공은 절대 손으로 잡아서는 안 되며, 골키퍼만이 손으로 공을 잡을 수 있다. 몸을 손으로 잡아당기거나 밀어서는 안 된다.

⑤ 공은 발을 이용해서 몰아가되 같은 편끼리 패스를 해서 득점으로 연결할 수 있도록 이야기한다.

⑥ 운동 경기가 끝난 후에는 상대편끼리 악수를 하거나 격려의 박수를 쳐 주고 마친다.

유 의 점 축구 경기 관련 화보 및 사진집으로 관심을 갖게 한다.

# 2월 교육 프로그램

**주 제** 우주와 미래

**목 표** 우주와 별자리에 대해 배우고 자신의 미래를 설계하는 시간을 갖는다.

| 영 역 \ 소주제 | | 우주의 모습 1 | 우주의 모습 2 | 미래의 내 모습 | 새 학년 |
|---|---|---|---|---|---|
| 특별활동 | 언어·표현 | • 이야기 나누기<br>– 주말 지낸 이야기<br>– 설날의 기억에 남는 일<br>• 과학도서 읽기 | • 이야기 나누기<br>– 주말 지낸 이야기<br>• 과학도서 읽기 | • 이야기 나누기<br>– 주말 지낸 이야기<br>– 미래의 내 모습에 대해<br>• 글쓰기<br>– 장래 희망<br>• 책나무 가꾸기<br>– 화요일은 머리 감는 날 | • 이야기 나누기<br>– 주말 지낸 이야기<br>– 학년을 마무리하며<br>• 롤링페이퍼<br>– 언니들에게 |
| | 신체·지각 | | • 비석 치기 | | • 꼬리잡기<br>• 동작 따라 하기 |
| | 과학·탐구 | • 영상 시청<br>– 우주탐험 관련 영상<br>• 별자리 여행 1 | • 별자리여행 2 | • 풍선빨대 놀잇감 | |
| | 요리·견학 | • 요리조리쿡<br>– 떡국 끓이기 | | | |
| | 미술·음률·창작 | | • 별자리 만들기 | • 인형 만들기 | • 사탕 목걸이 만들기 |
| | 창의성·사고력 | | • 도전 골든벨 게임<br>– 과학 상식 퀴즈 | • N.I.E. 활동<br>– 어떤 일을 할까요? | • 졸업식 및 수료식<br>– 다과 파티 |
| 놀이 지도 | | 자유선택활동 | 바깥놀이 | 자유선택활동 | 수수께끼 |
| 학습 지도 | | 숙제 및 일기 쓰기 | 숙제 및 일기 쓰기 | 숙제 및 일기 쓰기 | 숙제 및 일기 쓰기 |

| 소주제 / 영 역 | 우주의 모습 1 | 우주의 모습 2 | 미래의 내 모습 | 새 학년 |
|---|---|---|---|---|
| 생활 지도 | 손 깨끗이 씻고 보호크림 바르기 | 웅크리지 않고 건강하게 뛰어놀기 | 단정한 복장으로 다니기 | 바른 태도로 학습하기 |

## 참고 자료

참고 도서 ▸▸ 우리나라 민속놀이(동문선)
화요일은 머리 감는 날(여명미디어)
아이들 민속놀이 백 가지(우리교육)
재미있는 전통놀이(배영사)
과학앨범 1~84권(웅진출판사)
자연도감(진선출판사)
두뇌개발프로그램 1 종이접기(종이나라)

관련 사이트 ▸▸ 별자리 여행

시청각 자료 ▸▸ 우주탐험 관련 영상

2월의 주제는 아동들이 스스로의 상상력을 최대로 가동시켜 볼 수 있는 '우주와 미래'이다. 대부분의 주제들은 실생활에서 접할 수 있는 주제들이었으나 우주와 미래는 아동들이 직접 경험하는 데 한계가 있는 반면에 상상력을 마음껏 펼쳐 볼 수 있는 장점이 있는 주제이다.
아동들이 우주와 관련하여 정답 없이 그리고 생각의 제한 없이 자유롭게 다양한 생각을 할 수 있게 한다. 책이나 인터넷을 충분히 활용하여 마음껏 자료를 수집할 수 있도록 충분한 시간을 준다. 더불어 세계에 대한 시야를 넓히고 원대한 미래의 꿈을 꿀 수 있는 기회로 삼는다.

▶ 1주

도서장에 꽂혀 있는 여러 가지 과학도서들을 아동들이 손쉽게 볼 수 있는 영역에 재배치하고 지속적인 책 읽기로 과학적 호기심을 불러일으키도록 한다. 우주에 떠 있는 수많은 별들의 존재를 알고 또 관련된 신화나 재미있는 유래 등을 조사함으로써 우주에 대한 흥미를 더하는 한 주가 되도록 한다.

**▶ 2주**

야광별 스티커를 이용해 자기 '별자리판'을 만들어 보고, 자기 별자리와 자신이 잘 어울리는지 안 어울리는지, 왜 그런지를 생각하고 발표해 보며, 또 다른 친구들의 별자리와 자신의 별자리를 비교해 보는 시간도 갖는다.

과학도서를 꾸준히 읽도록 독려하고 마지막 시간에는 과학상식 퀴즈 시간을 통해 아동들과 재미있는 과학수업으로 우주단원을 마무리한다.

'비석치기 놀이'는 신체 부위를 바꾸어 가며 다양한 방법으로 상대의 돌을 넘어뜨리는 전통놀이로 실외에서 손쉽게 할 수 있는 놀이이며 아동들도 상당히 즐겁게 임할 수 있다.

**▶ 3주**

한 주가 지나면 한 학년씩 진급하게 된다. 페트병으로 자기가 어른이 되었을 때의 모습을 만들어 보는 활동을 통해 미래에 자신이 어떤 사람이 되고 싶은지 다시 한 번 생각해 보고 자신의 모습을 정성껏 만들고 표현할 수 있도록 한다. 이런 과정을 통하여 자신을 사랑하는 법을 배울 수 있게 한다.

자신의 미래의 모습에는 성품과 관련된 면과 직업 등 능력 향상과 관련된 면이 있다고 설명해 준다. 자신이 원하는 미래의 모습을 표현하게 하되, 성품과 관련해서 착한 사람, 겸손한 사람, 명랑한 사람, 예절 바른 사람, 질서와 규칙을 잘 지키는 사람, 다른 사람을 사랑할 줄 아는 사람 등이 있음을 이야기해 주고 직업의 종류가 다양함과 아직 미개척된 분야도 많이 있음을 알려 준다. 미래의 직업과 관련해서는 우선 다양한 직업의 세계를 탐색해 보도록 한 후 그 중 자신이 좋아하고 자신에게 잘 맞을 것 같은 직업을 골라 보도록 한다. 미래의 자신의 모습을 페트병에 독특하게 표현해 보도록 하면 이 수업이 더욱 효과적으로 진행될 수 있다.

**▶ 4주**

한 학년을 마무리하는 시기이다. 아동들과 함께 지난 학년을 정리하고 돌아오는 새 학년을 계획해 보도록 한다. 이러한 계획하기 연습이 자신의 인생을 계획적으로 살아갈 수 있도록 준비하는 계기가 될 수 있음을 알게 한다.
또한 방과후 교실을 졸업하는 친구들과의 아쉬운 이별을 위한 송별파티를 준비한다. 사탕목걸이 등의 깜짝 선물도 마련하고 롤링페이퍼 편지를 써서 좋은 추억을 간직하도록 하는 순서도 마련한다.

# 2월 1주 교육 프로그램

**주 제** 우주와 미래

**소주제** 우주의 모습 1

**목 표** 다양한 별자리 모양을 살펴보고 우주의 신비를 경험한다.

| 구분 | 요일 | 영 역 | 활 동 명 | 활동 내용 |
|---|---|---|---|---|
| 특별활동 | 월 | 언어·표현 | • 이야기 나누기 | • 주말 지낸 이야기<br>– 설날에 일어났던 기억에 남는 일을 순서에 맞게 조리 있게 이야기한다. |
| | 화 | 요리 | • 요리조리쿡<br>– 떡국 끓이기 | • 설날에 먹었던 떡국을 직접 끓여서 먹어 보는 시간을 갖는다. 가래떡 썰기와 계란지단 만들기, 떡국 끓이기 등 역할을 분담해서 모둠별로 진행한다. |
| | 수 | 과학·탐구 | • 영상 시청 | • 우주탐험 관련 영상을 시청한다. |
| | 목 | 언어·표현 | • 과학도서 읽기 | • 책을 통해 우주와 자연의 변화 그리고 그 신비를 알아본다. |
| | 금 | 과학·탐구 | • 별자리 여행 1 | • 우리나라에서 계절별로 보이는 별자리를 살펴보고 별자리와 관련된 신화나 전설, 별자리 찾는 방법 등을 조사한다. 자신의 생일 달을 나타내는 별자리(12궁도)에는 무엇이 있는지도 알아본다. |
| 놀이 지도 | | 자유선택활동 | | |
| 학습 지도 | | 숙제 및 일기 쓰기 | | |
| 생활 지도 | | 손 깨끗이 씻고 보호크림 바르기 | | |

## ☆ 과학도서 읽기

활동영역 언어·표현

활동목표 자연 현상과 우주의 신비를 이해한다.

준 비 물 과학도서

활동방법

〈도입〉

◔ 교실 내에 과학도서를 충분히 비치해 두고 한 주간 동안 우주와 별자리에 대한 의문과 궁금증을 해결해 보는 시간을 갖도록 한다.

〈실제〉

① 독서 지도를 체계적으로 하기 위해 각 아동마다 독서카드를 만들어 비치해 둔다.

② 독서카드는 책 제목, 지은이, 읽은 날짜, 출판사, 읽은 분량 등 칸을 나누어 구분한다.

③ 방과후 교실의 수업 흐름상 독서 시간을 충분히 갖기 어려우므로 아동들은 주로 짧고 얇은 책만을 선호하고 읽은 책만 계속 읽으려는 경향이 있다. 특별히 지정된 독서시간을 마련해서 충분히 읽을 수 있게 배려한다.

④ 과학책을 자주 접하지 않았던 아동들도 읽어 볼 수 있는 기회가 되기 때문에 한 권의 책을 꼼꼼히 다 읽은 후, 다음 책으로 넘어갈 수 있게 지도한다.

⑤ 책을 끝까지 다 못 읽었어도 다른 시간에 틈틈이 읽을 수 있음을 이야기해 주고, 책 권 수에 연연하지 않도록 지도한다.

⑥ 읽은 분량에 쪽수 표시를 자세히 할 수 있도록 하고, 1주일 뒤 우리가 읽은 책으로 과학상식 퀴즈를 할 예정이라고 미리 알려 준다.

## ☆ 별자리여행 1

활동영역 과학·탐구

활동목표 별자리에 관련된 재미있는 신화와 이야기를 알아본다.

준 비 물 필기도구

활동방법

〈도입〉

◔ 우리가 읽은 과학도서 중에서 별자리에 관한 부분을 함께 이야기해 본다.

◔ 별자리에는 어떤 것들이 있는지 이야기하고 별 이야기를 꾸며 본다.

◔ 과제 해결 중심의 활동을 하도록 아동들에게 여러 개의 문제를 제시한다.

〈실제〉

① 4계절 내내 볼 수 있는 별자리에 대해 알아본다(큰 곰, 작은 곰, 카시오페아, 케페우스 자리).

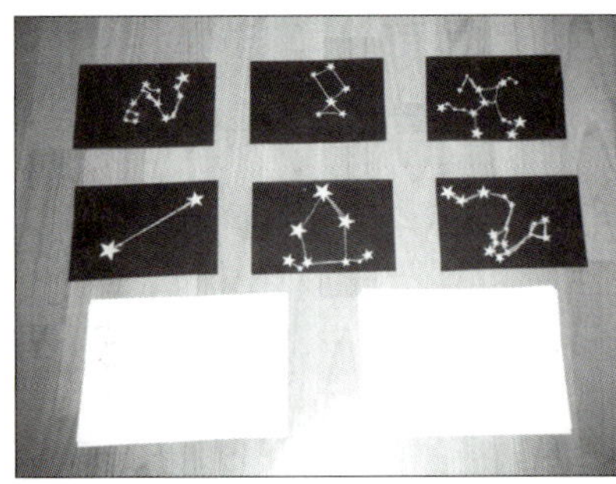

② 봄, 여름, 가을, 겨울 계절별로 볼 수 있는 별자리에 대해 알아본다.

- 봄 : 사자, 처녀, 목동, 사냥개, 까마귀 자리
- 여름 : 전갈, 거문고, 백조, 헤라클레스, 땅꾼 자리
- 가을 : 물병, 물고기, 양, 안드로메다, 페가수스, 고래 자리
- 겨울 : 황소, 오리온, 마차부, 쌍둥이, 큰개, 작은 개 자리

③ 각자 조사할 별자리에 대한 사진 자료를 준비하고 그림을 그려 오도록 한다.

④ 각 별자리에 관련된 신화와 재미있는 이야기들을 조사해 온다.

⑤ 각자 앞에 나와 자신이 조사한 별자리에 대한 정보를 알려 준다.

# 2월 2주 교육 프로그램

**주 제** 우주와 미래

**소주제** 우주의 모습 2

**목 표** 다양한 별자리 모양을 살펴보고 우주의 신비를 경험한다.

| 구분 | 요일 | 영 역 | 활 동 명 | 활동 내용 |
|---|---|---|---|---|
| 특별활동 | 월 | 언어·표현 | • 이야기 나누기 | • 주말 지낸 이야기 |
| | | | • 과학도서 읽기 | • 우주와 자연의 변화를 책을 통해 알아보고, 지적 호기심과 과학적 탐구심을 기르는 시간을 갖는다. |
| | 화 | 신체·지각 | • 비석치기 | • 자신의 돌을 가지고 세워 놓은 상대 돌을 넘어뜨리는 경기방식이다. 돌을 운반해서 상대 진영으로 가는 방법을 단계별로 다양하게 알려준다. |
| | 수 | 과학·탐구 | • 별자리 여행 2 | • 우리나라에서 계절별로 보이는 별자리를 인터넷 사이트에서 살펴보고 별자리와 관련된 신화나 전설, 별자리 찾는 방법 등을 조사한다. 자신의 생일 달을 나타내는 별자리(12궁도)에는 무엇이 있는지도 알아본다. |
| | 목 | 미술·창작 | • 별자리 만들기 | • 월별로 볼 수 있는 별자리와 생일 별자리를 직접 그려 보고, 야광별 스티커로 검은 도화지 위에 표현한다. |
| | 금 | 창의성·사고력 | • 도전 골든벨 게임 | • 과학도서 읽기왕을 뽑고 과학 상식에 대한 퀴즈를 풀어 본다. |
| 놀이 지도 | | 바깥놀이 | | |
| 학습 지도 | | 숙제 및 일기 쓰기 | | |
| 생활 지도 | | 웅크리지 않고 건강하게 뛰어놀기 | | |

### ☆ 비석치기

활동영역 신체·지각

활동목표 전통놀이인 비석치기의 재미있는 진행 방식을 알고 배운다.

준 비 물 비석(돌)

활동방법

〈실제〉

① 운동장에서 각자 평평하고 마음에 드는 비석(돌)을 골라서 모은다.

② 가위 바위 보로 진 편과 이긴 편을 나누어 두 모둠을 만든다.

③ 5~6걸음 정도 사이를 두고 땅 바닥에 금을 두 줄 긋고, 진 편은 자기 편 금 위에 각자의 돌을 넘어지지 않게 잘 세워 둔다.

④ 이긴 편은 자신의 비석(돌)을 가지고 상대편의 비석(돌)을 넘어뜨리면 된다.

⑤ 놀이 방법은 단계별로 상대의 비석을 모두 쓰러뜨린 편이 이기는 방식이다.

1단계 : 비석을 던져서 상대의 비석을 넘어뜨린다. 넘어뜨리지 못한 친구의 비석은 자기 편에서 성공한 사람이 넘어뜨려서 성공하면 다음 단계로 넘어간다. 모두 실패하면 상대편에게 기회가 넘어간다.

2단계 : 비석을 한 발짝 정도 앞에 던진 다음 한 발로 한 번 뛰어 돌을 주워, 한 다리를 든 채로 그 자리에서 돌을 던져 상대편의 비석을 넘어뜨린다.

3단계 : 비석을 두 발짝 정도 앞에 던진 다음 한 발로 두 번 뛰어 돌을 주워, 두 눈을 감고 한 다리를 든 채로 그 자리에서 돌을 던져 상대편의 비석을 넘어뜨린다.

4단계 : 비석을 세 발짝 정도 앞에 던진 다음 한 발로 세 번 뛰어, 발로 돌을 차서 상대편의 돌을 넘어뜨린다.

## ☆ 별자리 만들기

활동영역 미술·창작

활동목표 자신이 태어난 달의 별자리를 알고 그려 본다.

준 비 물 별자리 자료, 검은색 도화지, 색연필, 야광별 스티커

활동방법

〈도입〉

◔ 자신이 태어난 달의 별자리를 알아보고 그려 보는 시간을 갖는다.

물병(1월 20일 ~ 2월 18일) 물고기(2월 19일 ~ 3월 20일)

양(3월 21일 ~ 4월 19일) 황소(4월 20일 ~ 5월 20일)

쌍둥이(5월 21일 ~ 6월 21일) 게(6월 22일 ~ 7월 22일)

사자(7월 23일 ~ 8월 22일) 처녀(8월 23일 ~ 9월 22일)

천칭(9월 23일 ~ 10월 22일) 전갈(10월 23일 ~ 11월 21일)

사수(11월 22일 ~ 12월 21일) 염소자리(12월 22일 ~ 1월 19일)

〈실제〉

① 검은 색 도화지를 하나씩 준비한다.

② 밝은 색 색연필로 자신이 태어난 달의 별자리를 표시하고, 색연필 표시 부분에는 야광별 스티커를 붙여서 자기만의 별자리를 만든다.

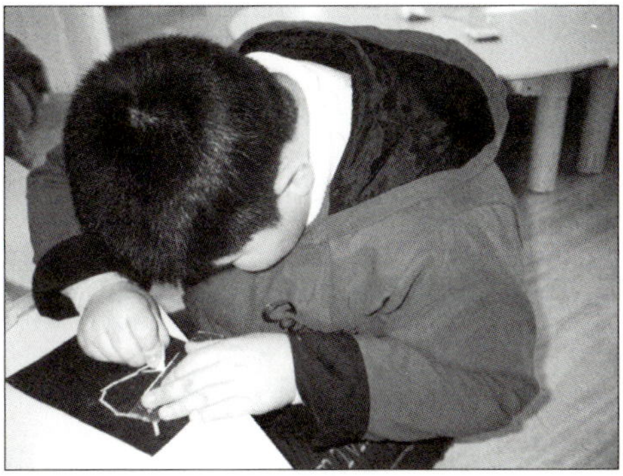

# 2월 3주 교육 프로그램

**주 제** 우주와 미래

**소주제** 미래의 내 모습

**목 표** 자신의 미래를 그려 보는 시간을 갖는다.

| 구분 | 요일 | 영 역 | 활 동 명 | 활동 내용 |
|---|---|---|---|---|
| 특별활동 | 월 | 언어·표현 | • 이야기 나누기 | • 주말 지낸 이야기<br>• 미래의 내 모습<br>-미래의 내 모습은 어떨지 10년 후, 20년 후의 모습에 대해 상상해 보고 이야기하는 시간을 가진다. |
| | | | • 글쓰기 | • 장래희망을 글로 표현해 본다. |
| | 화 | 언어·표현 | • 책나무 가꾸기<br>-화요일은 머리 감는 날 | • 동화 속 주인공처럼 자신이 가장 하기 싫어하는 일은 무엇이 있을까? 이야기 나눈다. |
| | 수 | 과학·탐구 | • 풍선빨대 놀잇감 | • 빨대를 이용해서 입김을 불어 종이풍선을 위로 밀어올리는 놀잇감을 만든다. |
| | 목 | 미술·창작 | • 인형 만들기 | • 찰흙과 일회용 숟가락을 이용해서 페트병으로 자기 얼굴을 만들고 한지를 이용하여 몸체에 바지와 치마를 만들어 표현한다. |
| | 금 | 창의성·사고력 | • N.I.E. 활동<br>-어떤 일을 할까요? | • 신문과 잡지에서 오린 사진을 보고 사진 속 사람들이 하는 일을 알아본다. 다양한 직업의 사람들이 하는 일을 신체로 표현하고 맞춰 본다. |
| 놀이 지도 | | 자유 독서 및 놀이 | | |
| 학습 지도 | | 숙제 및 일기 쓰기 | | |
| 생활 지도 | | 단정한 복장으로 다니기 | | |

## ☆ 인형 만들기

활동영역 미술·창작

활동목표 폐품을 활용해 재미있는 얼굴 표현을 한다.

준 비 물 페트병, 일회용 플라스틱 숟가락, 찰흙 조금, 사인펜, 색한지

활동방법

① 페트병은 가로로 반을 잘라 내서 입구가 있는 위쪽 부분을 사용한다.

② 일회용 숟가락의 볼록한 부분이 얼굴이 되게 해서 사인펜으로 얼굴을 그린다.

③ 일회용 숟가락을 입구에 꽂은 후 고정되도록 입구 주위에 찰흙을 붙여 공간을 메운다.

④ 페트병 오목한 부분에도 아래쪽 볼록한 부분만큼 찰흙을 붙여 입체감 있게 한다.

⑤ 색한지를 잘게 잘라서 숟가락 뒷부분에 붙여 머리카락을 만들고, 그림의 오목한 부분은 몸의 가슴 부분인 상체로, 볼록한 부분은 치마나 바지 아래 부분으로 생각하며 색한지로 옷을 만들어 입혀서 인형을 완성한다.

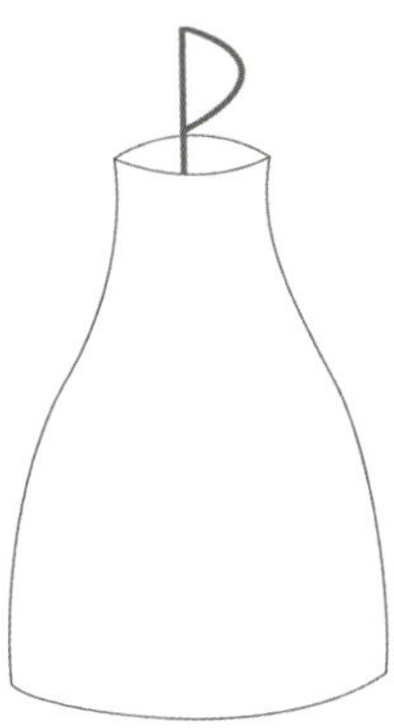

## ☆ N.I.E. 활동 – 어떤 일을 할까요?

활동영역 창의성·사고력

활동목표 직업의 다양함과 그 역할을 알아보고 자신이 하고 싶은 일을 알아본다.

준 비 물 사진 자료

활동방법

〈도입〉

◔ 공사장 인부, 요리하시는 어머니, 물건 파는 사람 등등 일하는 사람의 모습을 관찰한 후, 그 느낌과 있었던 일화를 생각해 온다.

〈실제〉

① 신문이나 잡지에서 다양한 직업의 사진 자료를 모아 와서 어떤 일을 하는 사람들인지 이야기해 본다.

② 자신이 관찰한 사람들의 사진이 있는지 골라 보고 어떤 일을 하는지 자세히 이야기하고 발표하는 시간을 갖는다.

③ 여러 가지 직업의 사람들을 한 가지 동작으로 표현하면, 친구들이 알아맞히는 게임을 한다.

④ 자신이 원하는 장래의 직업도 몸으로 표현해 보고 왜 그런 직업을 희망하는지도 이야기한다.

# 2월 4주 교육 프로그램

**주 제** 우주와 미래

**소주제** 새 학년

**목 표** 새 학년의 각오를 다지고 새로운 마음으로 새 학기를 맞는다.

| 구분 | 요일 | 영 역 | 활 동 명 | 활동 내용 |
|---|---|---|---|---|
| 특별활동 | 월 | 언어·표현 | • 이야기 나누기 | • 주말 지낸 이야기를 나눈다. |
| | | | • 롤링페이퍼 | • 방과후 교실을 졸업하는 친구들에게 편지지를 돌려 가며 편지를 써 준다. |
| | 화 | 신체·지각 | • 꼬리잡기 | • 여러 모둠이 각각 한 줄 기차를 만들고 꼬리 쪽에 묶은 상대편의 풍선을 터뜨린다. |
| | 수 | 언어·표현 | • 학년을 마무리하며 | • 학년을 마무리하며 새 학년의 기대감에 대해 이야기 나눈다. |
| | | 신체·지각 | • 동작 따라 하기 | • 순차적으로 동작 따라 하기 게임을 한다. |
| | 목 | 미술·창작 | • 사탕목걸이 만들기 | • 졸업생에게 줄 사탕목걸이를 테이프로 연결해서 만든다. |
| | 금 | 창의성·사고력 | • 졸업식 및 수료식 | • 다과 파티 및 졸업 소감 발표 |
| 놀이 지도 | 수수께끼 | | | |
| 학습 지도 | 숙제 및 일기 쓰기 | | | |
| 생활 지도 | 바른 태도로 학습하기 | | | |

## ☆ 롤링페이퍼

활동영역 언어·표현

활동목표 그동안 정들었던 졸업생들에게 아쉬운 마음을 전한다.

준 비 물 색상지, 리본 끈

활동방법

〈도입〉

◔ 방과후 교실을 떠나는 3학년 선배들에게 편지를 쓰는 시간을 갖는다.

〈실제 1〉

① 색상지로 대형 편지지를 만들고 돌아가면서 하고 싶은 말을 적는다.

② 색종이로 여러 종류의 꽃을 접어서 앞 표지를 장식하고 꽃다발을 꾸며 준다.

〈실제 2〉

① 방과후 교실을 떠나는 아동들도 후배들에게 남기고 싶은 이야기를 같은 형식으로 편지를 쓰고 꾸민다.

② 다음 시간에 있을 졸업식 다과 파티 때 편지를 주고받으며 의미 있는 시간을 보낸다.

## ☆ 꼬리잡기

활동영역 신체·지각

활동목표 신체 활동을 통해 친밀감을 형성한다.

준 비 물 풍선

활동방법

〈도입〉

◔ 넓은 공간을 확보하고 아동들을 6~7개의 모둠으로 나눈다.

〈실제 1〉

① 모둠장을 뽑고 모둠별로 한 줄 기차를 만든다.

② 모둠장이 맨 앞에 서고 맨 끝에 아동은 풍선을 허리 뒤쪽으로 매단다.

③ 호루라기 소리에 맞춰, 각 모둠별로 앞에 있는 사람은 상대편 꼬리에 있는 풍선을 잡으려고 쫓아간다. 상대편도 자기편의 풍선은 터뜨리지 않으면서 상대편의 풍선을 잡아 터뜨리는 놀이를 진행한다.

④ 가장 마지막까지 풍선을 지키는 모둠이 이긴다.

〈실제 2〉

① 맨 앞사람끼리 가위 바위 보를 해서 진 편이 이긴 편의 꼬리에 가서 붙는다.

② 꼬리가 가장 긴 모둠이 이긴다.

## 참고 자료

참고 도서 및 영상물, 관련 사이트 등의 자료들은 책의 본문 PART 02에서 각 월별로 해당 주제에 따라 쉽게 찾아볼 수 있도록 제시되어 있으며 아래의 목록은 PART 01의 집필 시 참고한 대표자료이다.

〈도서〉

교육부(2011). 엄마품 돌봄 교실 매뉴얼.

김병훈(2010). 농산어촌 방과후 학교 초등영어프로그램의 효과적인 운영개발 모형, 한국교원대학교 대학원 박사학위 논문.

김서연(2011). 방과후 학교 프로그램을 위한 강사관리시스템, 영남대학교 교육대학원 석사학위 청구논문.

보건복지부(2009). 아동청소년 백서.

보건복지부(2010). 보육사업 안내.

보건복지부(2010). 지역아동센터 이용 아동 만족도 조사보고서.

서혜전, 이향란(2010). 방과후 교사의 현황과 전문성, 한국보육학회.

양계민(2011). 방과후 돌봄서비스 실태와 개선방향, 한국청소년정책연구원.

오아림, 유계숙(2012). 자녀를 방과후 학교에 참여시키는 취업모의 동기와 방과후 학교에 대한 만족도, 미래유아교육학회지, Vol. 19, No. 2.

육아정책연구소(2012). 유치원 방과후과정 특성화 프로그램 추천제 권역별 운영방안 연구.

이에스더, 홍정은(2012). 방과후 학교 예술교육을 위한 예술치료 프로그램 설계, 예술교육연구, 제10권, 제1호.

조기웅(2010). 지역사회 아동을 위한 방과후 학교 봉사프로그램, 장로회 신학대학교 목회전문대학원 목회신학박사 학위논문.

조은교, 심문보(2011). 한국의 방과후 보육정책에 대한 발전방안 연구, 한국공공관리학보, 제25권, 제2호.

한국교육개발원(2009). 2009년 방과후 학교 운영실태 및 성과 분석 연구.

〈사이트〉

교육부

네이버

다음

면일어린이집

방과후돌봄선생님카페

보건복지부

사회복지사협회 홈페이지

서울특별시 교육청

서울특별시 방과후 학교 홈페이지

서울특별시 보육정보센터

서울특별시 유아교육진흥원

서울특별시 청소년 정보찾기 유스내비

아이낳기좋은세상 운동본부

영유아교육경영연구소

육아정책연구소

통계청

## 저자소개

### 김 혜 경

**❙ 현직**

- 영유아교육경영연구소장(www.kidsnme.org)
- 이화여자대학교 사범대학 유아교육과 겸임교수

**❙ 주요활동 및 경력**

- 건국대학교 교육대학원 유아교육전공 겸임교수
- CTS TV 영유아문화원 고문(kids.cts.tv)
  〈영유아가 나라의 미래다〉 제작 및 진행
- EBS 〈라디오 멘토 부모〉 육아리포트 패널
  〈부모라디오 알토란〉 / 〈부모의 시간〉 출연진
- 와이제이사이버평생교육원 동영상 강의 〈부모교육〉
- 삼성아동교육문화센터 사이버 강의 〈나의 고객은 부모님들〉
- 서울특별시보육정보센터 초대 소장(어린이집 원장 겸직)
- 서울특별시 녹색장난감도서관 개설 작업
- 서울특별시보육정책위원회 부위원장
- 서울특별시 우수보육시설 평가단
- 서울특별시 여성상 심사위원장
- 서울형 어린이집 공인인증 심의위원
- 아이낳기좋은세상 서울운동본부 위원
- 저출산 극복 운동 공로 "보건복지부장관상" 수상
- 한국육아지원학회 사업이사

• 삼성생명공익재단 양천삼성어린이집 원장
• 아이코리아연수원장 / 보육교사교육원장
• 서울대학교 음악전공자 과정 및 중앙대학교 문예창작 전문가 과정 수료
• 저서 40여 권

## 최근 대표저서 및 연구

영유아프로그램 개발과 평가(2013), 창지사.
영유아교육기관 운영관리(2013), 창지사.
영유아음악교육(2013), 창지사.
영유아건강교육(2012), 공동체.
어린이집 개원하기(2012), 공동체.
원장리더십(2012), 공동체.
부모도 이미지메이킹이 필요하다(2012), 공동체.
유아교사를 위한 교직의 이해(2011), 창지사.
라디오멘토 부모(2010), 경향미디어.
교구교재 연구 및 지도법(2010), 공동체.
영유아음악활동의 이해(2010), 공동체.
도박중독예방교육 프로그램 운영(2010), 사행산업통합감독위원회.
* 영유아교육경영연구소 저서모음 참고

# 방과후 보육 프로그램

초판 1쇄 인쇄 2013년 6월 21일
초판 1쇄 발행 2013년 6월 27일

지 은 이 | 김혜경
펴 낸 이 | 김기섭
책임편집 | 박소정
펴 낸 곳 | 창지사 www.changjisa.com
153-802 서울시 금천구 가산동 345-13 파트너스타워 1차 9층
전화 (02) 719-2211~3
팩스 (02) 701-9386
등 록 | 1977년 4월 28일 · 제1-421호



ISBN 978-89-426-0705-1 (93370)

값 16,000원